AF089663

## STUDIENKURS ETHIK

**Lehrbuchreihe für Studierende der Ethik, Philosophie, Theologie und Religionswissenschaft an Universitäten und Hochschulen.**

Wissenschaftlich fundiert und in verständlicher Sprache führen die Bände der Reihe unter anderem in verschiedene Bereichsethiken und ethische Fragestellungen ein. Die Bände vermitteln die grundlegenden Studieninhalte. Die konsequente Problemorientierung und die didaktische Aufbereitung der einzelnen Kapitel erleichtern den Zugriff auf die fachlichen Inhalte. Bestens geeignet zur Prüfungsvorbereitung u.a. durch Zusammenfassungen, Diskussions-, und Verständnisfragen, weiterführende Literaturhinweise sowie Schaubilder und thematische Querweise.

Philipp Gisbertz-Astolfi

# Ethik des Krieges

Onlineversion
Nomos eLibrary

**Die Deutsche Nationalbibliothek** verzeichnet diese Publikation in
der Deutschen Nationalbibliografie; detaillierte bibliografische
Daten sind im Internet über http://dnb.d-nb.de abrufbar.

ISBN 978-3-8487-8992-4 (Print)
ISBN 978-3-7489-3457-8 (ePDF)

1. Auflage 2024
© Nomos Verlagsgesellschaft, Baden-Baden 2024. Gesamtverantwortung für Druck
und Herstellung bei der Nomos Verlagsgesellschaft mbH & Co. KG. Alle Rechte, auch
die des Nachdrucks von Auszügen, der fotomechanischen Wiedergabe und der Übersetzung, vorbehalten. Gedruckt auf alterungsbeständigem Papier.

# Inhalt

| | |
|---|---:|
| Abbildungsverzeichnis | 7 |
| Tabellenverzeichnis | 8 |
| Einleitung | 9 |

**1. Was ist überhaupt Krieg?** — 13

    1.1 Eine kurze Begriffsgeschichte — 16
    1.2 Staatenkriege, Bürgerkriege, transnationale Konflikte — 22
    1.3 Neue Kriege — 29

**2. Ius ad bellum 1: Pazifismus und Friedensdenken** — 31

    2.1 Kritiken am personalen Pazifismus — 31
    2.2 Formen des Pazifismus — 33
    2.3 Friedensdenken jenseits des Pazifismus — 37

**3. Ius ad bellum 2: Wann darf man Krieg führen?** — 43

    3.1 Gerechter Kriegsgrund — 43
    3.2 Proportionalität — 44
    3.3 Hinreichende Chance auf Erfolg — 51
    3.4 Notwendigkeit / Letzter Ausweg — 54
    3.5 Richtige Intention — 56
    3.6 Legitime Autorität — 57
    3.7 Kriegserklärung — 59
    3.8 Beendigung des Krieges bei Wegfall der Bedingungen — 60

**4. Ius ad bellum 3: Wann darf sich ein Staat selbst verteidigen?** — 63

    4.1 Politische Unabhängigkeit und territoriale Integrität — 63
    4.2 Die Kritik bei Rodin und anderen — 64
    4.3 Reduktiver Individualismus vs. Kollektivismus — 68

**5. Ius ad bellum 4: Darf man sich gegen bloße Bedrohungen verteidigen?** — 71

    5.1 Prävention und Präemption — 71
    5.2 Können Präventionskriege doch ethisch zulässig sein? — 72

**6. Ius ad bellum 5: Darf und muss man anderen in Not militärisch helfen?** — 79

    6.1 Humanitäre Intervention und die „Responsibility to Protect" — 79
    6.2 Spannung mit dem Grundsatz der Souveränität — 80
    6.3 Interne Legitimitätsprobleme — 81
    6.4 Hilfe jenseits unmittelbarer militärischer Hilfe, insbesondere Waffenlieferungen — 82

**7. Ius ad bellum 6: Darf man militärischen Widerstand gegen den eigenen Staat leisten?** — 85

    7.1 Gewaltsamer Widerstand — 85
    7.2 Revolution und Bürgerkrieg — 88

Inhalt

| | | |
|---|---|---|
| **8.** | **Ius in bello 1: Wie muss man sich im Krieg verhalten?** | **93** |
| 8.1 | Das Diskriminierungsgebot | 93 |
| 8.2 | Traditionalismus und Revisionismus | 96 |
| 8.3 | Dürfen Kombattanten einander töten? | 100 |
| | 8.3.1 Michael Walzer und die Moralische Gleichheit der Kombattantinnen | 100 |
| | 8.3.2 Die Kritik des Revisionismus | 102 |
| | 8.3.3 Erwiderungen und neuere Begründungen der Moralischen Gleichheit | 105 |
| | 8.3.4 Rechtsethische Einschränkungen | 111 |
| 8.4 | Kindersoldaten | 115 |
| 8.5 | Kriegsgefangene | 118 |
| **9.** | **Ius in bello 2: Darf man Zivilisten in Ausnahmefällen doch töten?** | **121** |
| 9.1 | Die Immunität der Zivilisten | 121 |
| 9.2 | Kollateralschäden und das Prinzip der Doppelwirkung | 125 |
| 9.3 | Menschliche Schutzschilde | 129 |
| 9.4 | Die oft verschwiegene Seite: sexuelle Verbrechen im Krieg | 132 |
| **10.** | **Ius in bello 3: Probleme der modernen Kriegsführung** | **135** |
| 10.1 | Waffenverbote | 135 |
| 10.2 | Digitalisierung und Krieg | 137 |
| | 10.2.1 Ferngesteuerte Drohnen | 137 |
| | 10.2.2 Killerroboter bzw. letale autonome Waffensysteme | 140 |
| | 10.2.3 Cyberkrieg | 141 |
| 10.3 | Söldner und private Militärfirmen | 143 |
| **11.** | **Terrorismus im Krieg – Terrorismus als Krieg?** | **147** |
| 11.1 | Was ist Terrorismus? | 147 |
| 11.2 | Die ethische Bewertung von Terrorismus | 150 |
| 11.3 | Terrorismus im Krieg und das Diskriminierungsgebot | 152 |
| 11.4 | Terrorismus als Krieg und der Status von Terroristen | 153 |
| **12.** | **Ius ex bello und ius post bellum: Ende und Aufarbeitung des Krieges** | **157** |
| 12.1 | Ius ex bello 1: Wann muss man einen Krieg beenden? | 157 |
| 12.2 | Ius ex bello 2: Wie sollte man einen Krieg beenden? | 162 |
| 12.3 | Ius post bellum 1: Bestrafen oder versöhnen? | 163 |
| 12.4 | Ius post bellum 2: Reparationszahlungen oder Wiederaufbau? | 165 |
| **13.** | **Ein Wort zum Abschluss** | **169** |
| | **Literaturverzeichnis** | **171** |
| | **Sach- und Personenregister** | **181** |

## Abbildungsverzeichnis

| | | |
|---|---|---|
| Abbildung 1: | Verhältnismäßigkeitsprüfung für ein Recht zum Krieg | 49 |
| Abbildung 2: | Verhältnismäßgkeitsprüfung ohne Erfolgschance | 51 |
| Abbildung 3: | Selbstverteidigung ohne Erfolgschance (in Bezug auf primäres Gut) nach Statman | 53 |
| Abbildung 4: | Verhältnismäßigkeit, wenn es mildere Mittel gäbe | 54 |
| Abbildung 5: | Reduzierung der legitimen Mittel bei geminderter Verantwortlichkeit | 116 |
| Abbildung 6: | Fiktives, selbst erfundenes Beispiel einer sehr generisch gehaltenen Taschenkarte | 118 |

## Tabellenverzeichnis

| Tabelle 1: | Formen des Pazifismus | 36 |
| --- | --- | --- |
| Tabelle 2: | Vergleich der wichtigsten Positionen von Traditionalismus und Revisionismus | 97 |
| Tabelle 3: | Vergleich von Traditionalismus und Revisionismus | 105 |
| Tabelle 4: | Immunität von Nichtkombattantinnen | 125 |

# Einleitung

238.212 Menschen sind laut dem Uppsala Conflict Data Project (https://ucdp.uu.se/) im Jahr 2022 in Kriegen und vergleichbaren bewaffneten Konflikten getötet worden. Die Zahl der verwundeten, traumatisierten, vergewaltigten, vertriebenen und anderweitig zutiefst geschädigten Menschen liegt noch weitaus höher. Die Zahl der Getöteten bildet den Höchststand seit dem Genozid in Ruanda im Jahr 1994, in dem in wenigen Monaten zwischen einer halben und einer Millionen Menschen den Tod fanden. Krieg und Gewalt sind leider trotz aller internationalen Bekenntnisse und Bemühungen nicht nur fester Bestandteil unserer Welt, sie nehmen derzeit auch wieder zu.

„War is hell" („Der Krieg ist die Hölle") hat General Sherman einmal gesagt. Krieg sollte man nicht bejubeln, nicht als heroisch oder gar abenteuerlich darstellen, sondern als eine der größten Tragödien der Menschheitsgeschichte, als einen Schrecken von unvergleichlichem Ausmaß. Genau deshalb bereitet es einem schnell (und meiner Meinung nach richtigerweise) Bauchschmerzen, über dieses Thema wissenschaftlich zu reden. Noch mehr mag es vielen Leserinnen[1] zynisch vorkommen, in Anbetracht dieser moralischen Tragik auf analytische Weise über die *ethischen* Regeln und Verpflichtungen rund um den Krieg zu sprechen. Wenn wir von einem „*Recht zum* Krieg" oder einem „*gerechten* Krieg" reden, was kann das vor dem Hintergrund unermesslichen menschlichen Leids überhaupt bedeuten?

Ich teile diese Bedenken, dieses Bauchgefühl. Die philosophische Ethik wäre eine fürchterliche Angelegenheit, wenn sie sich das Leid anderer zum intellektuellen Spiel machen würde, wenn sie fern von den für die meisten von uns zum Glück nicht nachvollziehbaren Gräueln auf kalte und zynische Art das Schicksal von Menschen miteinander verrechnen würde – und manchmal erwecken Texte zur Ethik des Krieges genau diesen Eindruck.

Und dennoch – oder genau deswegen – ist es so wichtig, dass wir nicht über die ethischen Vorgaben für Kriege schweigen, sondern dass wir uns Gedanken darüber machen, ob, wann und wie man Krieg führen darf. Wenn wir das nicht tun, bestätigen wir ein naheliegendes und oft gehörtes, fürchterliches Urteil: „Unter den Waffen schweigen die Gesetze" oder, etwas landläufiger, „Im Krieg und in der Liebe ist alles erlaubt".

Nicht selten werden Kriege genau so geführt: als gäbe es in ihnen keine moralischen Verpflichtungen mehr und als gehörten in ihnen selbst die schrecklichsten Untaten einfach dazu. Man nennt diese Haltung „Realismus", was schon als Bezeichnung verdrehend und problematisch ist, weil so die ethische Gegenperspektive als realitätsfern gebrandmarkt wird. Nach dem Realismus sind Ethik und

---

[1] Es ist nicht einfach, sprachliche Ausdrucksformen zu verwenden, die weder die Idee der Geschlechtsneutralität ignorieren noch den Lesefluss eines wissenschaftlichen Werkes stören. Im Folgenden wird versucht, dieser Schwierigkeit Rechnung zu tragen, indem nicht bloß ein „generisches" Maskulinum verwendet wird, sondern abstrakte Personenbezeichnungen etwa ebenso häufig weiblich wie männlich formuliert werden. In beiden Fällen wird regelmäßig eine generische Lesart gefordert sein, die das jeweils andere Geschlecht sowie Personen, die diesen Geschlechtern nicht zugehören, einbezieht.

Moral im Krieg fehl am Platze, weil sie dort nicht wirken können. Eine Ethik des Krieges wäre dementsprechend nicht mehr als eine weltfremde Spielerei.

Aber wir wissen nicht nur von all den fürchterlichen Schreckensgeschichten aus dem Krieg. Wir kennen auch zahlreiche Geschichten – ob kleine oder große –, in denen Menschen beweisen, dass wir Menschen im Krieg nicht einfach aufhören, moralische Akteure zu sein, die ihre Handlungen bestimmen und verantworten können. Wie viele Kriege wurden in der Weltgeschichte nicht geführt, wie viele vermeintlich leichte Wege zum Sieg nicht genommen, wie viele Massaker nicht verübt, weil Menschen ihren moralischen Überzeugungen gefolgt sind!?

Es kann kein Zweifel bestehen, dass das im Krieg oftmals viel charakterliche Stärke benötigt – und eine klare Idee davon, was ethisch und rechtlich erlaubt ist. Genau deshalb ist es von fundamentaler Bedeutung, dass wir uns mit diesen schwierigsten Fragen und diesen Grenzsituationen der menschlichen Moralität auseinandersetzen. Wenn wir verstehen, wann Krieg ethisch gerechtfertigt ist und wie wir uns im Krieg verhalten sollten, wenn wir die Gründe hierfür erkennen und benennen können, sind wir besser in der Lage, uns an diese Vorgaben zu halten, sie von anderen einzufordern und diese auch im Recht zu verankern.

Einen Grundstein für eine solche Auseinandersetzung und Suche nach Einsicht in die ethischen Wirren des Krieges will dieses Buch bieten. Es soll eine erste Orientierung liefern, damit Studierende, Lehrende, Forschende, Angehörige der Streitkräfte und alle anderen Einsicht-Suchenden ihre eigenen Wege der Vertiefung suchen und finden können. Um das zu gewährleisten, habe ich versucht, das Buch anhand von Fragestellungen auf eine intuitiv und intellektuell nachvollziehbare Weise zu strukturieren:

Wenn über die Ethik des Krieges gesprochen wird, wird selten thematisiert, was überhaupt „Krieg" ist, was also der Begriff des Krieges bedeutet. Das führt zu vielen Folgeproblemen, die hier von Anfang an umgangen werden sollen, indem wir uns diese sehr theoretische und manchmal etwas trockene Frage gleich zu Beginn anschauen. Das Buch lässt sich aber für diejenigen, die unmittelbar mit den ethischen Fragestellungen konfrontiert werden wollen, auch lesen, wenn man diesen Teil erst einmal überspringt. Er ist dennoch für eine tiefe Befassung mit dem Thema angeraten.

Anschließend behandeln wir drei große Themenbereiche, und zwar zuerst das *ius ad bellum*, wie man klassischerweise auf Latein sagt, also das Recht zum Krieg. Hier fragen wir uns, wann man überhaupt ethisch gerechtfertigterweise Krieg führen darf. Immerhin nehmen die meisten durchaus an, dass die Alliierten gegen Nazideutschland kämpfen durften, ebenso wie die Ukraine gegen die russische Aggression. Es scheint nicht das Gleiche zu sein, einen Angriffskrieg zu führen oder sich und andere zu verteidigen. Was sind also die Bedingungen eines solchen Rechts zum Krieg – oder gibt es ein solches nicht und man sollte doch Pazifist sein? Wir schauen uns derlei Fragen und viele Antworten darauf genauer an.

Anschließend wenden wir uns dem vielleicht am intensivsten diskutierten Bereich der Ethik des Krieges zu, nämlich dem *ius in bello*, dem Recht bzw. der Gerechtigkeit im Krieg. Hier geht es nicht länger um die Frage, ob und wann man Krieg führen darf, sondern darum, wie man sich verhalten sollte, wenn der Krieg da ist. Was darf man als Soldatin machen – und was nicht? Wen darf man angreifen und töten, wer sollte nicht angegriffen werden, welche Waffen und Taktiken darf man dafür einsetzen bzw. welche Waffen und Taktiken sollten verboten sein?

Darauf folgend schauen wir auf das Phänomen des Terrorismus und der Terrorismusbekämpfung. Wie selbstverständlich werden diese – spätestens seit dem sogenannten „Krieg gegen den Terrorismus" – in Werken zur Ethik des Krieges mitdiskutiert. Aber was ist eigentlich Terrorismus? Kann und sollte man das Verhältnis von Staaten zu Terroristen wirklich „Krieg" nennen? Und wo liegen die spezifischen ethischen Probleme des Terrorismus? Obgleich ich es für mehr als fraglich halte, Terrorismus und dessen Bekämpfung als Krieg einzuordnen, habe ich mich der Vollständigkeit halber entschlossen, diesen Teil im Anschluss an das Recht im Krieg aufzunehmen.

Kurz wird dann am Schluss ein Blick auf die Beendigung und Aufarbeitung des Krieges gelegt. Das *ius ex bello* benennt die ethischen Vorgaben, wann man einen Krieg beenden muss. Das *ius post bellum* behandelt hingegen die Zeit nach dem Krieg. Internationale Strafgerichtsbarkeit, Amnestien etc. – die Frage, wie eine Transformation von einem Kriegszustand in einen Friedenszustand gelingt und welche ethischen Anforderungen an diesen Übergang zu stellen sind, ist ein wichtiger Teil jeder Auseinandersetzung mit dem Thema „Krieg". Denn am Ende sollte klar sein, dass Krieg nur um des Friedens und der Gerechtigkeit willen geführt werden darf.

Dieses Buch beruht nicht zuletzt auf Gedanken und Erkenntnissen, die ich aus meiner Lehre zur Ethik des Krieges und des Friedens an der Georg-August-Universität Göttingen gezogen habe. Den Studierenden meiner Seminare gilt daher mein ganz besonderer Dank. Sie haben es mir (hoffentlich) ermöglicht zu verstehen, welche Fragen wie und in welcher Tiefe für ein Lehrbuch erklärt werden sollten, und sie haben Anstöße geliefert, die mein eigenes Denken zum Thema bereichert haben. Constantin Berner, Marius Dippel, Tillmann Erdbories und Magdalena Gerste haben sogar die Entwürfe für dieses Buch gelesen und mir sehr wertvolle Hinweise gegeben, damit dieses Buch für Studierende möglichst lehrreich ist. Ich hoffe, ich bin ihrer tollen Vorarbeit gerecht geworden. Auch Roberta Astolfi, Dagmar Roters, Iva Jahreis, Anne Schröter und Moritz Specht haben mir mit Korrekturen und Anmerkungen sehr geholfen. Darüber hinaus gilt mein Dank Alexander Hutzel vom Nomos-Verlag, der den Publikationsprozess mit viel Geduld, Kompetenz und Freundlichkeit begleitet hat, sowie Katrin Birzele für das aufmerksame Lektorat.

Meine Frau und meine Tochter haben es mir ermöglicht, mich über Wochen und Monate hinweg auf das Verfassen dieses Buches zu konzentrieren. Ich weiß um die Kompromisse, die ihnen das manchmal abgenötigt hat, und bin für ihre Unterstützung und ihr Verständnis unendlich dankbar. Meiner Tochter ist dieses Buch gewidmet in der Hoffnung, dass sie niemals die Schrecken erleben muss, über die ich hier schreibe.

## 1. Was ist überhaupt Krieg?

Bevor wir uns mit den ethischen Fragen beschäftigen, mit denen uns der Krieg konfrontiert, sollten wir diesen Begriff *Krieg* und das entsprechende Phänomen klären. Welche Phänomene meinen wir, wenn wir sie als „Krieg" bezeichnen? Diese Frage mag trivial klingen, ja unnötig. Wir wissen schließlich ganz intuitiv, was wir meinen, wenn wir von „Kriegen" sprechen. Doch bei näherem Hinsehen bemerken wir, dass eine Antwort ganz so einfach gar nicht ist: Ist der „Krieg gegen den Terrorismus" wirklich ein Krieg im Begriffssinne? Und was ist, wenn zwei bewaffnete Drogenkartelle einander in einer Straßenschlacht attackieren? Wie viele und welche Art von Waffen, wie viele Truppen benötigen sie, damit wir ihr Tun als Krieg bezeichnen würden? Oder braucht es eine staatliche Kriegspartei? Würde es demnach genügen, wenn die Polizei mit militärischen Mitteln gegen ein Drogenkartell in einem offenen Kampf vorgeht? Noch komplexer wird es, wenn wir die Methoden und Gewaltmittel in Betracht ziehen, die gar nicht im klassischen Sinne militärisch sind: Ist ein Computer-Hack auf ein Atomkraftwerk eines anderen Landes, das in der Folge explodiert, ein Kriegsakt?

Was der Begriff des Krieges bezeichnet, ist keineswegs so einfach, wie man zunächst meinen könnte. Es gibt zahlreiche Grenzfälle. Dennoch weist die Ethik des Krieges eine Besonderheit auf: Anders als in vielen Disziplinen gibt es kaum Auseinandersetzungen mit den begrifflichen Grenzen des eigenen Themas. Was genau *Krieg* ist und bedeutet, scheint für die meisten Ethikerinnen des Krieges unbedeutsam. Das ist für die Philosophie außergewöhnlich, ist diese doch, wie Immanuel Kant es einmal formuliert hat, „das System der Vernunfterkenntnisse aus Begriffen" (Kant 1900 ff. c, 23). Die Philosophie ist eine Wissenschaft der Begriffe und der begrifflichen Klarheit und Klärung. Noch verwunderlicher ist die Ignoranz gegenüber einer Klärung ihres Hauptgegenstandes in der Ethik des Krieges, als andere Begriffe dort sehr präzise untersucht werden, wie wir bei der Ethik des Terrorismus noch beispielhaft sehen werden (vgl. 11 1 Was ist Terrorismus?).

Ich erlaube mir eine kleine persönliche Anekdote, um die Gründe dieses Umstands ein wenig aufzuhellen: Während meiner Promotionszeit war ich zu einem Forschungsaufenthalt in Oxford bei der vielleicht größten zeitgenössischen Koryphäe auf dem Gebiet der Ethik des Krieges, Jeff McMahan. Als ich ihm mein Projekt vorstellte, eine Klärung des Begriffs des Krieges, entgegnete dieser – ebenso wie mehrere andere Expertinnen in Oxford – trocken: „What's the point?" Es ist ein Kern einer der beiden großen Denkschulen der Ethik des Krieges, des sogenannten Revisionismus, dessen Begründer und bedeutendster Vertreter McMahan ist, dass sich die Kriegsethik nicht fundamental von anderen Bereichen der Ethik unterscheidet: Im Krieg ändere sich die Ethik nicht einfach, sondern es gälten die gleichen ethischen Gesetzmäßigkeiten wie in jeder anderen Situation. Wir sollten nicht glauben, dass der Krieg eine Ausnahmesituation darstelle, in der unsere universellen ethischen Gesetzmäßigkeiten irgendwie außer Kraft gesetzt oder doch radikal verändert werden. Ich komme auf die entsprechende ethische Debatte später zurück (8.2 Traditionalismus und Revisionismus). Für den Augenblick ist nur wichtig zu verstehen, dass das Ausbleiben einer begrifflichen Klärung für viele

## 1. Was ist überhaupt Krieg?

Ethiker nicht einer Ignoranz, sondern einer wohlüberlegten Ablehnung entspringt: Ob eine Handlung im Krieg oder außerhalb stattfindet, ändert für sie nichts an den Kriterien der ethischen Bewertung. Also müssten wir diesen Begriff auch nicht analysieren.

Diese Ablehnung vermischt indes zwei voneinander zu unterscheidende Ebenen: Man kann sehr wohl anerkennen, dass die Gesetzmäßigkeiten der Ethik universell sind und auch im Krieg unverändert gelten, und dennoch ein Bedürfnis nach einer Klärung dieses Begriffes konstatieren. Das Gleiche gilt schließlich auch für andere ethisch relevante Begriffe, etwa *Terrorismus, Notwehr, Lüge oder Recht*. Derlei Begriffe fassen Situationen zusammen, in denen die universellen Gesetzmäßigkeiten zu bestimmten Normen führen, die anderswo nicht auf die gleiche Weise gelten. Vergleichen Sie einmal die folgenden drei Fälle:

> **Straße**: Alina geht am Abend über die Straße und wird von Ben angegriffen. Glücklicherweise hat sie Pfefferspray in der Tasche, das sie rechtzeitig einsetzen und so den Angreifer vertreiben kann.
>
> **Haustüre**: Cem ist zu Hause, als es bei ihm an der Türe klingelt. Er öffnet und wird sofort von Daniel in den Magen getreten. Daniel dringt in die Wohnung ein, doch Cem fängt sich relativ schnell wieder und kann Daniel aufhalten und überwältigen.
>
> **U-Bahn**: Esha fährt mit der U-Bahn und sieht ihre Ex-Freundin Fiona, die ihr bei der Trennung sehr wehgetan hat. Sie stürmt auf diese los und schlägt sie zu Boden. Fiona kann sich nicht wehren.

Die Fälle *Straße* und *Türe* haben etwas gemeinsam, das sie vom Fall *U-Bahn* unterscheidet. Sie beschreiben nämlich Notwehrsituationen. Alina und Cem haben ein Recht, ihre Angreifer zu verletzen, weil sie in Notwehr agieren. Esha hingegen kann kein Recht für ihren Angriff auf Fiona geltend machen. Betrachten wir nun einen vierten Fall:

> **Schulhof**: Georg geht in die siebte Klasse und ist relativ schmächtig. Auf dem Schulhof wird er vom deutlich älteren und stärkeren Hamy aufgehalten, der ihm sein Pausengeld wegnehmen will. Als Georg sich wehrt, drischt Hamy auf ihn ein. Ivana sieht das und eilt Georg zu Hilfe. Sie beherrscht einen Kampfsport und kann Hamy so vertreiben.

Der Fall weist offenkundige Gemeinsamkeiten mit *Straße* und *Türe* auf: In allen dreien wird jemand angegriffen und daraufhin gewaltsam verteidigt. Er unterscheidet sich allerdings auch, weil dieses Mal nicht die angegriffene Person, sondern eine Dritte sie verteidigt. Ethisch ist dieser Umstand nicht relevant. Die universellen Gesetzmäßigkeiten der Ethik besagen, dass man ein Recht (ein eigenes oder ein fremdes) unter gewissen Bedingungen mit Gewalt verteidigen darf. Alle Fälle fallen unter den Begriff der Notwehr bzw. der Nothilfe. Sie sind ethisch gleich zu behandeln. Der Fall *U-Bahn* hingegen stellt keine Notwehrsituation dar, und das, obwohl auch Esha von Fiona verletzt wurde. Dem Fall fehlen gewisse Merkmale des Begriffs der Notwehr, nämlich insbesondere ein unrechtmäßiges

Tun von Fiona und in gewissem Sinne auch die Gegenwärtigkeit, weil Fionas und Eshas Trennung bereits abgeschlossen ist.

Es kann also sehr wohl sinnvoll sein, den Begriff der Notwehr zu klären, um die Fälle, die durch Notwehr gerechtfertigt sind, von solchen Fällen zu unterscheiden, die keine Notwehr darstellen. Allerdings – und darauf verweist McMahans Kritik – sollte man das Begründungsverhältnis nicht verdrehen: nicht deshalb, weil eine Handlung begrifflich *Notwehr* ist, ist sie gerechtfertigt, sondern der Begriff *Notwehr* passt auf sie, weil sie auf eine spezifische Weise und anhand spezifischer ethischer Gründe gerechtfertigt ist. Begriffe sind keine ethischen Gründe, sondern Ergebnisse der Zusammenfassung und Erkenntnis der Welt. Wir erkennen also, dass *Straße*, *Türe* und *Schulhof* etwas gemeinsam haben, das sie von *U-Bahn* und ähnlichen Fällen trennt, und fassen sie deshalb unter einen gemeinsamen Begriff.

Ähnliches gilt auch für den Begriff des Krieges. Die Tatsache, dass eine Situation begrifflich *Krieg* ist, begründet keine ethischen Folgen, aber sie beinhaltet solche Folgen, weil der Begriff *Krieg* Situationen zusammenfasst, die ethisch relevante Gemeinsamkeiten aufweisen. Der Begriff hilft uns, unsere ethische Welt zu strukturieren. Anhand dessen, wie wir diesen Begriff benutzen, welche klaren und welche weniger klaren Merkmale er besitzt, können wir ethische Gemeinsamkeiten und Unterschiede erkennen.

Das klingt abstrakt, aber es ist für unsere ethische Praxis sehr relevant. In vielen Situationen, in denen Menschen gerne ein besonders harsches und ethisch fragwürdiges Vorgehen rechtfertigen wollen, nutzen sie das Wort „Krieg", um sich Legitimität zu verschaffen. Wir alle kennen solche „Kriege" gegen die Drogen, gegen die Kriminalität und gegen den Terrorismus. Hier wird versucht, mit einem Rekurs auf den Begriff *Krieg* eine ethische Legitimität zu erschaffen, obgleich der Begriff in diesen Fällen – jedenfalls bei Drogen und Kriminalität – gar nicht einschlägig ist (zum Terrorismus siehe 11.4 Terrorismus als Krieg und der Status von Terroristen). Einen klaren Begriff zu haben, hilft, derlei ethische Verschiebungen zu erkennen und zu kritisieren. Zudem ist ein klarer Begriff in manchen Bereichen unseres Lebens von außerordentlicher Bedeutung, insbesondere im Recht. Spätestens dort muss der Begriff klar definiert sein, um das Kriegsrecht von anderen Arten des Rechts abzugrenzen. Der genannte Fall des sogenannten „Kriegs gegen den Terrorismus" bildet beispielsweise genau einen streitbaren Grenzfall – mit gravierenden rechtlichen (und das heißt: sehr realen) Folgen für die betroffenen Menschen. Es ist also nicht nur ein Anliegen der allgemeinen Ethik, sondern insbesondere der Rechtsethik, den Begriff des Krieges möglichst klar zu fassen.

Ein besonders deutliches Beispiel, wie wichtig Begriffe und Sprache für unsere moralische und rechtliche Praxis sind, war bzw. ist das in Russland geltende Verbot, den russischen Angriffskrieg in der Ukraine als „Krieg" zu bezeichnen. Hier wurde offenkundig, dass es auch ein wichtiges Anliegen an eine Philosophie des Krieges ist, dass sie uns die Werkzeuge an die Hand gibt, den Begriff *Krieg* überhaupt richtig zu verwenden – und seine Verwendung richtig zu begrenzen, aber auch einzufordern, wo sie angezeigt ist.

# 1. Was ist überhaupt Krieg?

## 1.1 Eine kurze Begriffsgeschichte

In jüngerer Zeit finden sich, soweit ersichtlich, nur zwei detailliertere philosophische Analysen des Begriffs des Krieges (vgl. Schneider 2017; Gisbertz-Astolfi 2024). Da heutzutage also kaum Analysen des Begriffs zu finden sind, bietet es sich an, dass wir uns zunächst einige zentrale Stationen der Geschichte der philosophischen Auseinandersetzung mit diesem Begriff anschauen[2]:

Der erste Wissenschaftler, von dem wir wissen, dass er sich mit Fragen des Krieges beschäftigt hat, der diese also nicht nur erzählerisch wie Homer, sondern philosophisch behandelte, war *Heraklit* von Ephesos, der um die Jahrhundertwende des 6. zum 5. Jahrhundert vor unserer Zeitrechnung in Kleinasien lebte (vgl. Pleines 2002, 7). Die vorsokratischen philosophischen Schriften sind jedoch nicht mehr erhalten. Wir kennen sie lediglich aus den Fragmenten, die wir bei anderen, etwa bei Platon, zitiert finden. In einem seiner bekanntesten Fragmente, dem Fragment 53, schreibt Heraklit: „Krieg ist der Vater aller Dinge, aller Dinge König. Die einen erweist er als Götter, die andern als Menschen, – die einen läßt er Sklaven werden, die anderen Freie" (Kranz 2004, Fragment DK 22 B 53). Eine begriffliche Bestimmung finden wir hier noch nicht, aber eine erste philosophische Stellungnahme zum Krieg. Dieser Krieg ist bei Heraklit jedoch nicht nur der militärisch-politische Krieg, sondern zugleich eine Metapher für das metaphysische Prinzip des Wandels und vernunftgemäßen Werdens der Welt.

*Platons* Philosophie ist sehr viel besser erhalten. Er setzt sich mehrfach, vor allem in seinen beiden staats- und rechtsphilosophischen Werken *Politeia* (Der Staat) und *Nomoi* (Die Gesetze), mit Krieg und Frieden auseinander. Hier ist vor allem eine Unterscheidung für den Kriegsbegriff zentral, nämlich die Unterscheidung von Krieg (griech.: *polemos*) und (Bürger-)Zwist (griech.: *stasis*). Platon (2016, 470c5–d1) lehnt es ab, dass ein Kampf zwischen Griechen als *polemos* bezeichnet werden sollte. Zwischen Griechen herrsche eine natürliche Freundschaft, während die Griechen und die sogenannten „Barbaren" von Natur aus Feinde seien. Hier denkt Platon bereits zwei Kategorisierungen voraus, welche in der Geschichte des Nachdenkens über den Krieg immer wieder auftauchen: eine Unterscheidung von Staatenkrieg und Bürgerkrieg und die Bezugnahme auf Freundschaft und Feindschaft.

Eine fundamentale Weichenstellung für den Kriegsbegriff erfolgt in der römischen Antike bei dem Juristen und Philosophen *Marcus Tullius Cicero*. In Rom gab es, soweit wir wissen, bereits eine religiös-rechtlich institutionalisierte Form der Begrenzung ungerechtfertigter Kriege, das sogenannte Fetialrecht, das jedoch schon vor Ciceros Schaffen im 1. Jahrhundert vor unserer Zeitrechnung weitgehend bedeutungslos geworden war (vgl. Harris 1979, 167). Ciceros Ethik des Krieges spiegelt viele Ideen dieses Fetialrechts, wie das Verbot von Eroberungskriegen, und fasst diese säkular-philosophisch. In seinem ethischen Hauptwerk *De officiis* (Von den Pflichten) finden wir dann die vielleicht wirkungsmächtigste Definition des Krieges in der Geschichte der Philosophie:

---

[2] Eine detailliertere Begriffsgeschichte findet sich bei Gisbertz-Astolfi 2024.

> In der Politik ist besonders das Kriegsrecht zu beachten. Denn da es zwei Arten der Entscheidung gibt, die eine durch Rechtsabsprache, die andere durch Gewaltanwendung, und da jene dem Menschen, diese den Tieren eigen ist, so ist zu letzterer Zuflucht zu nehmen, wenn erstere anzuwenden nicht möglich ist. Daher darf man Kriege [...] auf sich nehmen zu dem Zweck, daß man ohne Unrecht im Frieden lebt (2007, I, 34–5).

Der Krieg, so lernen wir hier, ist die gewaltsame Form der Entscheidungsfindung bzw. in wörtlicher Übersetzung des Lateinischen (*genus decertandi per vim*): die Art zu streiten durch Gewalt. Zwei Merkmale nennt Cicero: erstens die (physische) Gewalt und zweitens die Entscheidung bzw. die Konfliktaustragung. Ein Krieg ist also für Cicero immer die Entscheidungssuche in einem Konflikt mit dem Mittel der Gewalt – und zwar, so können wir wohl aus dem Zusammenhang dieser Textstelle schließen und als drittes Merkmal ergänzen, im Rahmen der Politik.

Diese Definition ist so trefflich, dass wir sie bei vielen späteren Autorinnen in ganz ähnlicher Fassung wiederfinden. So bezeichnet *Krieg* etwa für *Thomas von Aquin*, der diesen, vor allem den gerechten Krieg, im Rahmen seiner Lehre des Friedens als Aspekt der (Nächsten-)Liebe (*caritas*) behandelt, den gewaltsamen Konflikt mit äußeren Feinden, also zwischen politischen Gemeinwesen (vgl. 1933 ff., II–II., Frage 40). Ganz ähnlich wie Platon ergänzt auch Thomas diesen Staatenkrieg durch eine Form des Bürgerkrieges, die er Aufruhr (*seditio*) nennt.

Insbesondere wird die Definition aber explizit von einem der Väter des neuzeitlichen Völkerrechts, *Hugo Grotius*, in dessen Monumentalwerk *De jure belli ac pacis* (Vom Recht des Krieges und des Friedens) aus dem Jahr 1625 aufgegriffen: Krieg sei der Zustand der gewaltsamen Konfliktaustragung (vgl. 1939, Buch 1, Kap. 1, § II.1). Hierunter fallen für Grotius alle Rechtsverletzungen, da der Frieden der Zustand der Rechtswahrung sei. Vor allem ignoriert Grotius jedoch die Einschränkung bei Cicero und Thomas auf Auseinandersetzungen zwischen politischen Gemeinwesen. Eine gewaltsame Konfliktaustragung könne zwischen Staaten, zwischen einem Staat und Privaten und zwischen Privaten stattfinden. Man könne also zwischen Staatenkrieg, Mischkrieg und Privatkrieg unterscheiden (vgl. 1939, Buch I, Kap. 3, § I.1). Mit der Figur des Privatkriegs, der jede normale gewaltsame Konfliktaustragung zwischen Menschen umfasst, erweitert Grotius, wie bereits einige andere Denker vor ihm, etwa Francisco de Vitoria, Ciceros Begriffsdefinition extrem. Die Unterteilung zwischen Staatenkrieg, Mischkrieg und Privatkrieg macht er allerdings nur als allgemeine Begriffsbestimmung im Rahmen des sogenannten Naturrechts, also seiner (Rechts-)Ethik. Für das Völkerrecht führt er hingegen den zusätzlichen Begriff eines förmlichen Krieges ein, d.h. eines erklärten Krieges zwischen Staaten (vgl. 1939, Buch 3, Kap. 4, § I.1). Für diesen müssten rechtlich besondere Regeln gelten. Grotius sieht also durchaus eine rechtlich-politische Notwendigkeit, zwischen dem Privatkrieg und den klassischen Staatenkriegen zu unterscheiden.

Das verwundert auch nicht, überdehnt doch die Idee des Privatkriegs in der Philosophie der frühen Neuzeit den Begriff des Krieges enorm. Man kann vielleicht

## 1. Was ist überhaupt Krieg?

vermuten, dass die Gründe hierfür in der sich erst ausbildenden Souveränitätsordnung des Westfälischen Friedens sowie in dem Kontakt mit fremden Völkern liegen, die den Europäerinnen nicht als politisch organisiert erschienen. Jedenfalls wurde es für eine kurze historische Zeitspanne üblich, den Begriff des Krieges oder des Kriegszustands auf Verhältnisse zwischen Individuen auszuweiten. Besonders prägnant und eklatant geschah dies in der Staatsphilosophie des *Thomas Hobbes*. Dieser beschreibt den Zustand der Menschen, wenn es keinen Staat gäbe, in seinem Buch *Leviathan* (1651) als Krieg aller gegen alle:

> Hierdurch ist offenbar, daß sich die Menschen, solange sie ohne eine öffentliche Macht sind, die sie alle in Schrecken hält, in jenem Zustand befinden, den man Krieg nennt, und zwar eines jeden gegen jeden. Denn Krieg besteht nicht nur in Schlachten und Kampfhandlungen, sondern in einem Zeitraum, in dem der Wille zum Kampf hinreichend bekannt ist […]: so besteht das Wesen des Krieges nicht in tatsächlichen Kampfhandlungen, sondern in der bekannten Bereitschaft dazu während der ganzen Zeit, in der es keine Garantie für das Gegenteil gibt. Alle übrige Zeit ist Frieden. (Hobbes 1985, Kap. XIII, 185–186; Übersetzung nach 1996, 104–105)

Nicht allein genügt es für Hobbes also, dass Private gewaltsam Konflikte austragen, sondern, weil man schließlich einen Zustand der Unsicherheit und Herrschaftslosigkeit nicht Frieden nennen könne, soll sogar die bloße Bereitschaft zu kämpfen für einen Krieg genügen. Dementsprechend stehen für Hobbes auch alle Staaten in einem unauflöslichen, dauerhaften Kriegszustand miteinander (vgl. Hobbes 1985, Kap. XIII, 187). Der Begriff des Krieges wird hier nahezu uferlos.

*John Locke* (2003a, § 19) relativiert diese Übertreibung bei Hobbes in seinem *Second Treatise of Government* (*Zweite Abhandlung über die Regierung, 1689*) wieder etwas, indem er nur den Zustand der Rechtsverletzung als Kriegszustand beschreibt. Doch auch bei ihm ist klar, dass ein Kriegszustand auch zwischen Individuen vorliegen kann, wobei man vielleicht fragen kann, ob *Kriegszustand* und *Krieg* bei Locke so ohne Weiteres begrifflich gleichgesetzt werden können (vgl. im Folgenden die Unterscheidung von Kriegszustand und wirklichem Krieg bei Kant).

Die Einschränkung auf den Zusammenhang politischer Herrschaft finden wir aber implizit bei *Samuel von Pufendorf* und dann ganz explizit im 18. Jahrhundert bei Rousseau: Pufendorf unterscheidet zwischen dem Frieden im Naturzustand (sowohl zwischen Individuen als auch zwischen Staaten) und dem Krieg, der immer nur partikulär, d.h. auf eine bestimmte Personengruppe bezogen sei. Für Pufendorf ist der Naturzustand ein bloßes Gedankenkonstrukt zur Analyse des immer schon gesellschaftlich verfassten Lebens der Menschen. Das Leben ohne politische Herrschaft, in dem Privatkriege denkbar wären, ist für Pufendorf also kein mögliches Szenario.[3] Genau deshalb beschränkt er die Kriegsformen auf externe und interne, d.h. Staaten- und Bürgerkriege (vgl. Pufendorf 1934, I, 1, § 8).

---

[3] Vgl. zu dieser Interpretation die ausführlichere Darstellung in Gisbertz-Astolfi 2024, Kap. I.1.4.3.

Es ist aber vor allem *Rousseaus* Einwand gegen Grotius' Überdehnung des Kriegsbegriffs, der geistesgeschichtlich von großer Tragweite ist. Rousseau wendet sich gegen Grotius in Bezug auf dessen Behauptung, der siegreiche Fürst eines Krieges dürfe das besiegte Volk versklaven. Für Grotius (1939, Buch 3, Kap. 7) ergibt sich dies daraus, dass der Siegreiche seine Feinde – und das heißt für ihn: das ganze gegnerische Volk – im Krieg töten dürfe und er diesen in einem Friedensschluss ihr Leben im Tausch gegen ihre Freiheit schenken könne. Hiergegen wendet Rousseau, ähnlich wie vor ihm schon Locke (2003b, §§ 179–183) und Montesquieu (1951, Buch 10, Kap. 3), ein, dass Kriegsgegner nicht die Bürger des anderen Staates sind, sondern der andere Staat:

> Der Krieg ist also keine Beziehung von Mensch zu Mensch, sondern eine Beziehung von Staat zu Staat, in der die Einzelnen nur durch Zufall Feinde sind, nicht als Menschen und nicht einmal als Bürger, sondern als Soldaten; nicht als Glieder des Vaterlandes, sondern als seine Verteidiger. Kurz, ein Staat kann in Anbetracht dessen, dass sich zwischen Dingen unterschiedlicher Natur auf Dauer keine wahre Beziehung herstellen lässt, nur andere Staaten zu Feinden haben und nicht Menschen. […] Wenn der Krieg mit der Vernichtung des feindlichen Staates endet, ist man berechtigt, die Verteidiger zu töten, solange sie Waffen tragen; aber sobald sie sie niederlegen und sich ergeben, hören sie auf, Feinde oder Werkzeuge des Feindes zu sein, sie werden einfach wieder Menschen, und man hat kein Recht mehr über ihr Leben. (2010, Buch 1, Kap. IV, 24–27)

Krieg, so stellt Rousseau also mit besonderer Deutlichkeit heraus, ist immer nur der Staatenkrieg. Ein vermeintlicher Naturzustand der Menschen ist für ihn, anders als für Hobbes, nicht von hinreichender Beständigkeit, um Krieg zu sein. Erst die staatliche Verfasstheit ermögliche es, dass ein gewaltsamer Konflikt dauerhaft und institutionell werden könne, sodass man von einem „Krieg" sprechen könne.

Mit dieser Einschränkung leitet Rousseau das Ende der frühneuzeitlichen Idee eines Naturzustandes als Kriegszustand ein. Zwar gibt es derlei Ideen auch in der Folge, etwa im ausgehenden 18. Jahrhundert bei *Kant*, indes betont Kant auch, dass dieser Naturzustand, den er mit dem Begriff *Krieg* vor allem im Verhältnis zwischen den Staaten assoziiert, kein *wirklicher* Krieg sei. So nennt er als erste Elemente des Völkerrechts:

> 1) daß Staaten, im äußeren Verhältniß gegen einander betrachtet, (wie gesetzlose Wilde) von Natur in einem nicht-rechtlichen Zustande sind; 2) daß dieser Zustand ein Zustand des Krieges (des Rechts des Stärkeren), wenn gleich nicht wirklicher Krieg und immerwährende wirkliche Befehdung (Hostilität) ist, welche (indem sie es beide nicht besser haben wollen), obzwar dadurch keinem von dem Anderen unrecht geschieht, doch an sich selbst im höchsten Grade unrecht ist, und aus welchem die Staaten, welche einander benachbart sind, auszugehen verbunden sind. (1900 ff. b, § 54)

Kants bekannte Friedensphilosophie findet genau hier ihren Ausgangspunkt, nämlich in der praktischen Notwendigkeit für die Staaten, aus diesem Kriegszustand,

d. h. einem nichtrechtlichen Zustand, herauszugehen, und sich unter und in gemeinsames Recht zu begeben (vgl. 1900 ff. d, 354; 1900 ff. b, § 61).

Im 19. Jahrhundert wird der Begriff des Krieges vor allem in der Philosophie Hegels und in der Kriegslehre des Carl von Clausewitz thematisiert. Auch für *Hegel* ist der Krieg nur Staatenkrieg. Staaten sind für Hegel Ausdruck der Sittlichkeit und somit des Geistes bzw. der sich in der Welt verwirklichenden Vernunft. Genau deswegen sei es für sie als souveräne politische Einheit, anders als für andere Entitäten, notwendig, in einem anderweitig unauflöslichen Konfliktfall das letzte Mittel der Durchsetzung zur Verfügung zu haben, um nicht unter dem Willen eines anderen Staates zu stehen (vgl. 2017, §§ 324, 334). Man kann interpretatorisch vermuten, dass Hegel auch Bürgerkriege in seine Theorie aufnehmen kann und würde. Hierauf gibt es indes nur implizite Hinweise. Ein Bürgerkrieg wäre für ihn allerdings nur dann begrifflich *Krieg*, wenn er, wie der Staatenkrieg, das letzte Mittel ist, die Souveränität des Staates zu behaupten, wenn also insbesondere das Recht nicht durchgesetzt werden kann (vgl. Gisbertz-Astolfi 2024, I.1.6.1).

Ganz ähnlich versteht auch *Clausewitz* (1952, Buch 1, Kap. 1) den Begriff des Krieges. Sein bekannter Ausspruch, der Krieg sei die „Fortsetzung der Politik mit anderen Mitteln" (1952, Buch 1, Kap. 1, § 24) verweist bereits auf diesen Zusammenhang. Der Krieg ist für Clausewitz zunächst einmal ein Akt der Gewalt zur Durchsetzung des eigenen Willens zu politischen Zwecken. Er ist also ein Instrument der Politik und genau diese politische Zweckhaftigkeit beschränkt Clausewitz' Auffassung nach die Kriege in der Wirklichkeit, sodass sie nicht grenzenlos werden.

Bei Pufendorf, Rousseau, Kant, Hegel und Clausewitz unterscheidet sich der Begriff des Krieges, unabhängig von der Wertung, kaum noch – und interessanterweise spiegelt sich hier die beinahe 2000 Jahre ältere Definition Ciceros:

> *Krieg* ist gewaltsame Konfliktaustragung um politische Herrschaft.

Es zeigt sich also trotz aller Änderungen der Kriegsführung und der Politik in diesem Zeitraum eine bemerkenswerte Stabilität des Begriffs des Krieges. Selbstredend ließe sich die Begriffsgeschichte noch 200 Jahre fortschreiben, doch philosophisch scheint damit das Wichtigste zum Begriff des Krieges gesagt zu sein, nämlich dass dieser, abgesehen von einer historisch kurzen Phase zur Zeit der Ausbildung souveräner Staaten und des Kontaktes mit Völkern, deren politische Verfasstheit von den Europäerinnen zunächst nicht verstanden wurde, stets auf die gewaltsame Konfliktaustragung um politische Herrschaft beschränkt war.

Lediglich eine kleine Zusatzbemerkung muss man machen: Im frühen 20. Jahrhundert ist es noch Usus, dass der Begriff des Krieges auch im Völkerrecht verwendet wird. So sprechen sowohl die Haager Landkriegsordnung von 1899 bzw. 1907 als auch die Satzung des Völkerbundes von 1919 und der Briand-Kellogg-Pakt zur Ächtung des Krieges von 1928 von „Krieg". Allerdings beziehen sich diese Regeln explizit auf Staatenkriege. Bürgerkriege sind hingegen nicht Regelungsgegenstand, und so bildete sich im Völkerrecht die merkwürdige Situation heraus, dass der Begriff des Krieges zunehmend als auf öffentlich erklärte

Staatenkriege begrenzt verstanden wurde, also auf das, was Grotius „förmliche Kriege" nannte. Nicht nur waren also Bürgerkriege ausgenommen, sondern einige Staaten versuchten sogar durch eine Vermeidung von Kriegserklärungen die Anwendbarkeit von Kriegsrecht zu verhindern. Deshalb heißt es seit den Genfer Konventionen von 1949 im internationalen Recht nicht mehr „Krieg", sondern „bewaffneter Konflikt". Dieser ist wieder das, was vor dieser Entwicklung ohnehin galt, nämlich Staaten- oder Bürgerkrieg bzw. in moderner juristischer Diktion internationaler oder nichtinternationaler bewaffneter Konflikt. Inhaltlich hat sich hierdurch nichts geändert; im Gegenteil wurde lediglich das affirmiert, was die Begriffsgeschichte ohnehin als Begriff des Krieges aufgezeigt hat.

> **Marcus Tullius Cicero**
>
> Marcus Tullius Cicero (106–43 v. u. Z.) war einer der bedeutendsten Politiker und Anwälte in der römischen Republik. Er war Schriftsteller, Rhetor und Philosoph und durchlief nahezu alle wichtigen politischen Ämter der römischen Republik. Insbesondere zwei Begebenheiten seines Lebens können uns in aller Kürze veranschaulichen, welch bewegtes Leben Cicero führte (vgl. zu Ciceros Leben: Stroh 2016): Im Jahr 63 v. u. Z. versuchte der Senator Lucius Sergius Catilina einen Umsturz gegen die römische Republik. Cicero war sein politisch größter Gegner und stellte sich den Umtrieben des Catilina entgegen, entging hierbei sogar einem Mordversuch. Er verhinderte den Umsturz. Anschließend musste sich Cicero einem noch stärkeren politischen Gegner entgegenstellen: Gaius Julius Caesar wurde durch das als erstes Triumvirat bekannte Bündnis mit zwei anderen bedeutenden Staatsmännern zum Konsul und setzte sich beständig und gegen den Senat, dem Cicero angehörte, über das römische Recht hinweg. Im Jahr 49 v. u. Z. setzte Caesar dann wegen seiner Konkurrenz zu seinem früheren Mitstreiter Pompeius zum Staatsstreich an und überquerte mit seinen Truppen aus Gallien den Rubikon, den Grenzfluss zwischen Gallien und Italien. Caesar errang die Macht, wurde erneut zum Konsul gewählt und ließ sich schließlich die in Rom als Diktatur bekannte Sondervollmacht für zehn Jahre zusichern. Der Sturz der römischen Republik war eingeleitet und auch der Mord an Caesar im Jahr 44 v. u. Z. konnte ihn nicht mehr verhindern. In all dieser Zeit entwickelte sich Cicero zu einem der schärfsten Kritiker Caesars und prangerte ihn als Feind der Freiheit und des Rechts an (vgl. Cicero 2007, I, 26). Im Jahr 43 v. u. Z. fiel Cicero schließlich seinen politischen Feinden zum Opfer und wurde ermordet. Er hatte politisch und philosophisch bis zum Ende für die Freiheit der Republik gekämpft.
> Philosophisch stand Cicero den Lehren Platons und der Stoa nahe, er war jedoch nach eigener Aussage ein Eklektiker, der viele Quellen zusammenbringen wollte (vgl. etwa Cicero 2007, I, 6–7). Insbesondere übernahm er vieles aus der griechischen Philosophie und versah es mit eigenen Gedanken und einem guten Stück römischer Kultur. Von Cicero sind uns zahlreiche Reden, Bücher und andere Schriften überliefert. Seine politische Philosophie und Ethik ist vor allem in drei Werken niedergeschrieben: *De re publica* (Vom Staat), *De Legibus* (Von den Gesetzen) und *De officiis* (Von den Pflichten).
> Schon in *De re publica* aus den Jahren 54–51 v. u. Z. betonte Cicero in Anlehnung an das römische religiöse Fetialrecht:
>
>> Ungerecht sind diejenigen Kriege, die ohne Grund unternommen worden sind. Kann man doch keinen gerechten Krieg führen, außer zur Vergeltung

oder um Feinde abzuwehren. Kein Krieg gilt als gerecht, außer wenn er angekündigt und erklärt ist und es nur um die Forderung nach Rückgabe von Eigentum geht. (2013, III, 35)

Dies ist, soweit ersichtlich, die erste explizite Erwähnung des „gerechten Krieges" in der Philosophiegeschichte. Krieg kann für Cicero demnach nur gerecht sein, wenn er zur Vergeltung, zur Verteidigung oder zur Restitution von Eigentum erfolgt. Der genauere Zusammenhang ist uns, da das Werk nur fragmentarisch erhalten ist, nicht überliefert, aber in *De officiis* aus dem Jahr 44 v. u. Z. vertieft Cicero diese Gedanken zum gerechten Krieg: Gerechtigkeit, so definiert Cicero (2007, I, 20) hier, bestehe zuvörderst darin, niemandem zu schaden, es sei denn aufgrund einer Ungerechtigkeit seinerseits. Für den Krieg bedeutet das, dass Angriffskriege verboten sind und sich Kriege laut Cicero nur dann rechtfertigen lassen, wenn sie auf vorangegangenes Unrecht reagieren, d.h. Verteidigungs-, Vergeltungs- oder Restitutionskriege sind (vgl. Cicero 2007, I, 36). Überdies müssten diese Kriege angedroht und erklärt werden.

[N]ach Errungung des Sieges [...] sind diejenigen zu begnadigen, die im Kriege nicht grausam und nicht unmenschlich waren. [...] Und man muss für die, die man mit Gewalt besiegt hat, sorgen, besonders aber diejenigen aufnehmen, die nach Niederlegung der Waffen beim Schutzversprechen des Feldherrn Zuflucht gesucht hatten. (Cicero 2007, I, 35)

Auch Ciceros Gedanken zum sogenannten *ius in bello*, zum Recht im Krieg, sind noch heute aktuell: z. B. der Schutz von Kriegsgefangenen, eine Immunität vor Strafverfolgung für Kombattantinnen, die nicht gegen die Regeln des humanitären Völkerrechts verstoßen etc. All das gilt auch heute noch als zentrale Prinzipien des Völkerrechts. Cicero führt diese Regeln darauf zurück, dass man Krieg nur um des Friedens willen führen dürfe, und man müsse ihn so führen, dass ein späterer Frieden möglich sei (2007, I, 35). Diesen Gedanken finden wir, wie wir noch sehen werden, auch noch beinahe 2000 Jahre später bei Kant und Hegel und er liegt selbst heute vielen Regelungen des humanitären Völkerrechts zugrunde. Ciceros Bedeutung für die Ethik des Krieges kann also kaum überschätzt werden.

## 1.2 Staatenkriege, Bürgerkriege, transnationale Konflikte

Der Begriff des Krieges war also geistesgeschichtlich beinahe durchgehend auf zwei Erscheinungsformen beschränkt: Staatenkriege und Bürgerkriege. Wie diese Erscheinungsformen in der Wirklichkeit aussahen, ist allerdings keineswegs so konstant und unwandelbar gewesen. Schon die Art der Kriegsführung hat sich selbstredend in den letzten Jahrtausenden, Jahrhunderten und selbst Jahrzehnten stetig und zum Teil radikal gewandelt. Frühe technologische Revolutionen wie die Entwicklung von Bögen vor ca. 12000 Jahren oder erste Stadtbefestigungen vor 9000 Jahren ließen den Menschen irgendwann den „militärischen Horizont" überschreiten, d.h., dass menschliche Konflikte so organisiert waren, dass sie uns aus heutiger Sicht als Kriege erscheinen (vgl. Turney-High 1971, 23). Die ersten Kriege, zu denen wir historisch gesicherte Quellen haben, fanden vor ca. 5000 Jahren in Mesopotamien statt. Die größere Organisation koinzidierte in dieser Zeit mit der Ausbildung politischer Gemeinwesen. Was uns also militärisch als

Krieg erscheint, war auch insofern Krieg, als die Konflikte erstmals um politische Herrschaft und Letztentscheidungskompetenz gingen.

Seither hat sich das Erscheinungsbild des Krieges ständig fortentwickelt: Reiterkampf, Seekrieg, Schießpulver, Artillerie, Schützengräben und Panzer, Luftkrieg, ABC-Waffen, bewaffnete Drohnen etc. Kriegsführung heute hat nicht mehr viel mit der Kriegsführung vor 5000 Jahren gemeinsam, und dennoch lässt sich der Begriff des Krieges auf all diese Formen anwenden, weil er etwas beschreibt, das relativ zeitlos einen Platz in der begrifflichen Erfassung des menschlichen Zusammenlebens innehat: das Versagen nichtgewaltsamer Konfliktlösungsmechanismen wie dem Recht oder der Diplomatie, sodass kein anderes Mittel zur Konfliktlösung als die bloße physische Gewalt gegeben ist (vgl. Gisbertz-Astolfi 2024, Kap. I.2).

Genau deshalb wirft der Krieg auch besondere ethische Fragen auf, weil er die Situationen beschreibt, in denen die Menschheit ihre Konflikte nicht länger rechtlich oder wenigstens durch Herrschaft oder Vereinbarung reguliert so klären kann, dass eine Minimalform von Vermittlung anhand des Verdienstes stattfindet. Denn so wenig perfekt es in der Realität oft sein mag, das Recht und andere soziale Konfliktlösungsformen wie politische Diplomatie haben immerhin den Anspruch, dass am Ende jeder das bekommt, was er verdient, dass sie also zwischen den Beteiligten vermitteln (vgl. Pfordten 2008). Für den Krieg gilt das nicht. Er greift genau dort, wo die Vermittlung und die Orientierung am Verdienst scheitern, wo also nur noch Gewalt und Macht statt einer Mindestform sozialer Koordination und der Berücksichtigung von Verdienst Konflikte entscheiden müssen. Nicht der Gerechtfertigte, sondern der Stärkere gewinnt Kriege.

Aber nicht nur die Waffentechnologie hat sich verändert, auch die Form politischen Zusammenlebens. Zwischen frühmesopotamischen Stadtkönigreichen, griechischen Poleis, dem persischen Großreich, der römischen Republik, dem chinesischen Kaiserreich, mittelalterlicher Feudalherrschaft, dem Mali-Königreich, Stammesgesellschaften und Häuptlingsherrschaften auf der ganzen Welt, dem British Empire, den neuzeitlichen Nationalstaaten und den zahlreichen anderen politischen Gemeinwesen der Weltgeschichte gibt es nur wenige Gemeinsamkeiten. Doch eines ist ihnen allen gemeinsam und das ist die politische Herrschaft im Sinne einer Letztentscheidungskompetenz, welche in der gesamten Gemeinschaft (und für diese) Autorität beansprucht (vgl. Pfordten 2014). Wenn wir also von „Staatenkriegen" sprechen, so können hiermit nicht nur Staaten im Sinne der neuzeitlich-westfälischen Ordnung souveräner Staaten gemeint sein, sondern politische Gemeinwesen in einem solchen weiten, aber zugleich wohlbegrenzten Sinne.

Der Begriff des Krieges bezeichnet demnach genau den Konflikt um diese politische Herrschaft, und das bedeutet entweder zwischen zwei politischen Gemeinwesen oder innerhalb eines Gemeinwesens zwischen der bisherigen staatlichen Macht und aufständischen Gruppen. Diese beiden Konstellationen bezeichnen wir etwas verkürzt als Staaten- und Bürgerkriege.

Da menschliches Handeln sich regelmäßig über die ihm notwendigen Ziele definieren lässt, fasst Philipp Gisbertz-Astolfi (2024, I.2.3) dies so zusammen, dass

Kriegsakteure immer als Ziel ihres Handelns politische Letztentscheidungsgewalt bzw. Herrschaft beanspruchen müssen. Anderenfalls sei physische Gewalt, selbst wenn sie in ihrem Ausmaß extrem ist, ein Verbrechen bzw. Kriminalunrecht innerhalb einer Herrschaftssphäre. Genau an diesem Punkt besteht die vielleicht größte Uneinigkeit zwischen den beiden umfassendsten philosophischen Analysen des Begriffs des Krieges: Sebastian Schneider (2017, 307–314) betont nämlich gänzlich anders, dass der Krieg begrifflich nicht auf bestimmte Ziele eingeschränkt sei. Das zentrale Argument Schneiders liegt in dem Aufzeigen historischer Gegenbeispiele, vor allem von Beute- und Raubkriegen. Auch anhand von Drogenkartellen, die mit paramilitärischen Mitteln die staatliche Gewalt fernhalten, um sich zu bereichern, zeigt er, dass „auch kriminelle Parteien zu quasi-politischen Akteuren werden [können]. Die politische Kontrolle ist dort zumindest nicht Zweck an sich, sondern dient nur als Mittel zum Zweck der Sicherung der Strukturen zur persönlichen Bereicherung" (2017, 309).

Dem hält Gisbertz-Astolfi entgegen, dass es auch in Beutekriegen, die er vor allem am Trojanischen Krieg um die Rückeroberung Helenas verdeutlicht, letztlich um politische Herrschaft gehe. Es gehe nämlich eben nicht nur um die Beute, sondern darum, diese mit Letztentscheidungsgewalt zu erzwingen, d.h. die Letztentscheidungsgewalt anderer nicht anzuerkennen und diese gewaltsam zu brechen. Dies sei Ausübung politischer Herrschaft. Im Falle der Drogenkartelle sei der Fall komplizierter: Sofern ein politischer Zweck im Sinne einer Herrschaftsausübung verfolgt werde, die selbstredend auch in der Abwehr anderer Herrschaftsansprüche bestehen könne, sei es unschädlich, dass auch andere Zwecke verfolgt würden. Eine Stufung von Zielen sei im Rahmen menschlichen Handelns völlig normal. Er bringt das folgende Beispiel:

> Eine Schreinerin, die einen Tisch herstellt, der – so unterstellen wir einmal vereinfachend – begrifflich durch den Zweck definiert wird, dass man etwas auf ihm abstellen kann, muss dieses Ziel verfolgen, damit das, was sie herstellt, ein Tisch ist. Sie wird zudem mit großer Sicherheit weitere, in gewisser Weise höherrangige Ziele im Sinn haben, etwa den Verkauf des Tisches. Das schadet aber ihrem ursprünglichen Ziel nicht. (Gisbertz-Astolfi 2024, Kap. I.2.3.2)

Höherrangige Ziele wie Beute oder die Sicherung der Strukturen zur persönlichen Bereicherung führen nach Gisbertz-Astolfi also keineswegs dazu, dass das Ziel der politischen Letztentscheidung negiert werde. Auch Schneider schreibt schließlich nur, dass es nicht „Zweck an sich" sei. Das fordert Gisbertz-Astolfi nicht – und soweit ersichtlich ist dies auch nicht die These von Clausewitz, dem Schneider hier widerspricht. Für Clausewitz ist Krieg ein politisches Werkzeug, er dient als Mittel für höhere, politische Zwecke und ist daher stets durch diese politischen Ziele beschränkt. Diese politischen Ziele können aber (und müssen sogar) selbst anderen Zielen dienen:

> Daß die Politik alle Interessen der inneren Verwaltung, auch die der Menschlichkeit und was sonst der philosophische Verstand zur Sprache bringen könnte, in sich vereinigt und ausgleicht, wird vorausgesetzt; denn

die Politik ist ja nichts an sich, sondern ein bloßer Sachwalter aller dieser Interessen gegen andere Staaten. (Clausewitz 1952, Buch 8, Kap. 6 B)

Die Stufung der Ziele selbst scheinen Clausewitz und Gisbertz-Astolfi also in ihren Theorien abbilden zu können. Dennoch schließt Gisbertz-Astolfi den Fall des Drogenkartells aus dem Begriff des Krieges aus, und zwar weil der Begriff des Krieges eine notwendige Lücke in der Ordnung souveräner Staaten beschreibe, die in diesem Fall nicht gegeben sei. Bürgerkrieg sei „ein Kampf um Souveränität und um politische Letztentscheidungsgewalt. Er ist genau deswegen begrifflich auf Akteure begrenzt, die politische Repräsentation [..] für sich beanspruchen" (Gisbertz-Astolfi 2024, Kap. II.3.2.3). Zum politischen Handeln im Sinne der Beanspruchung von Herrschaftsgewalt gehöre also nicht nur die faktische Kontrolle, sondern auch ein Anspruch auf eine politische Vertretung der Gemeinschaft. Wo dies nicht gegeben sei, lasse sich das Verhältnis zwischen Staat und Drogenkartell im Rahmen der Friedensordnung rekonstruieren, nämlich als Kriminalverbrechen in einem potenziellen „failed state", nicht aber als Krieg (vgl. Gisbertz-Astolfi 2024, Kap. I.2.3.3 und II.3.2.3).

Für Schneider ist dies kontraintuitiv. Er beschränkt den Begriff des Krieges zwar im Ergebnis für viele Fälle ähnlich auf jene „notwendige Lücke in der Ordnung souveräner Staaten", allerdings über eine Begrenzung der Kriegsakteure:

Als Kriegsakteure kommen grundsätzlich alle Akteure in Frage, die selbst keinem staatlichen oder staatähnlichen Gewaltmonopol unterliegen. Das bedeutet, dass sie nicht effektiv von der Jurisdiktion eines Akteurs wie eines Staates oder einer Gesellschaft erfasst werden. (2017, 314)

Auch für Schneider ist der Begriff des Krieges also auf solche Verhältnisse bezogen, in denen keine alternative Konfliktlösung über staatliche Herrschaft erfolgen kann. Dennoch ist der Unterschied zwischen den beiden Begriffsverständnissen von großer Bedeutung und zwar dort, wo die gewaltsame Konfliktaustragung sich nicht auf einen Staat bezieht, d.h. in sogenannten transnationalen Konstellationen. Das aktuellste Beispiel ist der „Krieg" gegen den transnationalen Terrorismus bzw. gegen transnationale terroristische Organisationen wie al-Qaida oder den sogenannten Islamischen Staat. Diese unterliegen wegen ihrer räumlichen Überschreitung staatlicher Grenzen und ihrer enormen Machtfülle keiner effektiven Jurisdiktion eines Staates. Für Schneider sind sie also mögliche Kriegsparteien auch für Kriege jenseits ihres eigentlichen Operationsraumes. Für Gisbertz-Astolfi (2024, Kap. II.3.1.2) hingegen fehlt es für diese Organisationen am Anspruch auf politische Repräsentation in den angegriffenen Ländern wie den USA oder Frankreich (nicht aber etwa in Syrien oder Afghanistan). Hier gehe es nicht um einen Kampf um staatliche Herrschaft, sondern der Terrorismus sei hier lediglich ein – selbstverständlich fürchterliches – Verbrechen. Dementsprechend ließe sich das Verhältnis mit diesen Akteuren im Rahmen der Ordnung souveräner Staaten konstruieren und falle nicht unter den Begriff des Krieges. Wir werden auf diesen Punkt noch einmal zu sprechen kommen (S. 11.4 Terrorismus als Krieg und der Status von Terroristen).

# 1. Was ist überhaupt Krieg?

Wichtig ist für den Moment nur, dass die Bedeutung der begrifflichen Grenzen, sogar in solchen Detailfragen wie zwischen Schneider und Gisbertz-Astolfi, ersichtlich wird. Insbesondere transnationale Phänomene, welche die sich globalisierende Welt zunehmend kennzeichnen, stellen die Begriffe der mit dem Westfälischen Frieden errichteten Ordnung souveräner Staaten auf die Probe. Das gilt nicht nur für den transnationalen Terrorismus, sondern auch für friedliche transnationale Geschehnisse, etwa die enorme Macht transnationaler Konzerne, auf die zum Teil bereits mit der Einrichtung diplomatischer Beziehungen zu großen Technologiekonzernen („Techplomacy") reagiert wird (vgl. etwa zum dänischen Generalkonsulat im Silicon Valley Moorstedt 20.1.2018).

Die etablierten Begriffe, die sich bereits bewiesen haben, müssen vor dem Hintergrund neuer Konflikte, die staatliche Grenzen überschreiten und vor deren Hintergrund diese Grenzen und die entsprechenden Herrschaftsordnungen an Bedeutung verlieren, behutsam darauf geprüft werden, ob und wie sie adaptiert werden müssen. Dabei scheint es nicht bedeutungslos, dass die Geschichte des Begriffs des Krieges trotz allem Wandel der Phänomene, die er beschreibt, eine große Stabilität in der Weltgeschichte aufweist. Leichtfertig sollte man ihn offenbar nicht abändern. Aber Begriffe können und müssen auf die Welt, die sie erfassen sollen, reagieren. Inwiefern die völkerrechtliche Behauptung der USA und einiger anderer Staaten, man sei im Krieg mit transnationalen terroristischen Organisationen, begrifflich akzeptabel ist, verlangt demnach eine präzise Auseinandersetzung mit dem Begriff des Krieges. Die philosophische Literatur ist hierzu jenseits der beiden zitierten Werke bisher noch recht lückenhaft.

> **Die wichtigsten Quellen des Kriegsvölkerrechts**
>
> Das Völkerrecht, d.h. das Recht, das zwischen den Staaten gilt, teilt sich in zwei große Bereiche: Friedens- und Kriegsrecht. Im Frieden gelten viele internationale Gesetze, die uns in unserem Alltag relativ geläufig sind, etwa die Menschenrechte, das Recht diplomatischer Beziehungen und so weiter. Im Krieg kommen jedoch besondere Regeln hinzu und verdrängen in einigen Bereichen auch das Friedensrecht.
> Das Recht im Krieg teilt sich in zwei große Bereiche, die auch in der Ethik so genannt und genutzt werden, nämlich das Recht zum Krieg (*ius ad bellum*) und das Recht im Krieg (*ius in bello*). Das *ius ad bellum* bestimmt, wann es einem Staat erlaubt ist, Krieg zu führen. Die wichtigste Rechtsquelle hierfür ist die Charta der Vereinten Nationen aus dem Jahr 1945. Diese bestimmt in ihrer Präambel und ihren ersten beiden Artikeln ein prinzipielles Verbot, Waffengewalt als Mittel in internationalen Beziehungen zu nutzen. So bestimmt Artikel 1 Nr. 1 als Ziel der UN die Vermeidung von Angriffshandlungen und einen Fokus auf friedliche Konfliktlösungen. Artikel 2 Nr. 4 konkretisiert, dass dieses Ziel unter anderem folgendermaßen erreicht werden soll:
>
>> Alle Mitglieder unterlassen in ihren internationalen Beziehungen jede gegen die territoriale Unversehrtheit oder die politische Unabhängigkeit eines Staates gerichtete oder sonst mit den Zielen der Vereinten Nationen unvereinbare Androhung oder Anwendung von Gewalt.

Es gilt also ein generelles Gewaltverbot im Völkerrecht. Die UN-Charta kennt nur eine einzige Ausnahme: In Artikel 51 statuiert sie:

> Diese Charta beeinträchtigt im Falle eines bewaffneten Angriffs gegen ein Mitglied der Vereinten Nationen keineswegs das naturgegebene Recht zur individuellen oder kollektiven Selbstverteidigung, bis der Sicherheitsrat die zur Wahrung des Weltfriedens und der internationalen Sicherheit erforderlichen Maßnahmen getroffen hat.

Das Recht auf Selbstverteidigung ist durch die Charta demnach explizit nicht eingeschränkt. Es wird vielmehr als „naturgegeben" vorausgesetzt. Im Ergebnis heißt das, dass Angriffskriege verboten sind, Verteidigungskriege hingegen erlaubt.

Vor allem zwei Punkte sind hierbei jedoch interpretatorisch weniger eindeutig, als es zunächst den Anschein hat: Erstens vertreten viele Politikerinnen und Juristinnen, dass es eine internationale Schutzverantwortung gebe (*responsibility to protect*), die beinhalte, dass man im Falle extremer Menschenrechtsverletzungen auch andere Menschen in anderen Staaten beschützen dürfe und sogar müsse. Daher nehmen sie an, dass auch humanitäre Interventionen – jedenfalls mit Zustimmung bzw. Mandat des Sicherheitsrates der Vereinten Nationen, vielleicht aber auch ohne – erlaubt sind. Der wohl bekannteste Fall, in dem eine solche humanitäre Intervention ohne Mandat des Sicherheitsrates erfolgt ist, war die Intervention der NATO im Kosovo, bei der im Sicherheitsrat wegen des Vetorechts Russlands und Chinas keine Zustimmung zu erhalten war.

Der zweite problematische Punkt ist die sogenannte Präventivverteidigung. Die USA und Großbritannien rechtfertigten den Irakkrieg im Jahr 2003 damit, dass der Irak verbotene Massenvernichtungswaffen herstelle bzw. besitze und daher die nationale Sicherheit akut gefährdet sei. Ohne UN-Mandat griffen sie zu einer angeblichen präventiven Selbstverteidigung. Die meisten Völkerrechtler gehen allerdings davon aus, dass es kein Recht auf eine solche präventive Verteidigung gibt; eine Frage, die, wie wir sehen werden, auch in der Ethik umstritten ist. Der Irakkrieg stellte sich schon deshalb als ungerechtfertigt heraus, weil die entsprechenden Massenvernichtungswaffen nicht gefunden wurden. Die Frage, ob und wie weit im Voraus man sich präventiv verteidigen darf, bleibt dennoch eine juristisch wie ethisch spannende. Es scheint nahezuliegen, dass es bereits eine Verteidigungshandlung darstellt, einem unmittelbar bevorstehenden Angriff, zumal mit Atomwaffen, zuvorzukommen. Das nennt man Präemption, nicht Prävention. Es zeigt aber, dass eine vorverlagerte Selbstverteidigung nicht völlig von der Hand zu weisen ist. Die Frage ist nur, *wann* der Verteidigungsfall eintritt (vgl. zur ethischen Bewertung 5. Ius ad bellum 4: Darf man sich gegen bloße Bedrohungen verteidigen?).

Deutlich mehr internationale Regeln als zum *ius ad bellum* gibt es zum *ius in bello*, zum Recht im Krieg. Dieses wird auch „humanitäres Völkerrecht" genannt. Es geht hierbei nicht um die Frage, wer wann Krieg führen darf, sondern um die Regulierung des Kriegsgeschehens selbst. Wer darf im Krieg was machen?

Die wichtigsten Quellen sind die vier Genfer Konventionen von 1949 (mit Vorläuferversionen aus den Jahren 1964 und 1929) und ihre beiden ersten Zusatzprotokolle von 1977 sowie die Haager Landkriegsordnung von 1899 und 1907. Die Genfer Konventionen bestimmen vor allem den Schutz verschiedener Personengruppen, und zwar der „Verwundeten und Kranken der bewaffneten Kräfte im Felde" (Erste Konvention), der „Verwundeten, Kranken und Schiffbrüchigen der bewaffneten Kräfte zur See" (Zweite Konvention), der Kriegsgefangenen (Dritte Konvention) und der Zivilpersonen in Kriegszeiten (Vierte Konvention). Im Ersten Zusatzprotokoll (ZP1) werden diese Regelungen allgemein „zum Schutz der Opfer internationaler bewaffneter Konflikte" ergänzt, im Zweiten Zusatzprotokoll (ZP2) wird ein bis dahin nicht bestehender Mindestschutz für „Opfer nicht internationaler bewaffneter Konflikte", also Opfer von Bürgerkriegen, geregelt.

Die Haager Landkriegsordnung und zahlreiche neuere Abkommen betreffen vor allem den Einsatz verschiedener Mittel im Krieg und grundsätzliche Schutzstandards für Kombattantinnen, v.a. Kriegsgefangene. Heutzutage gibt es zahlreiche weitere Beschränkungen der legitimen Mittel, die man im Krieg einsetzen darf: Verbote gewisser besonders problematischer Waffen (z.B. ABC-Waffen, Antipersonenminen oder Streubomben), der Schutz von Kulturgütern, ein Verbot von Angriffen auf Staudämme, Kernkraftwerke, Deiche und andere Einrichtungen, bei denen eine große Gefahr für die Zivilbevölkerung besteht, sowie der heimtückischen fehlerhaften Verwendung von Schutzzeichen wie dem roten Kreuz oder dem roten Halbmond, die eigentlich signalisieren, dass man als humanitäres Personal nicht angegriffen werden darf, etc. Alle Regeln hier aufzulisten, würde den Rahmen dieses Buches sprengen.

Schließlich sind im Römischen Statut von 1998 die Errichtung und die Kompetenzen des Internationalen Strafgerichtshofs (IStGH) festgelegt, der Völkermord, Verbrechen gegen die Menschlichkeit und Kriegsverbrechen verfolgen darf. Der IStGH ist nicht die erste Station in der Geschichte der internationalen Strafverfolgung von Kriegsverbrechen, aber er ist ihr bisheriger Höhepunkt.

Wie bei allen genannten Abkommen gilt allerdings eine wichtige Einschränkung: Völkerrecht gilt zunächst, weil sich Staaten geeinigt und sich vertraglich gegenseitig verpflichtet haben. Staaten, die einzelne Abkommen nicht ratifiziert haben, sind also nicht ohne Weiteres gebunden – und das sind durchaus manchmal große und wichtige Ausnahmen, etwa die USA für die beiden genannten Zusatzprotokolle der Genfer Konventionen sowie Russland, die USA und China für das Römische Statut.

Die Staaten, die diese internationalen Verträge ratifiziert haben, kann man unter den folgenden Links einsehen:

- Römisches Statut:
  https://www.bpb.de/kurz-knapp/zahlen-und-fakten/globalisierung/52814/internationale-gerichtsbarkeit/
- Zusatzprotokoll 1:
  https://ihl-databases.icrc.org/en/ihl-treaties/api-1977/state-parties?
- Zusatzprotokoll 2:
  https://ihl-databases.icrc.org/en/ihl-treaties/apii-1977/state-parties?

Für weitere Abkommen finden sich die entsprechenden Informationen ebenfalls einfach zugänglich online.

Wenn Staaten Abkommen nicht ratifiziert haben, gelten die dort statuierten Regelungen nur dann für sie, wenn diese mittlerweile zum Völkergewohnheitsrecht geworden sind, wenn sie also von fast allen Staaten so selbstverständlich als Recht wahrgenommen werden, dass dies alle bindet. Ob das der Fall ist, v.a. wenn große Staaten wie die USA oder Russland sie nicht für Recht halten, ist selbstredend für zahlreiche Regelungen sehr umstritten. Für die Gerichtsbarkeit des IStGH gilt, dass dieser nur einerseits Angehörige der Staaten, die das Römische Statut ratifiziert haben, sowie andererseits alle Menschen bestrafen kann, die ein Verbrechen auf dem Staatsgebiet eines solchen Staates verübt haben. Literaturempfehlungen zum Kriegsvölkerrecht:

- Auswärtiges Amt/Deutsches Rotes Kreuz/Bundesministerium der Verteidigung (2016). Dokumente zum humanitären Völkerrecht/Documents on International Humanitarian Law. 3. Aufl. Sankt Augustin, Academia.
- Gasser, Hans-Peter (2008): Humanitäres Völkerrecht. Eine Einführung. Baden-Baden: Nomos.
- Clapham, Andrew/Haeck, Tom (Hg.) (2015). The Oxford Handbook of International Law in Armed Conflict. Oxford, Oxford University Press. https://doi.org/10.1093/law/9780199559695.001.0001.

## 1.3 Neue Kriege

Der Wandel der bewaffneten Konflikte in der Welt wird von einigen zeitgenössischen Autoren unter dem Stichwort der „neuen Kriege" erfasst. Der klassische Staatenkrieg, so die Kernthese, verliere zunehmend an Bedeutung, während andere Formen des bewaffneten Konflikts vorherrschten. Das vielleicht erste Werk, in dem diese These – noch ohne die Formulierung „neue Kriege" – vertreten wurde, war Martin van Crevelds *The Transformation of War* aus dem Jahr 1998 mit dem nicht gerade bescheidenen Untertitel „The Most Radical Reinterpretation of Armed Conflicts since Clausewitz".

Van Creveld (2001) konstatiert, dass es immer mehr „low-intensity conflicts" gebe. Diese seien dadurch gekennzeichnet, dass nicht länger zwei Armeen gegeneinander kämpften, sodass sich Soldatinnen bzw. Kombattantinnen und Zivilistinnen bzw. Nichtkombattantinnen nicht mehr so klar unterscheiden ließen. Vielmehr lägen Terrorismus, Guerillakrieg oder politische und gewaltsame Unruhen in einem Grenzbereich zwischen Verbrechen und Krieg. Diesen mit bloßer Polizeiarbeit zu begegnen, weil sie keine Kriege seien, verfehle ihr Wesen: Der Begriff ‚Krieg' beschreibe einfach eine Situation, in der organisierte Gruppen einander wechselseitig zu töten suchten. Eine militärische oder politische Einschränkung nimmt van Creveld nicht vor. Hierdurch wird der Begriff allerdings auch sehr weit. Jeder Bandenkrieg fällt unter diese Definition.

Die Idee, dass sich die Konflikte unserer Zeit von den klassischen Kriegen grundlegend unterscheiden, wurde in der Folge aber mehrfach aufgegriffen. Mary Kaldor (2013) nannte diese geänderten Konfliktformen erstmals „neue Kriege". Sie behauptet, Kriege seien zunehmend ideologisch-religiös motiviert. Staaten versuchten, Menschen marginalisierter substaatlicher Bevölkerungsgruppen anhand von identitätsstiftenden Merkmalen auszuschließen. Es entstehe eine Asymmetrie der verwendeten Mittel und Taktiken: Genozid, Massenmord und Zwangsumsiedlung auf der einen Seite, Guerillakrieg auf der anderen. Wie bei van Creveld sieht auch Kaldor als Folge, dass die Zivilbevölkerung häufiger zum Ziel von Angriffen werde.

## 1. Was ist überhaupt Krieg?

Auch der deutsche Politikwissenschaftler Herfried Münkler (2015) hat die These der neuen Kriege aufgegriffen. Diese wichen in vielerlei Hinsicht von den klassischen Kriegen ab: Sie seien transnational bzw. entstaatlicht und asymmetrisch, d.h. die Taktiken, Waffensysteme und Stärke der Konfliktparteien seien ungleich. Zudem seien „neue Kriege" häufig ökonomisch motiviert und einige Kriegsakteure zielten nicht länger auf eine militärische Entscheidungsfindung, weil sie am Krieg verdienten.

Es ist nicht ganz klar, in welchem Maß die Vertreterinnen der These der „neuen Kriege" auch begriffliche Implikationen oder vielmehr nur phänomenal-deskriptive Beobachtungen im Blick haben. Die These selbst ist jedenfalls nicht unumstritten (vgl. Henderson und Singer 2002; Schlichte 2006). Staatenkriege gehören jedenfalls nicht vollständig der Vergangenheit an, wie etwa die Kriege zwischen den USA und dem Irak oder zwischen Russland und der Ukraine zeigen. Das invalidiert aber keinesfalls die Beobachtung einer graduellen Verschiebung der Phänomene, wie sie seit jeher in der sich ständig wandelnden historischen Realität zu verzeichnen ist.

Empfohlene Literatur:

Gisbertz-Astolfi, Philipp (2024). Krieg gegen den Terrorismus? Die Begriffe Krieg und Frieden im historischen Verlauf und vor dem Hintergrund des transnationalen Terrorismus. Veröffentlichung geplant.

Münkler, Herfried (2015). Die neuen Kriege. 7. Aufl. Reinbek bei Hamburg, Rowohlt.

Schneider, Sebastian C. T. (2017). „Krieg"? Philosophische Reflexionen über den Kriegsbegriff im 21. Jahrhundert. Münster, mentis. https://doi.org/10.30965/9783957438188.

### Diskussionsfragen:

- Halten Sie die Anwendung des Kriegsbegriffs auf den Naturzustand zwischen Menschen für überzeugend? Welche Gründe gibt es dafür und dagegen?
- Teilen Sie Schneiders Intuition, dass der von ihm beschriebene Konflikt zwischen einem Drogenkartell und einem Staat als „Krieg" zu bezeichnen ist? Welche Argumente stützen Ihre (wie auch immer gerichtete) Intuition? Welche sprechen dagegen?
- Ist Ihrer Meinung nach die militärische Bekämpfung des transnationalen Terrorismus ein Krieg im Sinne des Begriffes? Welche Gefahren sind mit einer solchen Ausweitung verbunden? Welche Vorteile oder Notwendigkeiten liegen ihr zugrunde?

## 2. Ius ad bellum 1: Pazifismus und Friedensdenken

Nach diesen zahlreichen Vorüberlegungen können wir uns nun den Fragen der Ethik des Krieges widmen. Diese teilen sich, wie das Recht, vor allem in zwei große Bereiche: das Recht zum Krieg (*ius ad bellum*) und das Recht im Krieg (*ius in bello*). Die zentrale Frage des *ius ad bellum* ist, wann man überhaupt Krieg führen darf, wann es also ethisch erlaubt ist, Krieg zu führen.

Eine extreme Antwort auf diese Frage lautet selbstverständlich: niemals. Das ist die Position des klassischen Pazifismus. Krieg ist demnach immer ethisch abzulehnen. Dies kann man aus mindestens drei Gründen so vertreten: Man kann Gewalt per se ethisch ablehnen und somit auch den Krieg als einen Sonderfall der Gewalt. Das nennt Cheyney Ryan (2018) „personalen Pazifismus". Einem personalen Pazifismus geht es gar nicht um den Krieg als solchen. Die Ethik des Krieges erschöpft sich für diesen vielmehr in der viel allgemeineren ethischen Ablehnung aller (physischen) Gewalt. Der wohl bekannteste Pazifist der Weltgeschichte, Mahatma Gandhi, trat für eine solche Position ein. Soweit ersichtlich wird diese Position jedoch in der Philosophie kaum vertreten.

Man kann den Pazifismus nämlich auch auf zwei weitere Arten begründen: Es ist nämlich denkbar, dass nicht alle Gewalt, sehr wohl aber alle kriegerische Gewalt ethisch abzulehnen ist. Dies wird in zahlreichen philosophischen Positionen vertreten. Ebenso ist es möglich, dass es gar nicht so sehr um unmittelbare ethische Erwägungen zur kriegerischen Gewalt, sondern um eine politische Kritik geht. Ryan nennt dies „politischen Pazifismus".

Bevor wir uns diesen moderateren Versionen des Pazifismus widmen, wollen wir uns jedoch zunächst einige philosophische Einwände gegen den personalen Pazifismus anschauen, die veranschaulichen, mit welchen Schwierigkeiten eine pazifistische Position konfrontiert ist – und anhand derer wir dann auch die zeitgenössischen Theorien des Pazifismus besser verstehen können.

### 2.1 Kritiken am personalen Pazifismus

Die wohl verbreitetste Kritik am Pazifismus, in der Philosophie wie auch im Alltagsdiskurs, bezieht sich auf die Wehrlosigkeit und darin enthaltene Wertungswidersprüche, in die man sich damit begibt. Schauen wir uns dazu einen der zuvor bereits erwähnten Fälle an:

> **Straße**: Alina geht am Abend über die Straße und wird von Ben angegriffen. Glücklicherweise hat sie Pfefferspray in der Tasche, das sie rechtzeitig einsetzen, und so den Angreifer vertreiben kann.

Die zwei bekanntesten Kritiken am Pazifismus von Elisabeth Anscombe (1970) und Jan Narveson (1965) werfen diesem vor, derartige Fälle nicht ethisch adäquat abbilden zu können. Alina wäre, sofern sie nicht wegrennen kann, wehrlos gegenüber Ben und die Ungerechtigkeit würde unnötigerweise obsiegen. Noch krasser erkenne man diesen Mangel daran, dass aus einer solchen Ablehnung aller Gewalt auch folge, dass selbst der Staat keine Gewalt nutzen dürfe. Auch eine Polizistin, welche Bens Angriff auf Alina beobachtet, dürfte demnach nicht mit Gewalt eingreifen. Ein pazifistischer Staat könne seine Bürger nicht schützen und nicht einmal Strafen durchsetzen.

Nach Anscombe (1970, 42–43, 49) liegt daher im Pazifismus ein Wertungswiderspruch zwischen der Relevanz von Gewalttätern und von Gewaltopfern. Wenn man Opfern nicht helfe, stelle man die Tötung oder Verletzung Unschuldiger und die Tötung oder Verletzung Schuldiger gleich. Hierin liege eine ethisch nicht zu rechtfertigende Ignoranz gegenüber dem Merkmal der Unschuld. Überdies liege es im Wesen der Menschen, in Gesellschaft leben zu wollen und zu müssen. Eine Gesellschaft ließe sich aber, weil es immer solche geben wird, die sich nicht an Regeln halten, ohne staatliche Gewalt nicht aufrechterhalten.

Noch fundamentaler kritisiert Narveson den Pazifismus. Man kann methodisch zwischen zwei Arten von Kritik unterscheiden, nämlich externer und interner Kritik (vgl. Pfister 2015, 28–31). Externe Kritik bezweifelt entweder direkt die These oder die Prämissen einer Theorie, etwa wie bei Anscombe die Behauptung, die Tötung aller Menschen sei gleich verwerflich. Sie führt also neue Aussagen bzw. Behauptungen in das Argument ein. Das macht sie in einem gewissen Sinne schwächer, weil der Kritisierte die neue Aussage seinerseits ebenfalls zurückweisen kann und es dann keinen unmittelbar ersichtlichen gemeinsamen Maßstab der Einigung gibt. Hingegen nutzt interne Kritik nur die im kritisierten Argument selbst gemachten Aussagen bzw. Behauptungen und versucht nachzuweisen, dass diese nicht ohne Widerspruch gemeinsam vertreten werden können oder dass der Schluss aus den Prämissen nicht logisch gültig ist. Eine solche Kritik ist, wenn sie gelingt, stärker, weil die Kritisierte sie nicht so einfach ablehnen kann. Die logische Konsistenz und Kohärenz der eigenen Argumente muss man schließlich verteidigen können und hierfür gibt es auch einen relativ klaren Maßstab, was wahr ist und was nicht. Narvesons Kritik ist genau deshalb so fundamental und bedeutsam, weil sie versucht, dem Pazifismus eine solche interne Widersprüchlichkeit nachzuweisen.

Diese Widersprüchlichkeit beschreibt Narveson wie folgt:

> Wir müssen uns fragen, was wir eigentlich behaupten, wenn wir sagen, dass Gewalt moralisch falsch und ungerecht ist. [...] Zu sagen, dass etwas falsch ist, bedeutet zu sagen, dass diejenigen, denen es angetan wird, ein Recht haben, dass es ihnen nicht angetan wird. [...] Doch worin könnte dieses Recht auf die eigene Sicherheit, das Menschen haben, überhaupt bestehen, wenn nicht in einem Recht, sich wenigstens gegen irgendeine Gewalt, die einem widerfährt, wehren zu dürfen? [...] Die Aussage, dass man ein Recht auf X hat, aber dass niemand irgendeine Rechtfertigung hat, Menschen davon abzuhalten, es einem zu entziehen, ist selbstwidersprüchlich. Wenn man ein Recht auf X behauptet, impliziert man logischerweise ein Recht auf die Abwesenheit von Handlungen, die X entziehen. (Narveson 1965, 266)

In der Behauptung des personalen Pazifismus, dass Gewalt falsch sei, liege also zugleich die Behauptung, dass Menschen ein Recht hätten, keine Gewalt erleiden zu müssen. Ein solches Recht impliziere notwendigerweise auch ein Recht, sich zu verteidigen, sonst sei es kein Recht.

Sollte diese Kritik zutreffen, so wäre sie für den personalen Pazifismus verheerend. Ob sie zutrifft, ist allerdings durchaus umstritten. So entgegnet Cheyney Ryan (2018, 284), dass Pazifistinnen ihre Position selten überhaupt als Rechtetheorie begreifen, sondern es hier um andere Werte ginge. Personale Pazifistinnen würden zudem keinesfalls das Recht auf Selbstverteidigung in Abrede stellen. Vielmehr liege eine große Kraft des personalen Pazifismus gerade in dem bewussten Nicht-Ausüben dieses Rechts:

> Als Jesus sagte, man solle auch noch die andere Wange hinhalten, hat er nicht behauptet, dass wir kein Recht hätten, anders zu handeln. Vielmehr basiert die moralische Kraft des „Halte auch die andere Wange hin" gerade auf dem (in einem juridischen Sinne) Erlaubt-Sein des Gegenteils. (Ryan 2018, 284)

Mehr noch als das sei es aber auch so, dass Narveson bestenfalls nachweisen könne, dass in der Ablehnung von Gewalt im Rahmen einer Rechtetheorie logisch ein Recht zur Selbstverteidigung impliziert sei. Was keinesfalls logisch impliziert sei, sei die Wahl der Gewalt als Mittel dieser Selbstverteidigung. Pazifisten lehnten schließlich nicht jegliche Selbstverteidigung ab. Ganz im Gegenteil kann man wohl sagen, dass die großen Pazifistinnen der Weltgeschichte wie Jesus, Bertha von Suttner, Mahatma Gandhi, Jeannette Rankin, Martin Luther King, (der späte) Nelson Mandela oder Leymah Gbowee sich sehr aktiv zur Wehr gesetzt haben, nur eben gewaltlos.

Inwiefern Narvesons Kritik also wirklich eine interne Widersprüchlichkeit aufzeigt, ist streitbar. Doch auch als externe Kritik hat sie, ebenso wie Anscombes Einwände, einiges Gewicht.

## 2.2 Formen des Pazifismus

Ein Problem an der Darstellung des Pazifismus bei Anscombe und Narveson ist, dass – jedenfalls in der Philosophie – pazifistische Positionen meist ganz anders aussehen, als sie dort beschrieben werden. Die zeitgenössischen Theorien sind natürlich auch Reaktionen auf diese Kritiken und versuchen, den dort gemachten Einwänden nicht in gleichem Maße anheimzufallen. Einige dieser Versuche werden im Folgenden vorgestellt.

Die Form des Pazifismus, die noch am nächsten zu den Darstellungen bei Anscombe und Narveson passt, ist der sogenannte absolute Pazifismus, wie ihn beispielsweise Michael Allen Fox vertritt. Absoluter Pazifismus lehnt Gewalt oder jedenfalls Krieg in der Tat ausnahmslos ab. Fox (2013, Kap. 3) begründet dies etwa damit, dass Krieg der Grundlage der Moral entgegenstehe, insofern er sich selbst reproduziere und den Frieden unterminiere. Die menschliche Moral ziele darauf, miteinander in Sicherheit zu leben und wahre menschliche Bedürfnisse zu befriedigen. Für all dies – und ebenso für die Einhaltung der ethischen Pflichten gegenüber der nichtmenschlichen Natur, vor allem gegenüber Tieren – sei es eine Voraussetzung, dass der Krieg aus der menschlichen Welt verschwinde. Krieg sei daher unvereinbar mit Moral und Wohlergehen, er sei ein moralisches Übel. Es stelle sich dann nur die Frage, ob man ein Übel mit einem anderen bekämpfen dürfe. Wenn man dies – wie Fox – ablehnt, müsse man dies als Auftrag erkennen, die Welt entsprechend zu ändern und zu verbessern, also den Krieg als Mittel der Politik zu überwinden.

Verbreiteter sind hingegen moderatere Arten des Pazifismus. Viele Theorien kann man als „kontingenten Pazifismus" bezeichnen. Die gemeinsame Kernthese dieser Theorien ist eine grundsätzliche (aber nicht ausnahmslose) ethische Ablehnung des Krieges.

So schreibt etwa David Cortright (2008, Kap. 16) über seinen selbst so bezeichneten „realistischen Pazifismus", dass es zwar eine ethische Vermutung gegen die Legitimität von Kriegen gebe, dass es jedoch – unter strikten ethischen Voraussetzungen – Fälle geben könne, in denen die Selbstverteidigung oder die Verteidigung Unschuldiger den Krieg ethisch notwendig werden lasse. Allerdings gelte dies nicht im Bereich von Atomkriegen, für die es keine Rechtfertigung geben könne.

Mit dieser Einschränkung für Atomkriege steht Cortright zu einem gewissen Maß im Erbe von John Rawls, der den Begriff „kontingenter Pazifismus" prägte. Rawls (2003, § 58) erkennt die grundsätzliche theoretische Möglichkeit gerechter Kriege an, schreibt aber, dass diese unter den aktuellen Bedingungen nicht länger möglich seien. Rawls' Position beinhaltet demnach allerdings auch eine These, die sich so bei Cortright, soweit ersichtlich, nicht findet, nämlich eine grundsätzliche Anerkennung der Ergebnisse der Theorie des gerechten Krieges.

Diese Idee, dass die ethischen Vorgaben der Theorie des gerechten Krieges grundsätzlich stimmen, in der Realität jedoch nicht (oder nur in wenigen Ausnahmefällen) einhaltbar sind, nennt sich „Just War Pacifism". Dieser steht nicht in direkter Opposition zur Theorie des gerechten Krieges, sondern stützt sich auf diese, um mittels eines indirekten Beweises die Ablehnung des Krieges als einzig ethisch vertretbare Position zu erweisen. Wenn die Vorgaben der Theorie des gerechten Krieges nämlich nicht einhaltbar sein sollten, kollabiert diese notwendigerweise in einen Pazifismus.

Eine solche Theorie eines Just War Pacifism findet sich etwa bei Stefanie Thiele. Thiele (2022) behauptet, dass der in der Theorie des Krieges geforderte Schutz von Zivilistinnen im Krieg niemals gewährleistet werden könne. Die Theorie des gerechten Krieges versuche zivile Kollateralschäden mit einem besonderen ethischen Argument, dem sogenannten Prinzip der Doppelwirkung (vgl. 9.2 Kollateralschäden und das Prinzip der Doppelwirkung), zu rechtfertigen, dieses Prinzip sei indes nicht haltbar. Wenn es wegfalle, könne die Theorie des gerechten Krieges die zivilen Kollateralschäden, die im Krieg notwendig entstehen, nicht länger legitimieren und müsse daher zu dem Ergebnis kommen, dass eine gerechte Kriegsführung nicht möglich sei. Dementsprechend gebe es in einer Welt, in der zivile Kollateralschäden nicht vermeidbar sind, niemals gerechte Kriege. Es gibt dann logischerweise auch kein Recht zum Krieg.

Ähnliche Gedanken finden sich auch bei James Sterba (vgl. 1992; 1994). Dieser argumentiert, dass die Bedingungen der Theorie des gerechten Krieges korrekterweise so verstanden werden müssten, dass (aufgrund des genannten Prinzips der Doppelwirkung) durch den Krieg mehr unschuldige Leben gerettet als genommen werden müssten. Dies sei aber in fast allen modernen Kriegen nicht möglich, weil diese stets zu eskalieren drohten. Daher sei zwar eine absolute Ablehnung aller Kriege ethisch nicht haltbar, wohl aber eine auf die Theorie des gerechten Krieges gegründete Skepsis gegenüber Kriegen.

Im Ergebnis ist diese Position einer grundsätzlichen Skepsis selbstredend viel schwächer als die deontologische Ablehnung von Kriegen bei Thiele. Genau deshalb wurde Sterba auch unterstellt, seine Position sei nicht länger pazifistisch und unterscheide sich nicht mehr von der Theorie des gerechten Krieges, die schließlich keinesfalls leichtfertig Kriege rechtfertige (vgl. Neu 2011; Orend 2013).

Eine letzte Art des Pazifismus möchte ich noch vorstellen. Diese argumentiert ganz anders als die bisherigen. Sie versucht nicht, der Theorie des gerechten Krieges auf der Ebene der Moralphilosophie zu begegnen, sondern sie versteht sich explizit politisch – wobei hier offenbleiben kann, inwiefern politische Normativität letztlich ebenfalls auf die Ethik rückführbar oder eine eigene Art des Normativen ist. Der „politische Pazifismus" basiert nicht auf rechtstheoretischen Überlegungen wie die Theorie des gerechten Krieges oder der deontologische Pazifismus Thieles, sondern er fordert eine Abkehr von einer Politik, welche die Grundlagen des Abrutschens in Kriege (re-)produziert. Ryan (2018, 286–291) bringt den Vergleich mit anderen Praktiken wie der Praxis des Folterns oder der Todesstrafe. Man müsse nicht vertreten, dass es keine ethisch gerechtfertigten Fälle von Folter oder Todesstrafe geben kann, um die Praxis des Folterns und die Praxis der Todesstrafe für ethisch problematisch zu halten. Wenn eine solche Praxis erst einmal für die wenigen möglicherweise akzeptablen Fälle etabliert sei, produziere sie selbst ihre Anwendungen – gerechtfertigte, aber vor allem zahlreiche ungerechtfertigte. Stellen wir uns einmal den folgenden, oft diskutierten Fall vor:

> **Zeitbombe:** Polizistin P weiß, dass Terroristin T irgendwo unter einer Millionenstadt eine Bombe mit einer Zeitschaltung versteckt hat. Diese wird in Bälde explodieren. Der einzige Weg, den P sieht, die Bombe zu finden und Millionen Menschenleben zu retten, ist, T zu foltern, um so an die Information zu gelangen, wo die Bombe versteckt ist.

Man kann darüber diskutieren, ob es in einem solchen Fall ethisch richtig wäre zu foltern. Das soll hier nicht Thema sein. Aber selbst, wenn man das annimmt, folgt daraus nicht, dass man sein Recht und seine Politik an solchen Fällen orientieren sollte. Denn wenn man politisch und rechtlich solche Fälle akzeptiert und zur Norm macht, wenn man also eine Praxis der Folter etabliert, wird Folter auch in weniger drastischen Fällen verwendet werden. Das nennen wir ein Dammbruch-Argument: Wenn der Damm (gegen Folter, Krieg oder Todesstrafe) einen kleinen

Riss kriegt, dann wird er brechen. Folter würde, wenn der Polizei dieses Mittel an die Hand gegeben würde, normal werden und auch zur Rettung weniger oder einzelner Menschen oder gar in gänzlich unbegründeten Fällen angewendet.

Ob das stimmt, ist natürlich in gewissem Maße spekulativ. Für Ryan steht fest, dass dies jedenfalls für den Krieg stimmt, weil die bloße Akzeptanz gerechter Kriege dazu führe, dass sich ein Kriegssystem etabliere: Staaten müssten aufrüsten, müssten eine Armee unterhalten, es gäbe eine starke Lobby der Waffenindustrie und die internationale Politik drohe mit dem Verweis auf militärische Möglichkeiten schneller feindselig zu werden. Es sei daher gar nicht die zentrale Frage für den politischen Pazifismus, ob es gerechte Kriege geben könne. Die viel wichtigere Erkenntnis sei, dass eine Praxis, die gerechte Kriege anerkennt, viel mehr ungerechte Kriege hervorbringe. Ohne eine absolute Ablehnung wie bei Fox läuft eine solche Position wohl im Ergebnis auf das Gleiche hinaus: Krieg als Mittel der Politik muss überwunden werden – und dafür müssen wir zuerst einmal aufhören, ihn als legitimes Mittel zu begreifen und uns in der Spirale des Kriegssystems zu verlieren.

Es gibt selbstverständlich noch sehr viel mehr Spielarten des Pazifismus, doch diese alle hier aufzulisten, würde den Rahmen sprengen. Hierzu sei auf die empfohlene Literatur am Kapitelende verwiesen.

*Tabelle 1: Formen des Pazifismus. Quelle: Eigene Darstellung.*

| Formen des Pazifismus | | Kernthese | Vertreterinnen |
|---|---|---|---|
| Absoluter Pazifismus | | Krieg ist ohne Ausnahme ethisch verwerflich. | Fox |
| Kontingenter Pazifismus | Realistischer Pazifismus | Bis auf einige Ausnahmen ist Krieg verwerflich, im Angesicht von Atomkriegen sogar immer. | Cortright |
| | Just War Pacifism | Die Bedingungen der Theorie des gerechten Krieges sind nicht (oder nur in seltenen Fällen) einhaltbar. Daher ist Krieg (in den meisten Fällen) verwerflich. | Thiele, Sterba |
| | Politischer Pazifismus | Krieg als Mittel der Politik anzuerkennen, führt in ein Kriegssystem, das viele ungerechte Kriege hervorbringt. Daher muss die Praxis des Krieges abgelehnt werden. | Ryan |

## 2.3 Friedensdenken jenseits des Pazifismus

Es ist wichtig zu betonen, dass nicht nur Pazifistinnen den Frieden als herausragenden ethischen Wert begreifen können. In der Geschichte der Philosophie waren die größten Friedensdenker eher selten Pazifisten – oder jedenfalls nur in einem besonderen politischen Sinne. Augustinus von Hippo und Immanuel Kant waren beispielsweise Vertreter einer Theorie des gerechten Krieges, allerdings – und das ist entscheidend – ist diese in ihrem Werk viel weniger bedeutsam als ihre fundamentale Friedenslehre. Bei diesen Denkern geht es also nicht so sehr um eine moralische Ächtung des Krieges, sondern darum, den Wert des Friedens als Endziel der Politik und menschlicher Moral zu betonen. Es kann für sie gerechte Kriege geben, deren Voraussetzungen sie sogar diskutieren, aber ihre Philosophie ist dennoch klarerweise eine Philosophie des Friedens. Selbst der große Friedensdenker Erasmus von Rotterdam war kein personaler Pazifist, sondern vertrat „nur" eine Art des politischen Pazifismus. Diese drei Denker wollen wir uns im Folgenden etwas genauer anschauen, um die philosophische Bedeutsamkeit der Philosophie des Friedens nachvollziehen zu können.

Augustinus als christlicher Denker geht im Kern davon aus, dass der wahre Frieden nicht ein bloßer weltlicher oder gar poltisch-militärischer Frieden, sondern ein Frieden im ewigen Leben bei und in Gott sei. Dennoch entwickelt er auch eine umfassendere Lehre des Friedens: Der Begriff des Friedens bezeichne eine gewisse Ordnung und Harmonie und diese könne man, wie Augustinus (1979, Buch 19, Kap. 13) in seiner sogenannten Friedenstafel darstellt, in allen möglichen Verhältnissen finden: im Körper, in der Seele, zwischen den Menschen oder mit Gott.

Auch im Weltlichen und Politischen ist Frieden also das höchste Ziel. Augustinus erkennt aber an, dass es gerechte Kriege geben kann. Doch gerechte Kriege sind für ihn nur ein ethisches Minus zum Frieden. Sie sind ein ethischer Mangel, der manchmal notwendig wird – und sie zielen auf den Frieden:

> Indes, so wendet man ein, der Weise führt ja nur gerechte Kriege. Als wenn er nicht, falls er seines Menschentums nicht vergessen hat, erst recht bedauern müßte, daß für ihn eine Nötigung zu gerechten Kriegen besteht; denn wären sie nicht gerecht, so brauchte er sie ja nicht führen, und der Weise hätte sonach überhaupt keine Kriege. Denn nur die Ungerechtigkeit der Gegenpartei nötigt dem Weisen gerechte Kriege auf; gerade diese Ungerechtigkeit ist es, die man als Mensch beklagen muß, weil sie sich an Menschen findet, und beklagen muß auch dann, wenn daraus etwa keine Nötigung zum Kampf entstände. Wer also diese großen, ungeheuerlichen, grausamen Übel mit dem Gefühl des Bedauerns erwägt, der gestehe ein, daß sie ein Unheil sind; wer sie dagegen ohne geistigen Schmerz erduldet oder betrachtet, der hält sich in unseligem Wahne deshalb für glücklich, weil er es verlernt hat, menschlich zu fühlen. (Augustinus 1979, Buch 19, Kap. 7)

## 2. Ius ad bellum 1: Pazifismus und Friedensdenken

Es ist also Teil der Menschlichkeit und Ethik, den politischen Frieden zu wollen, und jeder Krieg, selbst ein gerechter, ist für Augustinus etwas Fürchterliches. Indes impliziert das auch, dass es sehr wohl gerechte Kriege geben kann. Manche Kriege müssen geführt werden, weil sie einem aufgenötigt werden. Seine Lehre ist also kein christlicher Pazifismus im Sinne eines Auch-noch-die-andere-Wange-Hinhaltens. Allerdings wird er falsch verstanden, wenn er – wie üblich – vor allem als Theoretiker eines gerechten Krieges präsentiert wird (vgl. etwa Bellamy 2006, 25–29; ebenfalls kritisch gegenüber solchen Einordnungen: Kany 2012, 46). Der Mensch sollte nach Augustinus Kriege vermeiden, sollte den Frieden mit allen Mitteln suchen, allerdings nicht dadurch, dass man diejenigen obsiegen lässt, die den Frieden zerstören, sondern indem man diesen Frieden verteidigt.

> **Augustinus von Hippo**
>
> Der Kirchenvater Augustinus (354–450) war ein christlicher Bischof in der römischen Kolonialstadt Hippo Regius im heutigen Algerien (vgl. zur historischen Einordnung Horn 1997). Er ist einer der bedeutendsten nicht nur theologischen, sondern auch philosophischen Denker des Christentums. Augustinus lebte in einer Zeit des Umbruchs: Am 24. August des Jahres 410 fällt Rom der Belagerung, dem Angriff und der Plünderung durch die Westgoten unter Alarich anheim. Schon zuvor wurde das Reich mehrfach von germanischen Überfällen heimgesucht. Die militärische Macht Roms war im Niedergang begriffen. Dies fiel zeitlich mit dem Erstarken des Christentums im römischen Reich in der sogenannten konstantinischen Wende zusammen: Etwa 100 Jahre zuvor hatten der weströmische Kaiser Konstantin und der oströmische Kaiser Licinius sich auf eine Politik der Toleranz gegenüber dem (bis dahin verbotenen und verfolgten) Christentum geeinigt. Ab dem Jahr 390, also zu Lebzeiten des Augustinus und etwa 20 Jahre vor der Plünderung Roms durch die Westgoten, wurde das Christentum zur Staatsreligion. Zahlreiche bedeutende christliche Theologen hatten in diesem Zusammenhang die Verbundenheit des römischen Reiches und des Christentums gepredigt. Daher wurde nun die Schwäche des Reiches auch religiös gedeutet: Es lag nahe, das starke alte Reich mit der alten Religion und das schwache neue Reich mit der neuen Religion in Verbindung zu bringen.
> In dieser historischen Situation schrieb Augustinus zwischen 413 bis 426 u.Z. sein Hauptwerk *De civitate dei* (Vom Gottesstaat). In diesem stellt er dem weltlichen Staat bzw. der weltlichen Gemeinschaft (*civitas terrana*) einen Staat Gottes bzw. eine Gemeinschaft der Himmlischen gegenüber (*civitas dei*). Diese Himmlischen seien nicht nur Gott und die Engel, sondern vor allem auch die guten, gottgefälligen Menschen. Allerdings seien alle Menschen jedoch ihrer Natur nach zugleich sündhafte Wesen und somit Teil der irdischen Welt. Der Glaube erhebt die Christen jedoch für Augustinus über diese irdische Welt – und lässt die Schwäche des römischen Reichs im Vergleich relativ bedeutungslos werden. In diesem Rahmen widmet Augustinus das 19. Buch von *De civitate dei* dem Wert des Friedens, rechtfertigt aber zugleich die militärische Verteidigung.

Noch mehr als Augustinus betont der Humanist Erasmus von Rotterdam Wert und Bedeutung des Friedens. Die Bedeutung des Friedens hebt Erasmus in mehreren Werken als zentrales Thema seines Schaffens hervor, vor allem in seiner *Institutio Principis Christiani* (Erziehung des christlichen Fürsten), dem Adagium

*Dulce bellum inexpertis* (Süß scheint der Krieg den Unerfahrenen) sowie insbesondere der *Querela Pacis* (Die Klage des Friedens).

In der letztgenannten lässt Erasmus den Frieden selbst zu Wort kommen:

> Wenn ich also dieser Frieden bin, den Götter und Menschen gleichermaßen aus vollem Munde preisen, der Ursprung, Schöpfer, Ernährer, Mehrer und Bewahrer all des Guten, was es im Himmel und auf Erden gibt, wenn ohne mich nirgends etwas blüht, nichts sicher, nichts rein, nichts heilig ist, nichts die Menschen erfreut und den Göttern wohlgefällt; wenn dagegen der Krieg gleichsam das Weltmeer sämtlicher Übel ist, die es auf Erden gibt […]; wenn nichts für die Menschen unheilvoller ist als schon ein einziger Krieg, nichts den Göttern verhasster: Wer, beim unsterblichen Gott, wollte glauben, dass es Menschen sind, wer glauben, dass die auch nur einen Funken gesunden Menschenverstandes besitzen, die alles daran setzen, um ausgerechnet mich zu vertreiben […] und sich all diese Übel so teuer wie möglich zu erkaufen? (Erasmus von Rotterdam 2017a, 281–282)

Für Erasmus folgt hieraus, dass die Menschen politisch die Ursachen des Krieges beseitigen müssen. Daher spricht er sich für konkrete, wenn auch in seiner Zeit völlig utopische Ideen zur Stärkung des Friedens aus, etwa eine Reduktion der Herrschafts- und Gebietswechsel, die Erziehung der Herrschenden zur Tugend sowie die Beratung über Kriegsangelegenheiten nicht mit den jungen, kriegerischen, sondern denjenigen, die Krieg erfahren haben (vgl. Erasmus von Rotterdam 2017a, 315–318). Dieser letzte Gedanke spiegelt sich auch in seinem vielleicht bekanntesten Adagium, dessen Titel ihn trefflich zusammenfasst: „*Dulce bellum inexpertis*"(„Süß ist der Krieg denen, die ihn nicht erfahren haben bzw. den Unerfahrenen", Erasmus von Rotterdam 2017b). Für Erasmus ist klar, dass allein der Frieden das erstrebenswerte Gut menschlichen Lebens ist. Der Krieg hingegen ist für ihn ein katastrophales, wenngleich manchmal unvermeidliches Übel. Es ist deshalb für ihn die zentrale gemeinschaftliche Aufgabe der Menschen, ihre Welt so zu verfassen, dass Kriege so unwahrscheinlich wie möglich werden.

---

**Erasmus von Rotterdam**

Erasmus wurde zwischen 1466 und 1469 im damals burgundisch-habsburgischen Rotterdam geboren. Er wurde zu einem der großen Intellektuellen seiner Zeit. Trotz seiner Priesterweihe arbeitete er nicht in der Kirche, sondern war Forscher, Literat, Theologe, Philosoph, Schriftgelehrter – ein Universalgelehrter im besten Sinne (zu Erasmus' Leben vgl. Christ-von Wedel 2017 sowie die literarische und historisch sicher nicht immer vollständig präzise, aber umso schönere Erzählung bei Zweig 2009). Nicht ohne Grund ist heute das europäische Austauschprogramm nach Erasmus benannt: Der Europäer Erasmus lebte und arbeitete unter anderem in Rotterdam, Paris, Cambridge, Turin, Venedig, Leuven, Anderlecht, Freiburg und Basel, wo er im Jahr 1536 verstarb. Er war als eine Art „public intellectual" einer der angesehensten Denker seiner Zeit; er war Erzieher und Lehrer des späteren Kaisers Karl V. und sein Briefwechsel mit Martin Luther – ein Kontakt, den Luther wegen Erasmus' herausragender

## 2. Ius ad bellum 1: Pazifismus und Friedensdenken

Stellung im europäischen Geistesleben bereits früh zu etablieren versuchte – stellt bis heute eine der wichtigsten Diskussionen zur Reformation dar.
Erasmus sprach sich für eine innere Reform der katholischen Kirche aus, lehnte Luthers extreme Positionen jedoch ab. Besonders bekannt wurde der Disput zwischen den beiden über die Frage, ob Gott den Menschen einen freien Willen und somit die Fähigkeit gegeben habe, zwischen Gut und Böse zu wählen, was Erasmus bejahte, während Luther den Austritt aus der „Erbsünde" Adams und Evas allein in der Gnade Gottes und somit in einer von Gott gegebenen Vorbestimmung verortete.
Neben seinen theologischen und philosophischen Schriften verfasste Erasmus zahlreiche – öffentlichkeitswirksame – Briefe, Gedichte und nicht zuletzt Satiren, wie sein bekanntes *Lob der Torheit*. Es ist umstritten, in welchem Maß Erasmus juden- und moslemfeindlich war. Als Kind seiner Zeit sind seine Schriften keinesfalls frei von solchen Gedanken, allerdings zeigt er in vielerlei Hinsicht und an vielen Stellen eine größere Toleranz als die meisten seiner Zeitgenossen. Das gilt umso mehr für die Rolle der Frauen. Sein satirisches Werk *Vom Abt und der gelehrten Frau* kann auch heute noch als mutige und kluge Stellungnahme für die Bildung und Gleichberechtigung der Frauen gelesen werden. Erasmus ist zweifelsohne einer der größten Friedensdenker und Advokaten des Friedens in der Weltgeschichte.

Auch für Immanuel Kant ist Frieden die Hauptaufgabe und das Ziel internationaler Politik. In seiner Rechtslehre in der *Metaphysik der Sitten* überträgt er die Idee des Naturzustands in den Bereich des Internationalen. Auch Staaten befänden sich wie Individuen ohne gemeinsames Recht in einem Naturzustand, der zwar kein richtiger Krieg, wohl aber ein Kriegszustand in dem Sinne sei, dass gegenseitige Ansprüche nicht gesichert werden könnten und daher unsicher blieben. Ebenso wie es daher moralische Pflicht der Individuen sei, aus dem Naturzustand in einen staatlichen Zustand zu treten, sei es auch Pflicht, den rechtlosen Zustand zwischen den Staaten zu beheben. Recht ist für Kant also das Mittel des Friedens. Auch die Staaten müssten sich demnach unter gemeinsames Recht begeben, zwar nicht in einem Weltstaat, wohl aber in einem Staatenverein bzw. Völkerbund (vgl. Kant 1900 ff. b, § 61).

In seiner beinahe zeitgleich zu seiner Rechtslehre entstandenen kleinen politischen Schrift *Zum ewigen Frieden* fasst Kant diesen Gedanken ganz ähnlich: Zwischen den Staaten gebe es zwar Waffenstillstände, aber keinen wahren Frieden, da jeder sogenannte Friedensschluss unter dem Vorbehalt späterer Kriege und fortwährender Feindschaft stehe. Um diesem Zustand zu entkommen, müssten die Staaten republikanisch werden, jedem Menschen das Recht des Besuchs und der Durchreise gewähren und einen gemeinsamen Völkerbund gründen, durch den sie gemeinsamem Recht unterstünden (vgl. Kant 1900 ff. d).

Allerdings sei der hierdurch entstehende ewige Frieden, wie Kant (1900 ff. b, § 61) selbst zugibt, nur eine „unausführbare Idee", ein unerreichbares Ideal, welches das Handeln der Staaten dennoch anleiten sollte. Der reale Zustand der Staaten bleibt für Kant der Kriegszustand, und in diesem gesteht er den Staaten sehr wohl das Recht zu, Krieg zu führen. Dieses Recht sei eine Notwendigkeit des internationalen Naturzustands, weil dort eine nichtgewaltsame Lösung eines

Konfliktes mangels Autorität über den Staaten nicht möglich sei, wenn sich die Parteien partout nicht einigen könnten. Erst durch gemeinsames durchsetzbares Recht könnten die Staaten diesem unausweichlichen letzten Mittel der Konfliktaustragung entkommen (vgl. Kant 1900 ff. b, § 56).

Krieg ist für Kant demnach die barbarische Art, Streitigkeiten zu entscheiden (vgl. Kant 1900 ff. b, § 61), d. h. eine Form von „Gewalt ohne Freiheit und Gesetz" (Kant 1900 ff. a, 331). Er ist, wie für Augustinus und Erasmus zuvor, eine manchmal notwendige Tragik. Er kann auch gerecht sein, aber das ultimative politische Ziel sollte der Frieden sein – und um diesen dreht sich Kants Philosophie deutlich mehr als um den Krieg.

All diese Denker kann man – wie viele andere – also möglicherweise als gemäßigte politische Pazifisten einordnen. Ob dies dann noch den Namen „Pazifismus" verdient, ist selbstredend eine zweite Frage. Pazifismus in diesem Sinne ist – dem Wortursprung nach – eine Lehre des Frieden-Machens, nicht eine bloße Ablehnung von Kriegen. Das philosophische Friedensdenken kann man also auch so fassen: als Betonung des Wertes des Friedens und Anleitung, dauerhaft politisch Frieden zu schaffen und nicht in der Spirale des Krieges verhaftet zu bleiben. Eine Ablehnung eines ethischen Rechts zum Krieg ist es dann allerdings nicht.

### Immanuel Kant

Immanuel Kant (1724–1804) zählt zweifelsohne zu den größten Philosophen der Weltgeschichte (zu Kants Leben und Werk vgl. Vorländer 1993). Er lebte im damals preußischen Königsberg, dem heutigen russischen Kaliningrad. Dort verbrachte er mehr oder weniger sein gesamtes Leben. Rufe auf Professuren an anderen Orten lehnte er ab. Er ist der wichtigste deutsche Denker der Aufklärung – vielleicht sogar weltweit.
Schon Kants sogenannte vorkritische Philosophie brachte ihm den Ruf eines hervorragenden Wissenschaftlers ein. Weltruhm erlangte er aber durch die 1781 erschienene *Kritik der reinen Vernunft*, das Werk, das die „kopernikanische Wende" in der Philosophie vollzog und somit die Philosophie der Moderne einleitete. Sein Werk hatte also für die Philosophie – jedenfalls nach einer sehr verbreiteten Meinung – eine ähnlich revolutionäre Wirkung wie die Entdeckungen des Nikolaus Kopernikus für die Astronomie. In seinem Werk vertieft er das philosophische Denken und begründet mit der sogenannten Transzendentalphilosophie eine die Bedingungen der menschlichen Erkenntnis selbst reflektierende Erkenntnisphilosophie zwischen Rationalismus und Empirismus.
Kants Methode, konsequent in einer reinen, apriorischen Form zu denken und zu argumentieren, wandte er im Anschluss auch auf Fragen der Ethik, Rechtsphilosophie und Ästhetik an. In der Moralphilosophie gilt er als wichtigster Vertreter einer deontologischen, d.h. pflichtenbasierten, Ethik, die den guten Willen des Menschen und nicht die zufälligen Folgen in den Mittelpunkt der ethischen Bewertung stellt. Mit seiner Schrift *Zum ewigen Frieden* gilt er zudem als Vordenker von Völkerbund und Vereinten Nationen.
Da es diesen ewigen Frieden aber in der realen Welt (noch) nicht gibt, anerkennt Kant (1900 ff. b, § 56) auch ein Recht zum Krieg, weil die Staaten keine Instanz über sich hätten, um Rechtsstreitigkeiten zu entscheiden. Wenn sich ein Staat also in seinem Recht verletzt meint, kann er nicht wie die Menschen zu Gericht

## 2. Ius ad bellum 1: Pazifismus und Friedensdenken

> gehen. Ihm bleibt im Zweifelsfall nur der Krieg. Einen solchen dürfe man aber nur auf eine Art und Weise führen, dass ein späterer Friedensschluss denkbar bleibe (vgl. zur kantischen Ethik des Krieges auch Ripstein 2021).

Empfohlene Literatur:

Fiala, Andrew (Hg.) (2020). The Routledge Handbook of Pacifism and Nonviolence. New York/London, Routledge. https://doi.org/10.4324/9781315638751.

Narveson, Jan (1965). Pacifism: A Philosophical Analysis. Ethics 75 (4), 259–271. https://doi.org/10.1086/291549.

Ryan, Cheyney (2018). Pacifism. In: Seth Lazar/Helen Frowe (Hg.). The Oxford Handbook of Ethics of War. Oxford/New York, Oxford University Press, 277–293. https://doi.org/10.1093/oxfordhb/9780199943418.013.21.

Thiele, Stefanie (2022). Warum Deontologen Pazifisten sein müssen. Zur Proportionalitätsbedingung der Theorie des gerechten Krieges. Baden-Baden, Karl Alber. https://doi.org/10.5771/9783495999547.

Eine besondere literarische Empfehlung als allgemeine, weniger fachphilosophische Lektüre sind die Schriften des Erasmus von Rotterdam (s. Literaturverzeichnis) und der friedensphilosophisch hochinteressante Roman „Die Waffen nieder!" von Bertha von Suttner.

> **Diskussionsfragen:**
>
> - Versteht sich der Pazifismus als ethische Pflicht oder als etwas anderes?
> - Viele Menschen neigen intuitiv einer pazifistischen Position zu. Versuchen Sie doch einmal, sofern das auf Sie zutrifft, konkrete Argumente für diese Position zu entwickeln!
> - Ist ein anspruchsvolles Friedensdenken im Sinne von Erasmus und Kant ein politischer Pazifismus? Genügt das oder sollte Pazifismus mehr sein?

## 3. Ius ad bellum 2: Wann darf man Krieg führen?

Wenn man nicht im Rahmen eines (absoluten) Pazifismus jeden Krieg als ungerecht ablehnt, so muss man sich fragen, unter welchen Bedingungen man Krieg führen darf. Das ist die Kernfrage nach dem *ius ad bellum*, dem Recht zum Krieg. Der Krieg jeder einzelnen Kriegspartei kann also daraufhin untersucht werden, ob er diese Bedingungen eines Rechts zum Krieg einhält. Für das Recht zum Krieg haben sich im Laufe der Zeit *sieben Bedingungen* herauskristallisiert, die von vielen bis heute akzeptiert werden: Demnach liegt ein Recht zum Krieg nur dann vor, wenn man

(1) einen gerechten Kriegsgrund besitzt,
(2) die Folgen des Krieges in einem angemessenen Verhältnis zu diesem Kriegsgrund stehen (Proportionalität),
(3) es eine vernünftige Chance gibt, den Krieg zu gewinnen,
(4) der Krieg den letzten Ausweg darstellt, d.h., alle milderen Mittel ausgeschöpft wurden (Notwendigkeit), und
(5) der Krieg mit der richtigen Intention geführt wird. Zudem
(6) darf ein Krieg nur von einer legitimen Autorität begonnen werden und
(7) muss dem Gegner öffentlich erklärt werden (Kriegserklärung).

So kann man also beispielsweise sagen, dass die Alliierten im Zweiten Weltkrieg die Bedingungen des *ius ad bellum* erfüllten und somit gerechtfertigterweise Krieg führen konnten, während Nazideutschland diese Bedingungen nicht erfüllte und daher kein Recht zum Krieg besaß. Wir werden diese Kriterien im Folgenden nacheinander betrachten.

### 3.1 Gerechter Kriegsgrund

Die wohl wichtigste und offenkundigste Bedingung ist, dass man einen gerechten Grund haben muss, um Krieg zu führen. Krieg darf man also nicht aus beliebigen Gründen oder gar grundlos führen, sondern nur dann, wenn man ethisch gute Gründe zur Rechtfertigung hat. Dass dies auch intuitiv so ist, sieht man schon daran, dass alle Kriege, die begonnen werden, zunächst einmal politisch gerechtfertigt werden, indem (angebliche) Kriegsgründe geboten werden. Die Notwendigkeit einer Rechtfertigung ist also unverkennbar. Ebenso offenkundig ist selbstverständlich, dass die politisch behaupteten Kriegsgründe häufig entweder politische Fehlbewertungen oder gar Lügen sind. Hitler behauptete, Polen habe den Krieg begonnen, Bush besaß angeblich (und unrichtigerweise) Beweise für Massenvernichtungswaffen des Irak, Putin griff die Ukraine unter dem Vorwand an, die russischstämmige Bevölkerung der Ukraine vor einer angeblichen Naziregierung in Kyiv schützen und einer vermeintlichen militärischen Bedrohung durch die Nato zuvorkommen zu wollen. Doch selbst die skrupellosesten Regierungen (was die drei genannten Regierungen keinesfalls gleichstellen soll) fühlen sich offenbar verpflichtet, scheinbare Gründe für ihre Kriege zu bieten. Welche Gründe akzeptabel sind, wenn sie denn stimmen würden, wird in der Ethik des Krieges unter dem Stichwort „gerechter Kriegsgrund" diskutiert.

Da dieses Kriterium eines Rechts zum Krieg das meistdiskutierte ist, werde ich an dieser Stelle lediglich einen allgemeinen Überblick bieten und die einzelnen umstrittenen Punkte in den folgenden Kapiteln genauer aufgreifen: Heutzutage werden vor allem zwei Kriegsgründe von den meisten Theoretikerinnen als gerecht akzeptiert, nämlich die Selbstverteidigung und die Verteidigung anderer, d.h. Verteidigungskriege und humanitäre Interventionen. Demgegenüber werden viele andere Gründe nicht (mehr) als akzeptabel angesehen, etwa territoriale Eroberung, die Erlangung wirtschaftlicher Vorteile oder angestrebte Regimewechsel. Krieg darf also nur als Reaktion auf Ungerechtigkeit, also eine Aggression oder gravierende Menschenrechtsverletzungen, erfolgen und dient insofern der Gerechtigkeit. Dieser Grundsatz scheint in der Geschichte der Ethik des Krieges relativ stabil. Was genau das bedeutet hingegen nicht. So wurden für lange Zeit Strafkriege als Forderung der Gerechtigkeit (ebenso wie innerstaatliche Strafen für Straftäterinnen) als gerecht angesehen. Das sehen heute die meisten nicht mehr so.

Michael Walzer (2015, 95–100) nennt – vermutlich in Anbetracht des Vietnamkrieges – als dritten Fall (neben der nationalen Verteidigung und der humanitären Intervention) noch die Intervention in Bürgerkriege zum Ausgleich anderer Fremdinterventionen als gerechten Kriegsgrund. Man dürfe also dann in die inneren Angelegenheiten eines anderen Staates intervenieren, wenn bereits eine andere fremde Macht den Kampf um die inneren Angelegenheiten militärisch beeinflusst und daher verzerrt, wenn dieser also nicht länger das authentische innere Ringen eines Volkes um die eigene politische Selbstbestimmung darstelle. Dieser Fall wurde allerdings nach ihm kaum noch einmal aufgegriffen. Man kann sich jedoch fragen, ob solche Gegeninterventionen nicht regelmäßig auch als humanitäre Intervention oder Hilfe gegen einen Angriffskrieg gerechtfertigt werden können.

Eine andere große Frage, die im Laufe der Geschichte immer wieder aufgegriffen wurde, ist, inwiefern man sich präventiv verteidigen darf, also etwa Bedrohungen entgegenwirken darf, bevor sie zu groß geworden sind, oder doch wenigstens präemptiv einem feindlichen Angriff zuvorkommen darf. Was schließlich selten im Rahmen der Ethik des Krieges diskutiert wird, aber – wenn man, was richtig erscheint, Bürgerkriege als Kriege einstuft – hierher gehört, ist die Frage, unter welchen Bedingungen man einen Bürgerkrieg beginnen darf. Dies wird in der Politischen Philosophie üblicherweise eher unter dem Schlagwort des Widerstandsrechts behandelt. Diese Fragen werden in den folgenden Kapiteln genauer betrachtet. Wenden wir uns aber erst einmal den anderen Bedingungen eines Rechts zum Kriege zu.

## 3.2 Proportionalität

Das zweite Kriterium eines Rechts zum Krieg ist die Verhältnismäßigkeit zwischen Mittel und Zweck. Führen Sie sich dafür einmal folgenden Fall vor Augen:

**Apfeldiebin**: Alexei hat einen schönen Garten, in dem einige Apfelbäume stehen. Er ist von der Hüfte an querschnittsgelähmt und sitzt im Rollstuhl. Während er auf seiner Terrasse sitzt, beobachtet er zum wiederholten Male, dass Menschen in seinen Garten einbrechen und Äpfel stehlen. Er kann diese nicht aufhalten und die Polizei kommt stets zu spät und kann ihm dann nicht mehr helfen. Eines Tages klettert Britta in seinen Garten, um Äpfel zu stehlen. Alexei sieht keine andere Möglichkeit, sie zu stoppen, als die bereitgestellte Pistole zu nehmen und Britta zu erschießen.

Dass man einen gerechten Grund zur Selbstverteidigung besitzt, bedeutet keinesfalls für sich alleine, dass man auch alle Mittel der Verteidigung nutzen darf. Die Mittel müssen vielmehr in einem angemessenen Verhältnis zur Schutzwirkung stehen. Die Tötung eines Menschen zum Schutze des Eigentums an Äpfeln scheint beispielsweise so sehr außer Verhältnis zu stehen, dass sie auch dann nicht gerechtfertigt ist, wenn doch klarerweise der Diebstahl von Äpfeln einen gerechten Grund zur Verteidigung des eigenen Eigentums darstellt.

Das Gleiche gilt auch für den Krieg. Krieg muss eine verhältnismäßige Antwort auf die Ungerechtigkeit sein, die man mit diesem abwehren möchte. Doch im Vergleich zum Apfeldiebin-Fall ist die Rechnung hier sehr viel schwerer: Wie viele Zivilisten werden durch einen Krieg voraussichtlich sterben? Wie viele werden vergewaltigt, verletzt, traumatisiert? Wie viele Kombattantinnen sterben, werden verstümmelt, traumatisiert? Welche anderen Schäden darf und muss man in die Rechnung einstellen? Und wie soll man all diese Schäden überhaupt gegeneinander abwägen?

Das erste Problem, das sich hier stellt, ist die enorme Unsicherheit, welche Folgen ein Krieg überhaupt haben wird – und welche Folgen es hat, wenn man einen Krieg nicht führt. Krieg hat, wie wir schon im Kapitel zum Pazifismus gelernt haben, die Tendenz zu eskalieren und die politischen und militärischen Verhältnisse sind so komplex, dass eine genaue Kalkulation nicht möglich ist bzw. jede Kalkulation unter enormer epistemischer Unsicherheit erfolgen muss. Hier fragt sich, welchen Maßstab man zur Kalkulation bzw. Abschätzung der Folgen heranziehen sollte. Wie viel Vorsicht und Eskalation sollte man einplanen? Muss die Proportionalität objektiv gegeben sein, d.h. am Ende tatsächlich stimmen, oder nur anhand der Evidenz bestmöglich abgeschätzt werden (vgl. Hurka 2005, 38)? Eine hervorragende Analyse von faktenrelativen, glaubensrelativen und evidenzrelativen Folgenabschätzungen findet sich auch bei Derek Parfit (2011, Kap. 7). Dieser argumentiert dafür, dass man stets nur die anhand der gegebenen Evidenz bestmöglich zu erwartenden Folgen bewerten müsse.

Es ist aber klar, dass selbst diese Evidenzen bei Kriegen sehr vage sind. Man kann sich hierfür einige Beispiele vor Augen führen: Nazideutschland, das natürlich ohnehin keinen gerechten Kriegsgrund besaß, konnte beispielsweise kaum bei Kriegsbeginn absehen, dass dies den größten Krieg der Menschheitsgeschichte starten würde, an dessen Ende Atombomben mehr oder weniger ganze Städte auslöschen würden. Ebenso konnte die Gegenseite nicht absehen, was wohl passiert wäre, wenn sie sich nicht gewehrt oder nicht in den Krieg eingegriffen hätte.

Man kann nur mutmaßen. Das Gleiche gilt für den Vietnamkrieg, in dem die USA kaum zu Beginn des Krieges das enorme Ausmaß an Opfern des Krieges erwartet hätten. Sie gingen – ebenso wie Russland beim Angriff auf die Ukraine – von einem schnellen militärischen Sieg aus. Und die Ukraine konnte bei der Entscheidung, sich zu wehren, mitnichten präzise absehen, dass in der Folge Atomkraftwerke, Staudämme und relativ unterschiedslos bzw. sogar gezielt massenhaft zivile Infrastruktur angegriffen würden. Es ist also außerordentlich schwierig, überhaupt zu bestimmen, wie man das Ausmaß an Schutzwirkung einerseits und Opfern des Krieges andererseits sinnvoll abschätzen muss und kann.

Es ist aber auch inhaltlich umstritten – und das ist die in der Kriegsethik umstrittenere Frage –, welche Folgen in der Kalkulation auf welche Weise miteinander verglichen werden sollten. Im Apfeldiebin-Fall wägt man das Leben der Apfeldiebin gegen das Eigentum am Apfel ab. Das scheint – trotz aller ethischen Schwierigkeiten – doch relativ machbar. Aber im Krieg sind die zu vergleichenden Güter deutlich abstrakter und vielfältiger: Leben, Verletzungen, sexuelle Übergriffe, Eigentum – und nicht zuletzt die gemeinsame politische Selbstbestimmung und Souveränität. Es liegt nahe, dass diese Güter kaum noch sinnvoll verglichen und in eine Abwägung gebracht werden können. So konstatiert und kritisiert David Rodin (2004b, 114–115), dass die genannten Übel und der Schutz der politischen Souveränität nicht miteinander vergleich- und verrechenbar seien und genau deswegen im Völkerrecht meist einfach angenommen werde, dass die Souveränität immer mit Krieg geschützt werden dürfe. Dieses von Rodin kritisierte rechtliche Urteil spiegelt sich in der Philosophie Michael Walzers. Auch dieser buchstabiert das Kriterium der Verhältnismäßigkeit nicht weiter aus, sondern geht davon aus, dass eine staatliche Aggression eine kriegerische Antwort rechtfertige (vgl. Walzer 2015, Kap. 4).

Aber ist es wirklich so, dass politische Selbstbestimmung und Souveränität einerseits und Schäden wie Leben und körperliche und psychische Unversehrtheit andererseits nicht miteinander vergleich- und verrechenbar sind? Es ist natürlich unzweifelhaft, dass solche Güter nicht auf sehr einfache Art miteinander verglichen werden können. Dennoch hält etwa Thomas Hurka den Vergleich mit individuellen Fällen von Selbstverteidigung aufrecht. Gegen Rodins Behauptung, dass politische Selbstbestimmung auch in anderen Fällen (etwa einem Eingriff in das Recht zu wählen) nicht tödliche Gewalt rechtfertige, wendet er ein:

> Aggression bedroht mehr als nur das politische Selbstbestimmungsrecht der Bürger. Um zu sehen, wie, betrachten Sie das Recht der individuellen Selbstverteidigung. Die meisten Rechtsordnungen schränken das Recht auf Selbstverteidigung durch Verhältnismäßigkeitsbedingungen ein, und diese erlauben in der Regel weniger Gewalt zur Verteidigung des Eigentums als zur Verteidigung der eigenen Person. Während ein Opfer töten darf, um zu verhindern, dass es selbst getötet oder schwer verletzt wird, darf es nicht töten, um sein Eigentum zu schützen. Das Gesetz macht jedoch oft eine teilweise Ausnahme für die Wohnung einer Person. [...] Es erlaubt mehr Gewaltanwendung zum Schutz der eigenen Wohnung als zum Schutz anderer Arten von Eigentum [...]. Diese Ansicht hat einen intuitiven Grund-

> gedanken. [...] Das gewaltsame Eindringen in die Wohnung einer Person dringt in einen Raum ein, der persönlich sein sollte. [...] Es scheint, dass [...] die Verletzung eines intimen Bereichs die Schwere des Verbrechens und das Ausmaß der zu seiner Verhinderung zulässigen Gewalt erhöht, so dass das Eindringen in die eigene Wohnung mehr Verteidigungskraft rechtfertigt als andere Verbrechen gegen das Eigentum.
>
> Ein ähnlicher Gedanke gilt für internationale Aggression. [...] Die Bürger eines Landes betrachten dieses normalerweise als eine Art Heimat. [...] Aber dann ist es ein Fehler, die einzigen von einer Aggression bedrohten Rechte der Bürger als Rechte der politischen Selbstbestimmung zu sehen; sie umfassen auch das Recht, in einer politischen und kulturellen Heimat sicher zu sein. So wie in der individuellen Verteidigung der Schutz der Heimat eine gewisse zusätzliche Gewalt rechtfertigt, so tut dies in der Ethik des Krieges der Schutz einer politischen Heimat. (Hurka 2005, 55–56)

Hieraus können wir zweierlei lernen: Erstens hält Hurka den Vergleich zur individuellen Selbstverteidigung für möglich, wo ebenfalls komplexe Güter miteinander in einen Vergleich gebracht werden. Er gesteht allerdings zu, dass diese Abwägung bei Kriegen außer in Extremfällen selten eindeutig ausfällt, weil die Güter derart divers sind (vgl. Hurka 2005, 57). Zweitens ergänzt er, dass durch einen Angriffskrieg nicht nur die politische Unabhängigkeit, sondern auch die Heimat und somit ein in gewissem Sinne intimer persönlicher Bereich der Sicherheit angegriffen wird, der – wie im Fall der individuellen Selbstverteidigung – deutlich mehr Gewalt als Reaktion rechtfertige.

Auch in anderer Hinsicht ist umstritten, welche Folgen in die Kalkulation aufgenommen werden sollten: nur die Folgen des eigenen Handelns oder auch Folgen des Handelns der gegnerischen Kriegspartei? Betrachten wir einmal den folgenden Fall:

> **Eskalation:** Staat A marschiert mit seinen Truppen in Staat B ein. Wenn die Armee von Staat B sich nicht wehrt, werden die Truppen von A einige Rechtsverletzungen an Eigentum, Leib und vielleicht auch an Leben verüben, bevor sie B annektiert haben, diese halten sich aber relativ in Grenzen. Solle sich B hingegen verteidigen, werden die Truppen von B einige Soldaten von A töten müssen. Vielmehr noch ist es aber absehbar, dass die Truppen von A in einem solchen Fall in B wüten werden, und der Krieg sehr viele Opfer kosten würde.

Muss die Regierung von B in einem solchen Fall nur die Übel einpreisen, die ihr Militär im Kriegsfall verübt, oder alle Übel, die durch den Krieg entstehen und ohne Krieg vermeidbar gewesen wären, selbst wenn die Gegenseite A diese Übel zu verantworten hat?

Steven Lee (2012, 89) nimmt an, dass man in solchen Fällen nur das eigene Handeln zu verantworten habe. Er argumentiert, dass auch in Fällen individueller Notwehr derjenige verantwortlich sei, der handelt – und man dementsprechend nicht für Folgen hafte, die ein anderer als Antwort auf das eigene Handeln hervorruft. Dem widerspricht Henry Shue (2018, 265–267): Er unterscheidet zwischen drei Arten von Übeln, die durch einen Krieg hervorgerufen werden: *Erstens* die unmittelbar durch das eigene Handeln entstehenden Folgen, für die man selbstverständlich verantwortlich ist und die man dementsprechend – wie bei Lee – in die Verhältnismäßigkeitsbestimmung aufnehmen müsse. *Zweitens* habe ein Staat aber nicht nur eine Pflicht, Menschen nicht selbst zu schädigen, sondern auch gegenüber seinen Bürgern und Einwohnern eine Schutzpflicht. Diese Menschen stünden unter seiner Protektion und dementsprechend müsse ein Staat, der gerade die Rechte dieser Menschen schützen wolle und solle, auch deren Rechte, die im Falle eines Krieges durch andere zu Schaden kommen, berücksichtigen. *Drittens* hält Shue selbst diejenigen Übel, die andere an Menschen verüben, die nicht unter einem besonderen Schutz stehen, für die der Staat also nicht besonders verantwortlich ist, für zu berücksichtigen. Die Bestimmung der Verhältnismäßigkeit sei keine Bestimmung der Verantwortlichkeit, sondern sie markiere das Erfordernis, möglichst wenig Übel zu verursachen – ganz gleich, wer dafür verantwortlich ist. Daher müsse man alle drei genannten Arten von Übeln – und das heißt alle Übel, die ein Krieg hervorruft – in die Berechnung aufnehmen.

In einer solchen Berechnung fragt sich ferner, welches Verhältnis der abgewogenen Güter als angemessen angesehen werden kann. Es scheint nicht so zu sein, dass nur eine Höhergewichtung der geschützten Güter genügt. Angreifende müssen hinnehmen, dass ihre Rechte aufgrund der durch sie hervorgerufenen Situation nicht in gleichem Maße gelten. Im deutschen Recht gilt deshalb für Notwehrsituationen die Regel, dass lediglich keine groben Missverhältnisse zwischen dem geschützten Gut und dem zur Selbstverteidigung zugefügten Schaden bei der Angreiferin entstehen dürfen. Jemanden zum Schutz eines Apfels zu töten, würde ein solches grobes Missverhältnis darstellen. Aber beispielsweise eine gewaltsame Verteidigung meines Portemonnaies, die einen gebrochenen Arm zur Folge hat, wäre durchaus erlaubt. Die genauen moralphilosophischen Gründe und Debatten zu diesem Thema können und sollen hier nicht diskutiert werden. Da allerdings gelegentlich ein sehr strenger Maßstab der Proportionalität angenommen wird, ist es doch wichtig zu sehen, dass diese Urteile keinesfalls einfach sind.

Schauen wir uns noch einen Fall an, um ein letztes Problem der Kalkulation von Verhältnismäßigkeiten im Krieg zu veranschaulichen:

> **Abschreckung 1**: Staat A greift Staat B unrechtmäßig an. A will einen relativ kleinen Landstrich mit wenigen Bewohnern erobern. Wenn B sich wehrt, wird ein gewaltiger Krieg ausbrechen, bei dem sehr viele Menschen sterben und anderweitig verletzt werden. Wenn B sich nicht wehrt, wird A diesen Landstrich seinem Hoheitsgebiet zuschlagen. Zudem werden A und andere imperialistisch regierte Staaten diesen Fall als Beispiel ansehen, dass gewaltsame Landnahme erfolgreich ist und deshalb in Zukunft vermutlich häufiger zu diesem Mittel greifen.

Wenn wir annehmen, dass B, solange wir die Abschreckung außer Acht lassen, zwar einen gerechten Kriegsgrund hat, die kriegerische Verteidigung aber nicht verhältnismäßig wäre, so fragt sich, ob der zusätzliche Effekt einer Abschreckung imperialistischer Staaten hier den Ausschlag geben kann. Das Problem stellt sich deshalb, weil Abschreckung, wie wir bereits wissen, kein legitimer Kriegsgrund ist. Nur die (Selbst-)Verteidigung und humanitäre Interventionen können – nach Ansicht der meisten Ethiker – Kriege rechtfertigen, Abschreckung hingegen nicht. Das wird offenkundig, wenn man sich den gerechten Kriegsgrund der Selbstverteidigung aus unserem Fall wegdenkt:

> **Abschreckung 2**: Die Regierung von Staat A signalisiert mehrfach in öffentlichen Statements eine imperialistische Geisteshaltung und ihre Missachtung für das Völkerrecht. Staat B will solche Tendenzen gar nicht erst aufkommen lassen, sondern A und andere imperialistische Staaten davon abschrecken, das Völkerrecht – insbesondere das Kriegsrecht – zu brechen und greift deshalb A an.

Hier hat B keinen gerechten Kriegsgrund. Ein Angriff zur bloßen Abschreckung lässt sich wohl kaum rechtfertigen. Dann fragt sich aber, ob die Abschreckung überhaupt auf die Waagschale der positiven Effekte gelegt werden darf, weil sie gerade nicht selbst rechtfertigend sein kann.

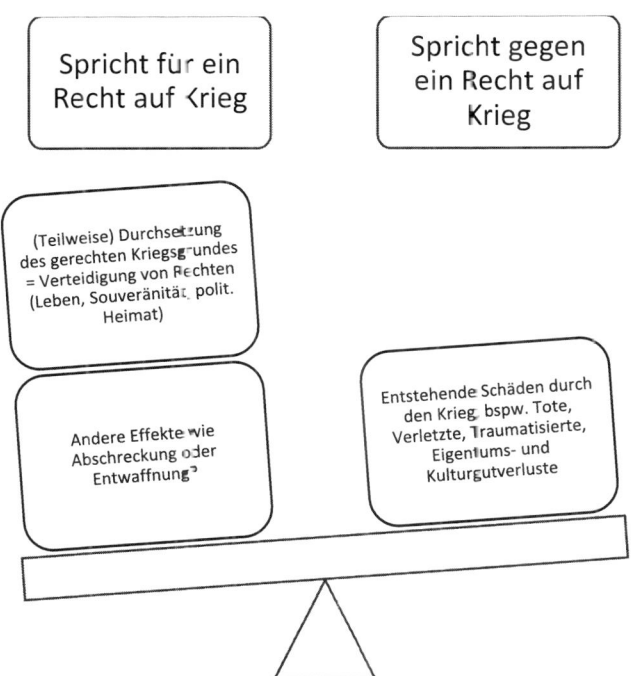

*Abbildung 1: Verhältnismäßigkeitsprüfung für ein Recht zum Krieg. Quelle: Eigene Darstellung.*

Die Frage ist also, ob Effekte, die selbst den Krieg nicht rechtfertigen können, dennoch positiv in die Bestimmung der Verhältnismäßigkeit aufgenommen werden dürfen. Diese Effekte sind nicht nur die Abschreckung, sondern beispielsweise auch humanitäre Effekte, Schutz vor Unterdrückung und die Entwaffnung der gegnerischen Armee.

Jeff McMahan (2004, 708–709; 2005) hat früher strikt gegen eine solche Aufnahme dieser Effekte in die Abwägung argumentiert. Staaten und ihre Bürgerinnen seien genau in dem Maß moralisch verantwortlich und dementsprechend auch moralisch haftbar, in dem sie Rechte verletzten. Diese Rechtsverletzungen seien in den gerechten Kriegsgründen gespiegelt. Wenn man die Übel des Krieges, das massenhafte Töten und Verstümmeln, nicht durch derlei Effekte rechtfertigen könne, dann könne man diese auch nicht in der Rechtfertigung indirekt nutzen. Es sei genau die Rolle des Kriteriums des gerechten Grundes, diejenigen Ziele, die man legitimerweise mit einem Krieg verfolgen dürfe, von denjenigen zu unterscheiden, für die das nicht gelte. Die hierin zum Ausdruck kommende Idee der Haftbarkeit nennt Thomas Hurka „specific liability".

Hurka (2007, 200–208) vertritt demgegenüber eine Theorie der „global liability". Er führt einen Vergleich mit der Begründung des Strafrechts an: Wir können staatliche Strafe nicht alleine über ihren abschreckenden Effekt rechtfertigen. Wäre das anders, dann könnten wir bestrafen, ohne dass eine Straftat vorläge, solange nur ein abschreckender Effekt einträte. Aber, so Hurka, wenn jemand schon eine Straftat begangen hat, die wir legitimerweise aus anderen Gründen bestrafen dürfen, dann dürfe die Strafe zusätzlich das Ziel verfolgen, andere von vergleichbaren Handlungen abzuschrecken. Dementsprechend könnten zusätzliche positive Effekte als „conditional causes", als bedingte Gründe, legitime Kriegsziele sein – eben unter der Bedingung, dass es einen gerechten Kriegsgrund gibt, der diesen überhaupt rechtfertigt.

McMahan hat seine Position später in der Tat etwas angepasst (vgl. 2011, 26, v.a. Fn. 23). Er unterscheidet zwischen zwei Arten der Proportionalität, nämlich naher und weiter. Die *nahe Proportionalität* berücksichtigt nur die Schäden bei haftbaren Personen, wohingegen *weite Proportionalität* auch die Effekte auf nichthaftbare Personen in Betracht zieht. Die Haftbarkeit einer Person werden wir später noch einmal näher betrachten. Für den Moment genügt es als vorläufige Erklärung, dass diejenigen Personen haftbar sind, die durch ihre Handlungen ein legitimes Ziel von Abwehrhandlungen geworden sind, also in aller Regel angreifende Kombattanten. Nur im Rahmen der nahen Proportionalität hält er seine vorherige These, dass nur die legitimen Kriegsgründe in die Abwägung eingestellt werden dürfen, aufrecht. Man müsse jedoch beide Arten der Proportionalität berücksichtigen. Eine Vertiefung dieses Themas kann hier nicht erfolgen. Dies würde uns in Details führen, die wir hier nicht betrachten wollen.

Zusammenfassung der wichtigsten Probleme der Bestimmung der Proportionalität:

- Epistemische Unsicherheit: Welche Folgen werden vermutlich entstehen? Wie viel Vorsicht muss man walten lassen, wie viel Eskalation muss man erwarten?

- Sind die durch einen Krieg geschützten und verletzten Güter, z.B. politische Selbstbestimmung, nationale Souveränität, Leben und physische und psychische Gesundheit, überhaupt vergleichbar? Wenn ja, wie?
- Muss man nur die unmittelbaren Folgen des eigenen Handeln berücksichtigen oder auch die Übel, die die gegnerische Kriegspartei zu verantworten hat?
- Zählen die Güter beider Seiten gleich viel oder darf ein Missverhältnis vorliegen? Wie groß darf dieses ggf. sein?
- Sind auch positive Effekte zu berücksichtigen, die selbst keinen gerechten Kriegsgrund bieten, etwa Abschreckung oder Entwaffnung?

## 3.3 Hinreichende Chance auf Erfolg

Die nächste Voraussetzung für ein Recht zum Krieg, die wir uns anschauen, ist das Vorliegen einer vernünftigen Chance auf einen Sieg. Krieg darf man demnach nur führen, wenn man ihn auch gewinnen bzw. jedenfalls in Teilen erfolgreich führen kann. Es ist nicht notwendig, dass man ihn sicher oder wahrscheinlich gewinnen wird, aber doch, dass ein Erfolg noch im Rahmen einer vernünftigen Erwartungshaltung liegt. Das ist in gewissem Sinne logisch in der Bedingung der Verhältnismäßigkeit impliziert: Wenn ein positiver Effekt gar nicht erreicht werden kann, gibt es nichts, das positiv zur Abwägung in der Waagschale liegt.

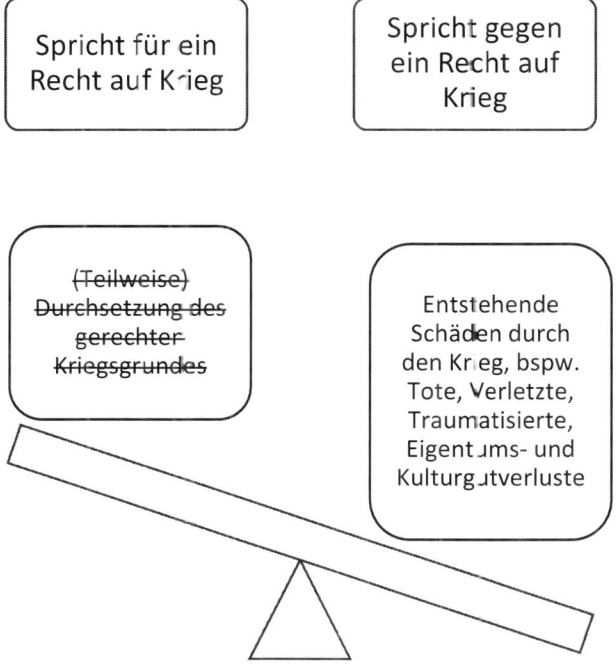

*Abbildung 2: Verhältnismäßigkeitsprüfung ohne Erfolgschance. Quelle: Eigene Darstellung.*

Das Kriterium der hinreichenden Siegeschance wird relativ wenig in der Literatur diskutiert, dabei birgt es durchaus spannende Begründungsprobleme. Man kann zum Vergleich wieder einmal einen Fall aus der individuellen Selbstverteidigung anführen:

> **Vergewaltigung:** A wird von B sexuell vergewaltigt. B ist ein sehr starker Mann und A weiß, dass sie sich hiergegen nicht erfolgreich wehren kann. Dennoch schlägt sie B, beißt ihn und fügt ihm erhebliche Schmerzen zu.

Es scheint offenkundig, dass A sich auf diese Art wehren darf. Viel weniger offenkundig ist, warum das so ist. Schließlich gilt auch hier, dass sie die Bedingung der nahen Proportionalität auf den ersten Blick nicht erfüllen kann. Sie hat keine vernünftige Chance auf Erfolg.

Eine Erklärung bietet Daniel Statman (2008, vgl. auch Frowe 2014, 109–115): Er argumentiert, dass wir in Verteidigungsfällen nicht nur das primär angegriffene Gut, unser Leben, unseren Körper, unsere sexuelle Selbstbestimmung, verteidigen, sondern auch unsere „Ehre". Der Begriff Ehre scheint mir hier allerdings fehl am Platze bzw. viel zu schwach. Statmans Erklärung rekurriert vielmehr auf das, was man im Allgemeinen Menschenwürde nennt: Täter, insbesondere bei solch fürchterlichen Straftaten, behandeln ihre Opfer auf eine Art, die deren moralischen Status nicht anerkennt. Sie instrumentalisieren die Opfer und missachten damit deren Würde als autonome Wesen, die man nicht einfach beliebig wie Sachen „verwenden" darf, sondern die eigene Interessen besitzen und moralische Zwecke, nicht bloße Mittel darstellen. Wir schulden Menschen aufgrund ihrer Menschenwürde eine Form von Achtung. (Manche) Straftaten drücken jedoch vielmehr eine besondere Missachtung aus.

A mag also in unserem Fall zwar nicht die Vergewaltigung und somit die Schädigung der primären Güter aufhalten können, sie kann aber sehr wohl für sich selbst ihre eigene Würde und ihren moralischen Status verteidigen, indem sie sich ermöglicht, sich zu vergegenwärtigen, dass sie sich wenigstens gewehrt hat. Hierin ist wohlgemerkt keine Abwertung von A impliziert, wenn sie dies nicht tut. Es ist eine individuelle Frage, ob man diese Art von Verteidigung wählt, um nicht noch weiter als ohnehin schon verletzt zu werden. Aber wenn A das Bedürfnis verspürt, ihren Anspruch auf Achtung durch die anderen zu verteidigen, dann kann sie dies mit Erfolg tun – und dementsprechend ist die Waagschale derjenigen Güter, die sie verteidigt, keinesfalls leer, sondern beinhaltet eines der höchsten Güter.

## 3.3 Hinreichende Chance auf Erfolg

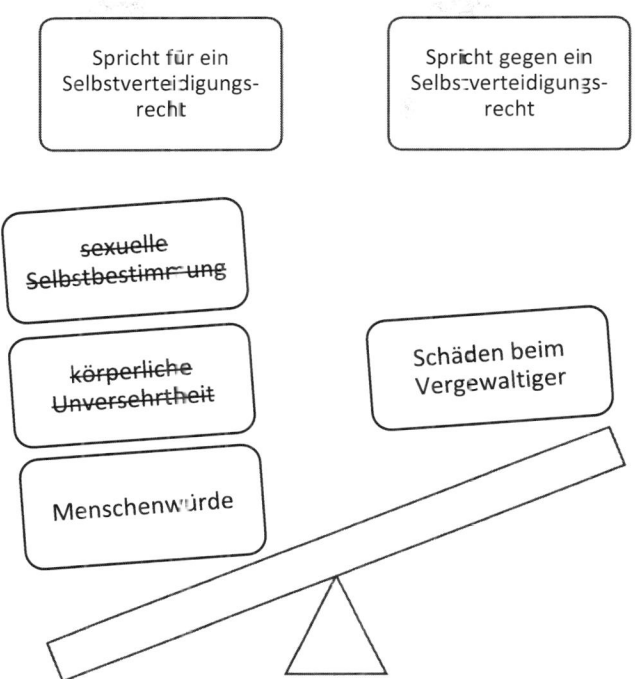

*Abbildung 3: Selbstverteidigung ohne Erfolgschance (in Bezug auf primäres Gut) nach Statman. Quelle: Eigene Darstellung.*

Es gibt vielleicht auch andere Wege, solche Arten der (im Bezug auf die primären Güter erfolglosen) Selbstverteidigung zu rechtfertigen. Doch das soll uns hier nicht näher beschäftigen. Klar ist jedenfalls, dass es gesonderte Gründe geben muss, warum eine Handlung verhältnismäßig sein kann, wenn sie überhaupt nicht zur Zielerreichung geeignet ist, sprich keine vernünftige Chance auf Erfolg hat.

Nun könnte man aber auch für den Krieg vergleichbare Überlegungen anstellen: Immerhin könnte man vertreten, dass durch einen Angriffskrieg ebenfalls der Status der Bürger des angegriffenen Staates als selbstbestimmte Wesen mit Würde missachtet wird. Doch hier ergibt sich eine andere Schwierigkeit: Diejenigen, die über die Selbstverteidigung entscheiden, und diejenigen, die im Rahmen der (offenkundig erfolglosen) Selbstverteidigung sterben, sind nicht die gleichen Personen. Vielmehr müsste man rechtfertigen, dass eine Regierung ihre Soldatinnen „auf die Schlachtbank" schickt – und das scheint ohne vernünftige Chance auf Erfolg ethisch höchstproblematisch (vgl. Frowe 2016, 60). Und selbst, wenn alle Kombattantinnen freiwillig einer offenkundig erfolglosen Verteidigung zustimmten, werden durch Kriege stets nicht nur die Kombattantinnen, sondern auch zahlreiche andere Menschen geschädigt. Es mag Ausnahmefälle geben, in denen wenige oder keine Nichtkombattanten zu Schaden kommen und nur Freiwillige zur Verteidigung der Menschenwürde auch ohne Erfolgschance kämpfen. Helen

## 3. Ius ad bellum 2: Wann darf man Krieg führen?

Frowe (2016, 60–61) nennt etwa den Aufstand im Warschauer Ghetto vom 19. April 1943. Dieser Fall mag dem angeführten Vergewaltigungsfall strukturell in der Tat gleichen, doch man braucht jedenfalls sehr spezifische Bedingungen, um das Kriterium einer hinreichenden Chance auf Erfolg nicht anzuwenden.

### 3.4 Notwendigkeit / Letzter Ausweg

Ebenfalls denknotwendiger Teil einer Verhältnismäßigkeitsprüfung ist, dass das gewählte Mittel, in unserem Fall also der Krieg, das mildeste Mittel zur Zielerreichung darstellt. Wenn man den Zweck auch mit milderen Mitteln erreichen kann, ist das Verhalten nicht verhältnismäßig im weiteren Sinne, denn auch dann bleibt eine Waagschale leer: Die in Kauf genommenen Schäden sind dann nämlich nicht notwendig zur Zielerreichung. Deshalb kann man das Ziel, die Durchsetzung des gerechten Kriegsgrundes, zu ihrer Aufwiegung nicht anführen.

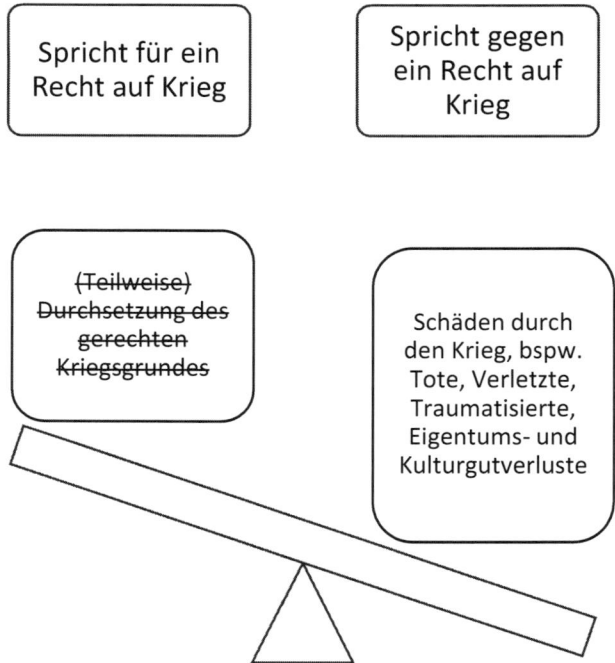

*Abbildung 4: Verhältnismäßigkeit, wenn es mildere Mittel gäbe. Quelle: Eigene Darstellung.*

Es ist also grundsätzlich – auch in Fällen individueller Selbstverteidigung – so, dass nur notwendige, nicht aber exzessive Mittel genutzt werden dürfen. Für Kriege sind solche anderen Mittel vor allem diplomatische Verhandlungen und Drohungen, Wirtschaftssanktionen und Resolutionen des Sicherheitsrates der Vereinten Nationen. Erst, wenn solche Mittel versagt haben, darf man einen Krieg beginnen.

Wohlgemerkt: „beginnen"! Anders als andere Bedingungen gilt das Kriterium des letzten Mittels nicht oder nur bedingt für Verteidigungskriege. Wenn man angegriffen wird, muss man nicht zunächst diplomatische Mittel nutzen, sondern darf sich sofort verteidigen. Man kann aber diskutieren, ob das, wie etwa Frowe (2016, 65) behauptet, daran liegt, dass das Kriterium hier keine Anwendung findet. Das wäre eine erstaunliche Ausnahme. Man kann vielleicht ebenso gut argumentieren, dass die Voraussetzung hier schlicht und einfach stets erfüllt ist, weil ein Warten durch Verhandeln und Sanktionen in jeder Sekunde die militärische Lage verschlimmert und die Verteidigung erschwert. Dann ist die militärische Verteidigung ab dem Moment des Angriffs immer schon das letzte Mittel zur derzeit möglichen Zweckerreichung. So oder so ist das nur ein theoretischer Streit: Klar ist, dass eine entsprechende Prüfung nicht bei der Selbstverteidigung, sondern nur bei der eigenständigen Initiierung eines Krieges – also vor allem bei humanitären Interventionen – notwendig ist, und genau hier werden ja auch üblicherweise zunächst Wirtschaftssanktionen und andere Mittel versucht.

Man kann ergänzen, dass die übliche Formulierung dieser Bedingung „Letzter Ausweg" (*last resort*) möglicherweise den ethisch zentralen Punkt verfehlt (vgl. Shue 2018, 263), denn es sind durchaus Fälle vorstellbar, wo der Krieg das mildere Mittel im Vergleich zu alternativen effektiven Mitteln ist, etwa dort, wo durch eine große militärische Überlegenheit ein schneller und sehr gezielter militärischer Sieg wahrscheinlich ist, während Wirtschaftssanktionen sehr viel mehr und länger Leid hervorbrächten. Ob Krieg also immer nur der letzte Ausweg sein darf, ist diskutabel. Er darf aber jedenfalls nur dann als Mittel gewählt werden, wenn alle milderen Mittel ausgeschöpft wurden, wenn er also zur Zielerreichung *notwendig* ist.

Eine Frage, die sich hierbei ergibt, ist indes, ob die milderen Mittel ebenso effektiv sein müssen – oder ob man ein Minus an Effektivität akzeptieren muss, d.h. weniger Schutz der Rechte, die den gerechten Kriegsgrund darstellen. Michael Walzer (2015, 67–73) diskutiert diese Frage unter dem Stichwort „Appeasement" und argumentiert, dass man sich beispielsweise nicht Land abkaufen lassen muss, dass ansonsten gewaltsam genommen wird. Hier gäbe es Mittel, den Krieg zu vermeiden, aber Mittel, die einen teilweisen Verlust an Souveränität und politischer Selbstbestimmung beinhalten. Den Grund dafür, dass man sich hier dennoch wehren darf, sieht er in der Aufrechterhaltung und Verteidigung der internationalen Wertordnung, die sonst erodieren würde.

Es liegt nahe, dass in solchen Fällen die zentrale Frage ist, ob auch der Souveränitätsverlust durch erzwungenen Landkauf als proportionale Antwort einen Krieg rechtfertigen würde. Da Walzer die Proportionalität zur Verteidigung der Souveränität immer für gegeben hält, ist sein Ergebnis nur folgerichtig. Ein milderes Mittel muss also auch ein solches sein, dass den bezweckten Schutz von Rechten gleich effektiv wie ein Krieg sicherstellt – oder das entsprechende Minus darf selbst nicht als gerechter, verhältnismäßiger Kriegsgrund genügen.

## 3.5 Richtige Intention

Einen Krieg, so die verbreitete Meinung, darf man nur dann führen, wenn man ihn wegen des gerechten Kriegsgrundes führt. Man muss also nicht nur einen solchen Grund haben, sondern dieser muss auch tatsächlich die Motivation darstellen, d.h., die eigene Absicht muss sich auf diesen Grund beziehen. Wenn Staaten hingegen Kriege führen, weil sie sich davon wirtschaftliche oder geopolitische Vorteile versprechen, dann kann ein gegebener gerechter Kriegsgrund diese Kriege nicht rechtfertigen.

Diese Bedingung ist insbesondere für humanitäre Interventionen von großer Bedeutung. Es ist politisch zweifelsohne so, dass nicht überall, wo eine humanitäre Intervention gerechtfertigt wäre (vorausgesetzt man akzeptiert, dass diese rechtfertigbar sind), interveniert wird. Und man kann wohl annehmen, dass solche Interventionen eher dort stattfinden, wo noch andere politische Interessen das Eingreifen stützen. Hierbei ist es wohl noch nicht problematisch, dass eine Kriegspartei mehrere Gründe für einen Krieg hat. Dass also beispielsweise neben humanitären Belangen auch wirtschaftliche oder geopolitische Überlegungen den Ausschlag für oder wider eine humanitäre Intervention geben, ist vielleicht akzeptabel (vgl. Frowe 2016, 63). Diese Überlegungen dürfen den gerechten Kriegsgrund aber jedenfalls nicht als Motivation überlagern oder verdrängen.

Aber warum ist das eigentlich so? Frowe (2016, 63–64) diskutiert einen Fall der individuellen Selbstverteidigung, um das Problem zu verdeutlichen. Dieser geht ungefähr so:

> **Glücklicher Zufall:** Marina will gerade die arg- und wehrlose Naomi erschießen. Allerdings wird sie von Olga beobachtet, die sich schon seit Langem wünscht, Marina zu töten. Naomi ist Olga völlig egal, aber sie freut sich, dass sie Marina endlich töten kann und dafür eine juristisch gute Verteidigung, nämlich die Nothilfe für Naomi, geltend machen kann. Sie erschießt Marina.

Olga handelt hier sicherlich nicht tugendhaft, aber am Ende rettet sie Naomi trotzdem das Leben. Ist ihre Handlung also erlaubt? Warum sollte Olgas Absicht etwas daran ändern? Marina kann sich doch letztlich nicht beschweren und Naomi wird gerettet – und dennoch scheint es falsch, Olgas schlechte Absicht einfach zu ignorieren. Welche Auswirkungen die Absicht auf die Erlaubtheit einer Handlung haben kann, ist ethisch sehr umstritten. Die entsprechenden Debatten finden sich meist im Zusammenhang mit dem sogenannten Prinzip der Doppelwirkung. Wir werden hierauf noch einmal zu sprechen kommen (vgl. 9.2 Kollateralschäden und das Prinzip der Doppelwirkung).

Frowe argumentiert, dass jedenfalls im Krieg die Intention schon deshalb zähle – und zwar mehr als in individuellen Fällen –, weil Soldatinnen von ihrer Regierung in den Krieg geschickt würden. Eine Regierung muss ihre Entscheidung, einen Krieg zu führen, also nicht nur ihren Gegnern gegenüber verteidigen, die sich (je nach Wertung im vorangegangenen Beispiel) vielleicht wie Marina nicht beschweren könnten, sondern auch gegenüber den eigenen Bürgerinnen. Diese für wirtschaftliche oder geopolitische Vorteile und nicht für einen gerechten Kriegsgrund in den Tod zu schicken, verbiete sich.

## 3.6 Legitime Autorität

Vielfach wird angenommen, dass ein Krieg nur vor einer legitimen Autorität angeordnet werden darf. Im Fall eines Staates wäre das ein entsprechend zur internationalen Vertretung berufenes Staatsorgan, also etwa die Regierung, das Staatsoberhaupt oder das Parlament. In der politischen Philosophie werden die Voraussetzungen legitimer Staatlichkeit natürlich intensiv diskutiert: Muss ein Staat die Menschenrechte schützen? Muss er demokratisch sein? Muss er allgemeine Gesetze nutzen und rechtsstaatlich sein? Es ist somit gar nicht eindeutig, was eigentlich „legitime Autorität" in einem Staat bedeutet.

Man muss sich vor Augen führen, dass dieses Kriterium über Jahrhunderte übertragen wurde. Für einen der wichtigsten Vertreter, Thomas von Aquin, lag es an der Grenze zwischen Begriffsbestimmung und ethischer Vorgabe: *Krieg* war für ihn nur dann im Begriffssinne Krieg, wenn es sich um einen Konflikt zwischen politischen Gemeinwesen handelte (vgl. 1933 ff., II–II, Frage 40). In einer Zeit, in der diese Gemeinwesen personal in Lehensstrukturen organisiert waren, war es hierfür eine wichtige interne ethisch-politische Vorgabe, dass nur die politische Autorität, sprich der Herrscher, einen Krieg beginnen durfte. Es handelte sich also um ein Gebot innerhalb der jeweiligen Gemeinschaft, nicht um ein Recht der Gegner:

> [E]s ist nicht Sache der Privatperson, einen Krieg zu veranlassen; weil sie ihr Recht vor dem Gericht des Vorgesetzten verfechten kann. Ebenfalls, weil es nicht Sache der Privatpersonen ist, die Menge zusammenzurufen [...]. Da aber die Sorge für die öffentliche Ordnung den Fürsten anvertraut ist, [...] so ist es auch ihre Aufgabe, mit dem Schwert des Krieges die öffentliche Ordnung gegen äußere Feinde zu verteidigen. (Aquin 1933 ff., II–II, Frage 40.1)

Eine Vorgabe, dass der Herrscher selbst legitime Herrschaft im Sinne einer weitgehend gerechten Herrschaft ausüben muss, findet sich hier nicht. Vielmehr scheint für jedes politische Gemeinwesen zu gelten, dass die tatsächlich Herrschenden die interne Entscheidungskompetenz über Krieg und Frieden besitzen. Thomas kennt zwar durchaus eine Art internes Widerstandsrecht gegen tyrannische Herrschaft (vgl. 1933 ff., II–II, Frage 42.2, ad 3), doch die Vertretung nach außen ist davon an dieser Stelle nicht betroffen

Eine solche Lesart der Bedingung der legitimen Autorität wird auch heute oft vertreten (vgl. etwa Frowe 2016, 61–62). Immerhin würde eine vollständige Anforderung der Legitimität staatlicher Herrschaft, wie sie in der politischen Philosophie erörtert wird, einen Großteil der Staaten der Erde ausschließen. Man kann allerdings trotzdem einen anspruchsvolleren Maßstab der Legitimität der Autorität vertreten. So begründet Yitzhak Benbaji (2018) das Kriterium beispielsweise mit der internen politisch-prozeduralen Gerechtigkeit: Intern bedeute das Kriterium der legitimen Autorität ein Vetorecht der politisch Vertretenen. Legitime Autorität setze also eine grundsätzliche Zustimmung in der Bevölkerung voraus. Die sinnvolle kollektive Willensbestimmung sei aber Gegenstand der politischen Prozesse in der Gemeinschaft, deren Verfahren sich üblicherweise über Generationen ausgebildet hätten und faktisch die Art der Kooperation innerhalb der Gemeinschaft bestimmten. Sie haben für Benbaji also eine präsumtive Legitimität – eine *ex-ante*-Vermutung, die indes auch fehlgehen kann, denn es gibt Staaten, deren interne Verfahren den Mehrwert der prozeduralen Gerechtigkeit nicht für sich beanspruchen und gegen gravierende Gerechtigkeitsdefizite ins Feld führen können. Nicht alle Staatsorgane in allen Staaten besitzen demnach die legitime Autorität in diesem Sinne.

Man kann diese prozedurale Gerechtigkeit auch im Zusammenhang mit den entsprechenden Rollen auch in Analogie zu anderen staatlichen Funktionen begreifen: Ebenso, wie nur die Regierung, das Parlament oder das Staatsoberhaupt über einen Krieg entscheiden dürfen, dürfen nur Richter juristische Urteile fällen und nur die Staatsanwaltschaft und Polizistinnen Straftaten verfolgen. Eine entsprechende Rollenverteilung ist intern Maßgabe der Gerechtigkeit, auch wenn im Einzelfall andere Leute bessere Urteile fällen oder Straftaten verfolgen könnten.

Benbaji konstatiert aber auch noch zwei weitere Autoritätsanforderungen: nämlich ein Vetorecht derjenigen, zu deren Gunsten der Krieg geführt wird, und derjenigen, die die Lasten des Krieges tragen – im Falle einer humanitären Intervention also ein Vetorecht der geschützten Menschen und der eigenen Soldatinnen. Das ist nicht mehr, was Thomas von Aquin und viele Denker nach ihm unter „legitimer Autorität" verstanden. Es ist aber ein zeitgenössischer Versuch, eine politisch- und moralphilosophisch aktuelle Interpretation anzubieten.

Ein besonders spannender Fall für die (üblicherweise ausschließlich gemeinte) erstgenannte interne Autorität ergibt sich in Fällen internationaler humanitärer Interventionen. So vertrat David Luban (2002) in Bezug auf die Intervention im Kosovo, der ein entsprechendes UN-Mandat fehlte, dass die USA und die NATO hier legitime Autorität besessen hätten, weil es eine ethische Pflicht sei, der menschenverachtenden Barbarei entgegenzutreten und die militärische Hegemonie der USA und ihre entsprechende Führungsrolle diese hier verpflichtet hätte. Die formale internationale Autorität ist indes der UN-Sicherheitsrat, der häufig aufgrund der Vetorechte seiner ständigen Mitglieder, USA, China, Russland, Großbritannien und Frankreich, blockiert wird. McMahan (2004, 707) hingegen fordert internationale Institutionen, die diese Verantwortung mit eigenem Militär wahrnehmen.

Schließlich stellt sich insbesondere die Frage, die schon bei Thomas von Aquin aufkam, nach dem Verhältnis zwischen der Begriffsbestimmung des Krieges und den den Krieg rechtfertigenden Merkmalen. Ist Autorität wirklich ein Kriterium der Gerechtigkeit eines Krieges und nicht vielmehr ein Begriffsmerkmal? Immerhin sind Kriege, wie wir bereits gesagt haben, begrifflich nur solche Konflikte, in denen um staatliche Herrschaft gekämpft wird (vgl. 1. Was ist überhaupt Krieg?). Krieg ist „ein Kampf um Souveränität und um politische Letztentscheidungsgewalt. Er ist genau deswegen begrifflich auf Akteure begrenzt, die politische Repräsentation […] für sich beanspruchen" (Gisbertz-Astolfi 2024, Kap. II.3.2.3).

Benbaji (2018, 309–310) widerspricht solchen begrifflichen Beschränkungen und anerkennt auch „Privatkriege". Das kann hier nicht näher diskutiert werden. Vielmehr ist es wichtig zu sehen, dass auch dann, wenn Krieg begrifflich auf Akteure beschränkt ist, die politische Repräsentation für sich beanspruchen, das Merkmal der legitimen Autorität eine gewisse Eigenständigkeit behält: Dass nämlich intern nur die zuständigen Organe über Kriege entscheiden dürfen, ist im Begriff nicht enthalten, ebenso wie ein Vetorecht derjenigen, zu deren Gunsten der Krieg geführt wird, und denjenigen, die die Lasten des Krieges tragen. Vielmehr ergänzen sich diese beiden Überlegungen sehr gut: Genau deswegen, weil Krieg ein Kampf um politische Letztentscheidungskompetenz und Repräsentation ist, darf über ihn nur von denjenigen entschieden werden, die eine solche Repräsentation auch tatsächlich politisch rechtfertigen können.

Das beschränkt sich allerdings nicht auf Staaten und staatliche Organe. Krieg kann legitimerweise auch von nichtstaatlichen Akteuren in einem Bürgerkrieg geführt werden. Diese erhalten ihre legitime Autorität genau dadurch, dass und wenn sie für die Gruppe, die sie zu repräsentieren behaupten, auch tatsächlich politisch repräsentativ sind. Wenn sie also eine politische Community, etwa ein unterdrücktes Volk, repräsentieren, können auch nichtstaatliche Akteure als legitime Autorität Krieg führen (vgl. Benbaji 2018, 294–295).

## 3.7 Kriegserklärung

Die letzte klassische Voraussetzung für ein Recht zum Krieg ist eine öffentliche Kriegserklärung. Dieses Kriterium entstammt einem Denken, das Krieg als Krieg zwischen politischen Gemeinwesen, also Staaten, versteht. Aber auch nichtstaatliche Akteure können theoretisch eine Form der Kriegserklärung abgeben, auch wenn das in der Praxis selten der Fall sein mag. Die Kriegserklärung ist die öffentliche Bekanntgabe, dass man ab jetzt zwischen den Kriegsparteien das Kriegsrecht für anwendbar ansieht. Das schafft – bei aller Fürchterlichkeit des Krieges – Rechtssicherheit und ist schon deshalb wichtig. Man verpflichtet sich damit nämlich zugleich, die Regeln des Kriegsrechts, vor allem des humanitären Völkerrechts, einzuhalten – und die Gegenseite weiß, dass man ab jetzt dieses Recht anwenden wird. Hugo Grotius (1939, Buch 3, Kap. 4, § I.1) hat die Geltung dieses Rechts sogar genau nur für den Fall eines erklärten Krieges zwischen Staaten angenommen.

In der Realität sind Kriegserklärungen allerdings sehr selten. Einerseits haftet ihnen der Ruf falscher „Ritterlichkeit" an, einen Gegner vorzuwarnen. Andererseits gibt es auch Versuche, die Anwendung des humanitären Völkerrechts zu umgehen, indem man einen Krieg nicht beim Namen nennt. Der russische Angriffskrieg gegen die Ukraine, der in Russland als „Spezialoperation" bezeichnet wird, ist hierfür das jüngste, aber keinesfalls einzige Beispiel. Tanisha Fazal (2018, Kap. 3) sieht hierin sogar einen unbeabsichtigten Nebeneffekt des humanitären Völkerrechts, dabei sprechen die Genfer Konventionen von 1949 gar nicht mehr vom

"Krieg", sondern von "bewaffneten Konflikten", weil sie genau diesem Umgehen durch Staaten ein Ende setzen wollten (vgl. Shearer 1994, 478).

Kriegserklärungen haben neben der wünschenswerten rechtlichen Klarheit auch andere instrumentelle Funktionen: Durch sie kann der Gegner noch einlenken, weil er die Ernsthaftigkeit letztgültig vor Augen geführt kriegt. Das ist zur Erfüllung des Kriteriums des „letzten Mittels/Auswegs" geboten. Zugleich ermöglicht eine Kriegserklärung auch, dass Zivilisten evakuiert werden oder fliehen können und somit das Leid des Krieges potenziell reduziert wird, was eine Vorgabe der Proportionalität ist. Allerdings kann man auch dagegen argumentieren, dass eine Kriegserklärung vor Beginn der Kampfhandlungen den Gegner in Alarmbereitschaft versetzt und somit den Krieg möglicherweise unnötig in die Länge zieht, weil es keinen Überraschungseffekt geben kann. Schließlich hat eine öffentliche Kriegserklärung auch in dem Staat, der den Krieg erklärt, die Wirkung, dass der Krieg als solcher öffentlich debattiert werden kann, dass also die Bevölkerung über die Tatsache, ob Krieg herrscht, korrekt aufgeklärt wird und somit die Politik bewerten kann.

All dies sind ethisch wünschenswerte Effekte. Inwiefern sie eine Kriegserklärung wirklich zu einer notwendigen Bedingung eines Rechts zum Krieg machen oder inwiefern sie doch eher ein überkommenes Ideal bezeichnen, das weit mehr ist als das, was die ethische Pflicht gebietet, ist eine spannende und offene Frage, die in der Ethik des Krieges, vor allem in Anbetracht der diesbezüglich ignoranten Staatenpraxis, bisher viel zu wenig debattiert wird.

## 3.8 Beendigung des Krieges bei Wegfall der Bedingungen

Die genannten sieben Bedingungen eines Rechts zum Krieg sollen bestimmen, wann man einen Krieg führen darf. Sie sind allerdings nicht statisch als eine einmalige Anfangsbewertung zu verstehen. Vielmehr kann das Recht zum Krieg auch im Laufe des Krieges entfallen, etwa wenn dieser unverhältnismäßig wird, sich alternative mildere Mittel zur Lösung des Konflikts ergeben oder wenn der Kriegsgrund entfällt. Für einen gerechten Krieg müssen die Bedingungen also durchgehend vorliegen. Sobald sie entfallen, ist es ethisch geboten, den Krieg zu beenden. Es war üblich, diesen Zusammenhang ebenfalls als Teil des *ius ad bellum* zu diskutieren. In jüngerer Zeit ist es jedoch üblich geworden, neben den Fragen nach dem Recht zum Krieg und dem Recht im Krieg auch zwei andere, relativ eigenständige Bereiche zu unterscheiden, nämlich das *ius ex bello*, das Recht der Beendigung von Kriegen, und das *ius post bellum*, das Recht nach dem Kriege. Jenes fragt nach den Bedingungen unter denen ein Krieg beendet werden sollte, und nach der Art und Weise, wie dies erfolgen sollte. Dieses beschäftigt sich mit den politisch-philosophischen und rechtsethischen Herausforderungen nach der Beendigung eines Krieges, also beispielsweise der Bestrafung von oder Amnestie für Kriegsverbrecherinnen. Wir werden die Frage nach dem Wegfall der Bedingungen eines Rechts zum Krieg später beim *ius ex bello* genauer aufgreifen.

### Thomas von Aquin

Thomas von Aquin (1225–1274 u.Z.) ist einer der bedeutendsten Philosophen und Theologen des europäischen Mittelalters (zu Werk und Leben vgl. Pieper 1990). Er ist, ebenso wie der bereits erwähnte Augustinus, einer der 37 Heiligen, die die katholische Kirche als „Kirchenlehrer" bezeichnet, also theologisch besonders prägende Denker. Auch aus der Liste dieser Kirchenlehrer ragt er noch einmal als einer der prominentesten und einflussreichsten hervor. Sein Werk war zentral für die wissenschaftliche Wiederentdeckung und Durchdringung der Schriften des Aristoteles in Europa, welche wiederum Fundament des Aufkommens und Erstarkens der Wissenschaften in dieser Zeit war.

Thomas wurde in der Nähe von Aquino, etwa 100 Kilometer östlich von Rom, geboren. Als jüngster Sohn einer Adelsfamilie sollte er ein geistliches Amt bekleiden und wurde bereits mit fünf Jahren in ein Benediktinerkloster gegeben. Thomas studierte in Neapel und trat im Anschluss dem damals noch jungen Bettlerorden der Dominikaner bei, was seiner Familie sehr missfiel. Zeitweise entführte ihn seine Familie sogar, um ihn aus diesem Orden zu befreien. Doch aufgrund seines festen Entschlusses willigten sie schließlich ein. Er studierte in der Folge bei dem bis dahin bedeutendsten Aristoteles-Kenner der mittelalterlichen Welt, Albertus Magnus, in Paris. Später wirkte und lehrte er selbst unter anderem in Rom, Neapel und Paris.

In Anlehnung an Aristoteles vertritt Thomas eine Tugendethik, in der neben die vier antiken Kardinaltugenden (Gerechtigkeit, Klugheit/Weisheit, Tapferkeit und Mäßigung) drei christliche Tugenden (Glaube, Liebe und Hoffnung) treten. Wie bei Aristoteles ist das höchste Gut der Menschen die Glückseligkeit, bei Thomas allerdings auf höchster Stufe christlich gewendet als die Glückseligkeit bei Gott bzw. in der Schau Gottes.

Im Rahmen seiner Tugendlehre geht Thomas in seinem monumentalen Werk *Summa Theologica* (die Summe/Zusammenfassung der Theologie) auf Krieg und Frieden ein, und zwar nicht als Unterpunkt der Gerechtigkeit, sondern der Liebe (*caritas*). Denn Frieden ist für Thomas Teil des menschlichen Lebens in der Liebe zu Gott und den Nächsten. Krieg hingegen ist eine der Sünden, die dem Frieden entgegenstehen – und doch gibt es für Thomas gerechte Kriege. Er benennt drei (kumulativ notwendige) Voraussetzungen für einen gerechten Krieg bzw. ein Recht zum Krieg: den Befehl durch fürstliche Autorität, einen gerechten Kriegsgrund und die richtige Intention (vgl. Aquin 1933ff., II–II, Frage 40). Thomas gilt auf Basis dessen als derjenige, der die mittelalterliche Lehre vom gerechten Krieg systematisierte, und ist der zentrale christlich-mittelalterliche Referenzpunkt des Denkens über Krieg und Frieden, das er bis heute prägt.

Empfohlene Literatur:

Fabre, Cécile/Lazar, Seth (Hg.) (2014). The Morality of Defensive War. Oxford, Oxford University Press. https://doi.org/10.1093/acprof:oso/9780199682836.001.0001.

Hurka, Thomas (2005). Proportionality in the Morality of War. Philosophy & Public Affairs 33 (1), 34–66. https://doi.org/10.1111/j.1088-4963.2005.00024.x.

Hurka, Thomas (2007). Liability and Just Cause. Ethics & International Affairs 21 (2), 199–218. https://doi.org/10.1111/j.1747-7093.2007.00070.x.

Lazar, Seth/Frowe, Helen (Hg.) (2018). The Oxford Handbook of Ethics of War. Oxford/New York, Oxford University Press. https://doi.org/10.1093/oxfordhb/9780199943418.001.0001.

### 3. Ius ad bellum 2: Wann darf man Krieg führen?

McMahan, Jeff (2005). Just Cause for War. Ethics & International Affairs 19 (3), 1–21. https://doi.org/10.1111/j.1747-7093.2005.tb00551.x.

Shue, Henry (2018). Last Resort and Proportionality. In: Seth Lazar/Helen Frowe (Hg.). The Oxford Handbook of Ethics of War. Oxford/New York, Oxford University Press, 260–276. https://doi.org/10.1093/oxfordhb/9780199943418.013.8.

#### Diskussionsfall:

Im Jahr 1939 sah Stalin die Sicherheit Leningrads gefährdet, da die Stadt in Artilleriereichweite des finnischen Territoriums lag und somit z.B. deutschen Truppen als Basis dienen gekonnt hätte. „Da wir Leningrad nicht verschieben können, müssen wir eben die Grenzen verschieben", soll Stalin gesagt haben und dementsprechend bot er Finnland im Tausch gegen die entsprechenden Gebiete anderes Land an, und zwar mehr, aber weniger wertvolles. Die neue finnisch-sowjetische Grenze sollte nahe der finnischen Großstadt Viipuri verlaufen. Die finnischen Verteidigungsanlagen an der Grenze zur Sowjetunion (die sogenannte Mannerheim-Linie) hätten dann nicht länger auf finnischem Staatsgebiet gelegen. Stalin drohte, dass er sich, sollte Finnland den Handel nicht eingehen, zum Krieg genötigt sehe. Heute wissen wir, dass Hitler und Stalin bereits zuvor im Molotow-Ribbentrop-Pakt bzw. Hitler-Stalin-Pakt große Teile Ost- und Nordeuropas als exklusive Einflusssphären unter sich aufgeteilt hatten. Damals jedoch war nicht klar, ob die Sowjetunion eine vollständige Eroberung Finnlands plante; dies wurde von vielen sogar als eher unwahrscheinlich eingeschätzt. Finnland war militärisch stark unterlegen und konnte kaum darauf hoffen, einem sowjetischen Angriff militärisch lange standhalten zu können. Im Krieg würden aber viele Menschen sterben.[4]

Diskutieren Sie anhand der kennengelernten Kriterien eines Rechts zum Krieg: Hatte Finnland ein Recht zum Krieg, als die Sowjetunion ihre Drohung wahr machte? Welche Bedingungen lagen vor, welche waren vielleicht fragwürdig? Wie bewerten Sie diesen Fall?

#### Diskussionsfragen:

- Wie vorsichtig sollte man sein, wenn man die voraussichtlichen Folgen eines Krieges in einer Verhältnismäßigkeitsprüfung bestimmt?
- Sind Kriege dann eher verhältnismäßig, wenn sie von imperialer Politik abschrecken?
- Darf man sich verteidigen, wenn man keine Chance auf einen Erfolg hat?
- Darf man eine humanitäre Intervention auch dann ausführen, wenn die eigene Absicht nicht der Schutz von Menschen, sondern ein wirtschaftliches Interesse ist?

---

4 Dieser Fall wird auch – allerdings nur in spezifischen Hinsichten – diskutiert in Walzer 2015, 70–73.

## 4. Ius ad bellum 3: Wann darf sich ein Staat selbst verteidigen?

Wir haben uns nun die üblicherweise angeführten Bedingungen eines Rechts zum Krieg angeschaut. Die erste dieser Bedingungen, der gerechte Kriegsgrund, birgt allerdings deutlich mehr Fragen und Probleme, als zuvor diskutiert werden konnten. Die wichtigsten wollen wir im Folgenden daher noch einmal etwas näher betrachten. Wir beginnen mit einer der wohl am intensivsten geführten Diskussionen zum *ius ad bellum*, nämlich der Frage, wann die Selbstverteidigung eines Staates gegen eine Aggression gerechtfertigt ist. Das Völkerrecht kennt hierauf eine relativ einfache Antwort: immer! Ein Staat muss völkerrechtlich keine Aggression hinnehmen, sondern darf sich militärisch verteidigen. Aber inwiefern das moralphilosophisch richtig ist, ist umstritten.

### 4.1 Politische Unabhängigkeit und territoriale Integrität

Um diese Frage zu beantworten, muss man zunächst einmal verstehen, welche Rechte überhaupt verteidigt werden, wenn sich ein Staat verteidigt. Dies sind offenkundig Rechte wie das Recht auf Leben oder körperliche Unversehrtheit der Bürgerinnen, aber auch deren Recht auf politische Selbstbestimmung und Assoziierung. Michael Walzer (2013, 53) fasst diese politischen Rechte als „territoriale Integrität" und „politische Souveränität" zusammen. Das ist im Sinne des Völkerrechts, in dem es in Artikel 2 Absatz 4 der Charta der Vereinten Nationen zum Verbot militärischer Aggression heißt:

> Alle Mitglieder unterlassen in ihren internationalen Beziehungen jede gegen die territoriale Unversehrtheit oder die politische Unabhängigkeit eines Staates gerichtete oder sonst mit den Zielen der Vereinten Nationen unvereinbare Androhung oder Anwendung von Gewalt.

Politische Unabhängigkeit und territoriale Integrität bilden also völkerrechtlich die Souveränität des Staates (vgl. hierzu aus philosophischer Perspektive Stilz 2009). Für Walzer (2015, Kap. 4) bedeutet dies, dass die Menschen in einem Staat ein Recht haben, ihre Regierung selbst zu bestimmen und eine gemeinsame Politik zu verfolgen, die das gemeinsame Leben prägt. Gemeint ist hiermit kein demokratischer Prozess, sondern ein Schutz des gemeinsamen Lebens in den kulturellen Formen, die ein Volk für sich ausgebildet hat. Fast jeder Staat schütze ein solches gemeinsames Leben – und alle Staaten, die das täten, hätten deswegen ein Recht, ihre politische Unabhängigkeit und territoriale Integrität zu verteidigen. Diese beiden Güter seien für die zum Staatsvolk vereinten Individuen wie Freiheit und Leben für jeden einzelnen.

Er kennt deshalb, wie wir bereits gesehen haben, keine Einschränkung der Selbstverteidigung auf Proportionalitätsbedingungen (vgl. 3.2 Proportionalität). Sowohl das zentrale Gut des gemeinsamen Lebens als Ausdruck der politischen Selbstbestimmung der Individuen als auch die Tatsache, dass jede internationale Aggression die Tötung von Menschen riskiert, rechtfertigt für Walzer die Verteidigung von Staaten – und auch andere Staaten dürften bei dieser Verteidigung helfen und das Recht durchsetzen.

## 4.2 Die Kritik bei Rodin und anderen

Diese Überzeugung Walzers und diese Wertung im Völkerrecht, dass Staaten sich gegen jede Aggression mit militärischer Gewalt verteidigen dürfen, wurden in der Moralphilosophie jedoch auch verschiedentlich kritisiert. Die wohl bekannteste Kritik hat David Rodin (2004b; 2014) vorgebracht.

Besonders lesenswert und pointiert präsentiert er seine Kritik in einem Aufsatz aus dem Jahr 2014 (vgl. Rodin 2014). Dort konfrontiert er uns mit folgendem (hier etwas zusammengefassten) Fall:

> **Feindliche Übernahme**: Das englische Unternehmen Cadbury stand seit jeher für unternehmerische Werte. Es verstand sich als Vorbild darin, unternehmerische Verantwortung für die Gesamtgesellschaft und seine Angestellten zu zeigen. Seine Angestellten bildeten daher – teilweise über Generationen – eine starke Loyalität zum Unternehmen und eine Gemeinschaft aus, die ihr Leben immens prägte. Im Jahr 2010 wurde Cadbury von dem U.S.-amerikanischen Großunternehmen Kraft Foods am Aktienmarkt aufgekauft, dem solche Werte wenig am Herzen liegen.

Das Schicksal von Cadbury und seiner Angestellten ist tragisch, konstatiert Rodin, aber niemand würde annehmen, dass die Angestellten ihr gemeinsames wertebasiertes Leben und das „Überleben" des gemeinsam etablierten Kollektivs mit Gewalt, geschweige denn militärischer Gewalt, verteidigen durften. Cadbury weise jedoch alle Voraussetzungen auf, die Walzer für das gemeinsame Leben angibt und somit begründet, dass das Kollektiv Staat militärisch in jedem Fall verteidigungswürdig sei. Wenn Cadbury nicht militärisch verteidigt werden darf, warum (und in welchen Fällen) solle dann etwas anderes für Staaten gelten?

Der Grund hierfür könne, so Rodin, nicht darin liegen, dass der Staat Ausfluss des besonders wichtigen Rechts auf gemeinschaftliche Selbstbestimmung sei, weil das auf Cadbury für die Angestellten ebenfalls zutraf. Man müsse also fragen, ob sich Staaten in anderer moralisch relevanter Weise von anderen Gemeinschaften unterscheiden. Wenn das nicht der Fall sei, sei die Legitimität von Verteidigungskriegen zum Schutz der Souveränität höchst fragwürdig. Rodin diskutiert einige mögliche Aspekte, die Staaten besonders machen könnten, insbesondere deren unvergleichlich größere Macht. Dieser stellt er aber die geringere Intimität und Nähe gegenüber, die im Verhältnis Staat/Bürger im Vergleich zum Verhältnis Unternehmen/Angestellte für viele Unternehmen oder Sportverein/Mitglieder gelte. Staaten seien sicherlich sehr relevant für uns Menschen, aber nicht auf eine völlig andere Art als andere Gemeinschaften. Dementsprechend müsse man infrage ziehen, ob sich staatliche Selbstverteidigung tatsächlich wie bei Walzer und im Völkerrecht begründen lasse.

Bevor wir Rodins diesbezüglichen Vorschlag näher betrachten, soll nicht verschwiegen werden, dass man an seinem Vergleich zwischen Cadbury und einem Staat sehr wohl Kritik üben kann. Was er nicht diskutiert, ist, was Staaten und Krieg begrifflich von anderen Gemeinschaften und Gewaltformen abhebt. Das könnte aber aufschlussreich sein. So ist es nicht ausgeschlossen, dass gerade die bereits erwähnte begriffliche Eigenart von Kriegen, dass diese Konflikte um politische Letztentscheidungskompetenz und Herrschaft sind (vgl. 1.2 Staatenkriege, Bürgerkriege, transnationale Konflikte), hier relevant wäre. Im Falle von Cadbury gibt es eine Instanz zur nichtkriegerischen Konfliktlösung, nämlich den Staat. Weil Staaten aber politisch souverän sind, gibt es über ihnen keine Instanz, die eine verbindliche Konfliktlösung durchsetzen könnte. Krieg ist also auf eine Art „alternativlos", welche die Gewalt in Fällen wie dem von Cadbury niemals erreichen kann – und zwar schon aus begrifflichen, nicht erst aus ethischen Gründen. Ein angegriffener Staat kann sich nur ergeben oder kämpfen, eine (juristische) Alternativlösung (ob gerecht oder ungerecht) gibt es für ihn nicht, weil sie im Völkerrecht gegenüber anderen Staaten nicht durchsetzbar ist.

Es kann hier nicht diskutiert werden, ob ein solches Argument genügen kann, um Rodins bemerkenswerten Einwand zu widerlegen. Es kann uns aber erinnern, wie wichtig die begriffliche Vorarbeit und Klärung bei einzelnen ethischen Fragen werden kann – und man muss erwähnen und verteidigend ergänzen, dass Rodin eine ganz ähnliche begriffliche Festlegung im gleichen Aufsatz, aber in einem anderen Zusammenhang auch passend vornimmt (vgl. 2014, Fn. 21).

Rodin unterscheidet, nachdem er aufgezeigt hat, dass die Gemeinschaftsrechte des Staates nicht für sich allein gewaltsam verteidigungswürdig sind, zwei Arten von kriegerischen Angriffen: bedingte und genozidale Aggressionen.

> [Genozidal] ist eine Aggression, welche die grundlegenden Interessen von allen oder einer signifikanten Anzahl von Mitgliedern einer Gruppe bedrohen. Unter „grundlegenden Interessen" verstehe ich diejenigen zentralen Interessen, die in individuellen Fällen tödliche Gewalt zur Selbstverteidigung rechtfertigen können. [...] In Abgrenzung zur genozidalen Aggression können wir die andere Form „politische Aggression" nennen. Während genozidale Aggression direkt die vitalen Rechte und Interessen anvisiert, ist politische Aggression zunächst einmal auf einen politischen oder materiellen Vorteil für den Angreifer gerichtet. [...] Die Bedrohung, die [politische Aggressoren] für vitale Interessen im angegriffenen Staat setzen, ist eine „bedingte Drohung". (Rodin 2014, 80–81)

Der Unterschied zwischen diesen beiden Arten ist also, dass bedingte Aggressionen nur dann vitale Interessen verletzten, wenn nicht geringere Interessen geopfert werden, etwa ein Stück Land, eine Ressource oder gar die politische Unabhängigkeit. Etwas einfacher gesagt: Bei einem genozidalen Angriff ist es das Ziel, Menschen zu töten. Bei einer bedingten Aggression muss hingegen keine einzige Kugel abgefeuert werden, wenn die Angegriffenen sich nicht wehren. Militärische Gewalttätigkeit wird nur dann eingesetzt, wenn die bloße Drohung nicht bereits genügt, um das Ziel zu erreichen. Rodin und andere nennen dies auch „unblutige Invasion". Viele Kriege beginnen als Folge solcher bedingter Aggressionen. Würden sich die Angegriffenen ergeben, käme es nicht zu massenhaften Todesfällen.

Rodin schlussfolgert, dass ein nationales Selbstverteidigungsrecht nur gegen genozidale Aggressionen gegeben ist, weil hier das Recht auf Leben oder vergleichbar wichtige Güter der Bürgerinnen verteidigt werden, während die staatliche Souveränität, d.h. politische Unabhängigkeit und territoriale Integrität, nicht kriegerisch verteidigt werden dürfe. In seinem Hauptwerk zur Ethik des Krieges folgt Rodin (2004b) einer anderen Argumentation, kommt aber zu einem ähnlichen Ergebnis: Walzers Idee eines gemeinschaftlichen Lebens genügt nicht, um nationale Selbstverteidigung zu rechtfertigen.

Jeff McMahan (2014) hat Rodins Kritik zu erheblichen Teilen aufgegriffen. Zwar erlaubten das Völkerrecht und „Traditionalisten" wie Walzer übermäßig leichtfertig nationale Selbstverteidigungen, doch schieße Rodins Kritik dennoch über das Ziel hinaus, wenn sie jede Verteidigung gegen „geringfügigere Aggressionen", also nichtgenozidale Aggressionen, ablehne. Er argumentiert gegen Walzer, dass die Analogie zwischen dem Leben und der Freiheit von Individuen und der politischen Unabhängigkeit und territorialen Integrität von Staaten verfehlt sei. Das sehe man schon daran, dass im Falle der individuellen Selbstverteidigung der Angegriffene selbst über die eigenen Risiken entscheide und diese also willentlich eingehe, wenn er sich verteidige. Im Fall eines Krieges fielen die Entscheidung und die Last des Krieges aber selten in den gleichen Personen zusammen; diejenigen, die zur Verteidigung des eigenen Staates sterben, sind nicht diejenigen, die willentlich das Risiko dieser Tode in Kauf nehmen. Diese Toten müssten also ebenfalls in die Proportionalitätsabwägung aufgenommen werden, was verhältnismäßige Verteidigungskriege unwahrscheinlicher mache.

Diese Analogie zu innerstaatlichen Fällen („domestic analogy") sei auch in anderer Hinsicht irreführend: Wir haben bereits Hurkas Argument kennengelernt, dass in die Proportionalitätserwägungen mit einbezogen werden müsse, dass ein Angriff auf eine politische Gemeinschaft mit einem Einbruch in das Haus von jemandem vergleichbar sei, insofern in beiden Fällen nicht nur konkrete andere Rechte, sondern auch eine Sphäre der Sicherheit und Intimität, der Heimat, gestört (und zerstört) werde (vgl. 3.2 Proportionalität). McMahan widerspricht dieser Wertung der *domestic analogy*. Bei einer feindlichen Eroberung oder Besatzung sei der vergleichbare Fall nicht bloß ein Einbruch, sondern das Einfordern, dauerhaft bei einem Wohnen und über die gemeinsamen Wohnverhältnisse bestimmen zu dürfen. Aber dieser Vergleich gehe fehl:

> Dass eine fremde Regierung zu einem gewissem Grad Kontrolle über den heimatlichen Staat ausübt, kann erträglicher oder weniger belastend sein, als es für Individuen ist, wenn Fremde mit ihnen in ihrem Haus leben und ihnen Befehle geben. Die Gefahr, sich auf den Wert voller kollektiver Selbstbestimmung als Basis eines Rechts zum Krieg zu berufen, liegt darin, dass sie Gefahr läuft, zu permissiv zu sein. Es gibt Formen der Gemeinschaft unter dem staatlichen Level, etwa Gemeinschaften, die auf nationalen, religiösen, ethnischen oder kulturellen Gemeinsamkeiten beruhen, die oft robustere Quellen der kollektiven Identität und Solidarität als die Staatsbürgerschaft sind. (McMahan 2014, 134)

Während also in den Analogiefällen tatsächlich die Selbstbestimmung und Heimat fundamental angegriffen sind, ist das beim Staat nicht notwendigerweise der Fall.

## 4.2 Die Kritik bei Rodin und anderen

Für viele Individuen geht das Leben schließlich auch nach einer Eroberung relativ normal weiter, und die identitätsstiftenden Zugehörigkeiten bestehen ebenfalls fort. Sie werden nicht einfach aufgehoben und abgeschafft. Das bedeutet für McMahan nicht, dass die Selbstbestimmung gar nicht verteidigt werden darf. Aber dies ist für ihn keine Alles-oder-nichts-Rechnung. Man behält auch im Falle einer Eroberung vieles von dem, was Walzer als „gemeinsames Leben" und was allgemeiner als „Selbstbestimmung" geschützt wird.

Allerdings sei es von großer Relevanz, dass auch politische Aggressoren damit drohten, vitale Interessen anzugreifen. Schon Thomas Hurka (2005, 54–55) hat hierzu den Vergleich zwischen einem Dieb und einem Räuber gebracht. Vergleichen wir also die beiden folgenden Fälle:

> **Dieb:** Luna sitzt auf der Terrasse eines Cafés und hat ihr Portemonnaie mit 10 € auf dem Tisch legen. Plötzlich greift die vorbeilaufende Mila dieses Portemonnaie und rennt davon. Luna kann Mila nur aufhalten, indem sie Mila das Bein bricht.
>
> **Räuber:** Niccolò geht abends durch eine Gasse, als er von Olivia überfallen wird. Diese hält ihm eine Waffe vors Gesicht und fordert sein Portemonnaie, in dem sich ebenfalls 10 € befinden. Da Niccolò einen Kampfsport beherrscht, ist er sicher, dass er Olivia mit einem gezielten Tritt das Bein brechen kann, um mit seinem Geld davonzukommen.

Der Unterschied hier, so Hurka und McMahan, sei, dass Mila das Geld nur stehle, während Olivia es mit der Drohung gravierender Gewalt zu erbeuten sucht. Olivia schafft also selbst die Situation, in der Gewalt wahrscheinlich wird. Sie verletzt Niccolòs Recht darauf, nicht ungerechtfertigt Situationen ausgesetzt zu werden, in denen das Risiko schwerer Verletzungen besteht. Mehr noch: Olivia ist selbst bereit, Niccolò zu verwunden oder zu töten. Das führe dazu, dass ihr gegenüber mehr Verteidigungsmaßnahmen verhältnismäßig seien als gegenüber der Diebin Mila. Diese Wertung, dass Raub, zumal mit Waffen, schlimmer als Diebstahl ist, spiegelt sich auch in der unterschiedlichen Strafandrohung im Strafrecht.

Rodins Fälle geringfügigerer bzw. politischer Aggressionen, die mit militärischer Gewalt drohen, könne man also schon deshalb potenziell auf verhältnismäßige Art und Weise mit Gewalt beantworten, weil sie nicht nur den politischen Vorteil einforderten, sondern diesen mit der Androhung von Gewalt zu erreichen suchten, was die Handlung schlimmer mache. Überdies müsse man beispielsweise beachten, wie sicher absehbar die Beschränkung auf den bloß geringfügigeren, politischen Schaden ist. Wenn etwa Besatzungsstreitkräfte stationiert werden sollen, wären weitergehenden Forderungen im Anschluss Tür und Tor geöffnet. Die Angegriffenen machten sich dann durch den Verzicht auf Selbstverteidigung extrem verwundbar – ein Risiko, das sie ebenfalls in die Verhältnismäßigkeitsprüfung einstellen könnten. Im Ergebnis müsse man also genauer auf den Einzelfall schauen, ob eine Verteidigung angemessen scheine oder nicht. Weder sei dies, wie bei Walzer, immer der Fall, noch, wie bei Rodin im Falle bedingter Aggressionen, nie. Es sei eine feinere Abwägung am Einzelfall notwendig.

## 4.3 Reduktiver Individualismus vs. Kollektivismus

Das Problem, das Rodin aufgezeigt hat, hängt eng mit einer bestimmten theoretischen Grundüberzeugung in der Moralphilosophie zusammen: Es stellt sich nämlich genau dann, wenn man einen reduktiven Individualismus vertritt.

> *Reduktivismus* nennt man in der Ethik des Krieges die Auffassung, dass sich die Fragen der Ethik des Krieges auf Fragen der „normalen" Ethik, die außerhalb des Krieges gilt, reduzieren lassen, dass also die gleichen Prinzipien beide Bereiche regulieren.
> 
> (Evaluativer oder normativer) *Individualismus* bezeichnet die Auffassung, dass nur die Interessen von Individuen als letzter Grund für eine ethische Rechtfertigung relevant sein können, dass sich also alle kollektiven Werte und Rechte letztlich auf die Interessen und Rechte von Individuen zurückführen lassen (vgl. Pfordten 2004).

Die Ethik des Krieges muss sich also – dieser sehr verbreiteten Auffassung nach – aus der auch den Alltag regulierenden interpersonalen Ethik herleiten lassen. Sie kann keine Argumente oder Wertungen einführen, die nicht auch außerhalb des Krieges akzeptiert würden. Die Gegenpositionen können wir Exzeptionalismus und Kollektivismus nennen.

> *Exzeptionalismus* ist die Auffassung, dass in der Ethik des Krieges, aufgrund der Besonderheit des Krieges, andere Prinzipien und Regeln gelten als in der „normalen" Ethik.
> 
> Als (evaluativen oder normativen) *Kollektivismus* bezeichnen wir die Idee, dass auch Kollektive wie Staaten Rechte und einen ethisch relevanten Eigenwert besitzen können, die sich nicht vollständig auf die Rechte und Interessen von Individuen zurückführen lassen.

Es ist nicht notwendigerweise so, dass Exzeptionalistinnen auch einen Kollektivismus und Reduktivistinnen auch einen Individualismus vertreten (vgl. Lazar 2018). Allerdings lassen sich deutliche Schnittmengen erkennen. Diese Unterscheidungen sind vor allem für das sogenannte *ius in bello*, also die Ethik des Verhaltens im Krieg, wichtig. Wir werden sie dort wieder aufgreifen.

Lazar (2014) betont allerdings auch für das Recht zum Krieg den besonderen Zusammenhang zwischen dem Argument unblutiger Invasionen und dem Reduktivismus. Rodin und McMahan als zwei Vertreter des Reduktivismus stünden vor dieser Frage genau deswegen, weil sie eine moralphilosophische Ausnahmestellung des Krieges nicht akzeptierten, sondern eine Reduktion auf die interpersonale Ethik außerhalb des Krieges versuchten. Laut Lazar ist das Ergebnis bei Rodin, also die Ablehnung eines Rechts zur kollektiven staatlichen Selbstverteidigung gegen politische Aggressionen, das er für die logische Folge eines Reduktivismus hält, indes so moralisch kontraintuitiv, dass sich daraus nicht so sehr ein Argument gegen ein solches Recht, sondern vielmehr ein starker Verdacht gegen den Reduktivismus herleiten lasse. Der Reduktivismus führe in eine unseren moralischen Intuitionen in solchem Maß widerstreitende Schlussfolgerung, dass er abzulehnen sei.

### Georg Wilhelm Friedrich Hegel

Georg Wilhelm Friedrich Hegel (1770–1831 u.Z.) wurde in Stuttgart in eine pietistische Familie hineingeboren (vgl. zu seinem Leben und Werk Helferich 1979; Schnädelbach 2020). Er begann sein Studium der Evangelischen Theologie an der Universität Tübingen am strengen Tübinger Stift parallel zur Französischen Revolution. Er teilte sich dort zeitweise ein Zimmer mit Friedrich Hölderlin und Friedrich Schelling. Zu dieser Zeit war er von den Ideen der Französischen Revolution begeistert. Im Anschluss arbeitete er als Hauslehrer, bis er sich nach dem Tod seines Vaters von seinem (bescheidenen) Erbe ermöglichte, eine wissenschaftliche Laufbahn in Jena zu verfolgen. Dort wurde er Zeuge des Einritts Napoleons am Tag vor der Schlacht von Jena und Auerstedt. Napoleon verkörperte für ihn als Erbe der Französischen Revolution und Fortführung der Ideen der Freiheit und Gleichheit die „Weltseele zu Pferde". Über verschiedene andere Stationen kam Hegel schließlich in die preußische Hauptstadt an die damalige Friedrich-Wilhelms-Universität, die heutige Humboldt-Universität. Seine Vorlesungen waren außerordentlich beliebt und wurden zu einem Anziehungspunkt nicht nur für Studierende.

In seiner Berliner Zeit veröffentlichte Hegel sein letztes großes Werk, seine *Grundlinien einer Philosophie des Rechts*, in dem er auch auf den Krieg zu sprechen kommt. Hierin fügt er seine Philosophie so zu einer politischen Philosophie zusammen, dass sich die (von Hegel sein Leben lang hochgehaltene) Freiheit im Staat verwirklicht, und zwar einem Staat, der in Hegels Beschreibung sehr dem preußischen Staat dieser Zeit ähnelt. Es ist diese Idee der Verwirklichung der Vernunft in der Welt, die Hegels Philosophie prägt. Aufgabe der Philosophie sei es, diesen Gang der Vernunft in der Welt, der einem spezifischen, dialektischen Muster folge, aufzuweisen.

Die Staatsbeschreibung Hegels setzt zwar bei der Freiheit und somit einem individuellen Belang an, doch ergibt sich am Ende ein kollektivistisches Staatsverständnis. Vor dem Hintergrund dieses Kollektivismus verurteilt Hegel den Krieg auch nicht als etwas schlichtweg Übles. Vielmehr brauche man etwas Anderes, um sich seiner selbst bewusst zu sein, und das gelte für Staaten und Völker ebenso wie für Individuen. Daher sei die kantische Idee eines Völkerbundes und eines ewigen Friedens unhaltbar. Der Staat sei die höchste Verwirklichung der Freiheit und des Rechts, und als solche müsse er seine (Rechts-)Überzeugungen gegen andere Staaten vertreten dürfen. Das sei aber ohne höhere Instanz über den Staaten in letzter Konsequenz, wenn alle anderen Mittel scheitern, nur durch Krieg möglich.

Zugleich lobt Hegel den Krieg auch als den Zustand, „in welchem mit der Eitelkeit der zeitlichen Güter und Dinge, die sonst eine erbauliche Redensart zu sein pflegt, Ernst gemacht wird". Durch ihn werde „die sittliche Gesundheit der Völker in ihrer Indifferenz gegen das Festwerden der endlichen Bestimmtheiten erhalten, wie die Bewegung der Winde die See vor der Fäulnis bewahrt, in welche sie eine dauernde Ruhe, wie die Völker ein dauernder oder gar ein ewiger Friede, versetzen würde" (vgl. Hegel 2017, § 324). Der Krieg ist für ihn also eine sittliche Notwendigkeit der vernünftigerweise staatlich verfassten Welt und hat – neben vielen Übeln – auch positive Wirkungen auf das kollektive Bewusstsein der Völker und das vernunftgemäße Voranschreiten der Geschichte.

## 4. Ius ad bellum 3: Wann darf sich ein Staat selbst verteidigen?

Empfohlene Literatur:
Ein Großteil der zitierten (Standard-)Literatur zum Thema stammt aus dem hervorragenden Sammelband:
Fabre, Cécile/Lazar, Seth (Hg.) (2014). The Morality of Defensive War. Oxford, Oxford University Press. https://doi.org/10.1093/acprof:oso/9780199682836.001.0001.

### Diskussionsfall:

Am 2. April 1982 landeten argentinische Truppen auf den Falklandinseln, die zum Vereinigten Königreich Großbritannien gehörten. Die argentinische Junta wollte die Inseln besetzen. Wenn sie nicht auf Gegenwehr getroffen wären, wäre vermutlich auch niemand getötet worden. Auf den Inseln lebten ca. 1.800 Menschen. Das Vereinigte Königreich entschied sich, das eigene Hoheitsgebiet militärisch zu verteidigen. Laut der damaligen Premierministerin Margaret Thatcher war eine Motivation – neben der Verteidigung des eigenen Staatsgebiets – die Verteidigung des Völkerrechts und die Abschreckung: Wenn solche Taten ungehindert stattfinden könnten, würden die Kosten, die man heute zur Abwehr zahlen müsste, in einer Zukunft, in der dieses Prinzip der internationalen Gewaltlosigkeit erodiert sei, um ein Vielfaches bezahlt werden. Im Krieg starben etwa 650 argentinische Kombattantinnen, ca. 1.100 wurden verwundet. Auf britischer Seite wurden ca. 250 Kombattantinnen getötet und ca. 750 verletzt. Da es sich weitgehend um einen Seekrieg handelte, war – anders als in den meisten Kriegen – relativ gut absehbar, dass nur wenige Nichtkombattantinnen zu Schaden kommen würden. In der Tat starben nur drei.[5]
Hatte Großbritannien ein Recht zur Selbstverteidigung bzw. war diese Verteidigung proportional?

### Diskussionsfragen:

- Wie zentral/vital ist das Recht auf politische Selbstbestimmung der Individuen? Ist es bedeutsam genug, es gewaltsam und kriegerisch zu verteidigen?
- Sehen Sie ethisch relevante Unterschiede zwischen dem Cadbury-Fall (feindliche Übernahme) und einem Angriff auf einen Staat und, wenn ja, welche?

---

5 Dieser Fall wird diskutiert in McMahan 2014, 123.

## 5. Ius ad bellum 4: Darf man sich gegen bloße Bedrohungen verteidigen?

Wir haben bereits Artikel 2 Absatz 4 der Charta der Vereinten Nationen zum Verbot militärischer Aggression zitiert:

> Alle Mitglieder unterlassen in ihren internationalen Beziehungen jede gegen die territoriale Unversehrtheit oder die politische Unabhängigkeit eines Staates gerichtete oder sonst mit den Zielen der Vereinten Nationen unvereinbare Androhung oder Anwendung von Gewalt.

Besonders auffällig ist hier, dass nicht nur die Anwendung von Gewalt, sondern auch die Androhung als Aggression verstanden wird. Hierin spiegelt sich bis zu einem gewissen Maß ein Problem, das die Ethik des Krieges seit jeher beschäftigt, nämlich die Frage, ob man einen tatsächlichen Angriff des Feindes abwarten muss, um ein Selbstverteidigungsrecht zu haben, oder ob ein solches Recht auch schon vor einem gegnerischen Angriff, d.h. gegen bloße Bedrohungen, gegeben ist. Diese Frage ist von höchster ethischer Relevanz, was man nicht alleine daran sieht, dass zwei der größten Kriege des bisherigen 21. Jahrhunderts mit solchen Bedrohungen politisch gerechtfertigt wurden: Der Irakkrieg des Jahres 2003 wurde von den USA und Großbritannien insbesondere damit begründet, dass das irakische Regime Massenvernichtungswaffen herstelle – und diese, wenn es ein entsprechendes Arsenal besitze, auch einsetzen werde. Man wolle dem zuvorkommen und verteidige sich präventiv. Auch der russische Angriffskrieg auf die Ukraine wurde unter anderem mit einer größer werdenden Bedrohung für Russland durch die näher rückende NATO begründet. In beiden Fällen gab es also keinen Angriff, der eine Recht zur Selbstverteidigung ausgelöst hätte. Dennoch reklamierten die angreifenden Staaten eine Art präventiver Selbstverteidigung für sich.

### 5.1 Prävention und Präemption

Ob es ein Recht auf präventive Selbstverteidigung geben kann, ist allerdings sehr umstritten. Weder völkerrechtlich noch ethisch war es bis zum Irakkrieg üblich, ein solches Recht anzunehmen. Schon Hugo Grotius schrieb im Jahr 1625:

> Es ist [für eine Verteidigung] eine gegenwärtige Gefahr erforderlich [...]. Ich gebe zwar zu, daß, wenn der Angreifende zu den Waffen greift, und zwar in der offenbaren Absicht zu töten, daß man dann der Tat zuvorkommen darf. [...] Allein man irrt sehr, wenn man es bei jeder Gefahr gestattet, ihr durch Tötung zuvorzukommen. Cicero führt richtig aus: „Das meiste Unrecht kommt von der Furcht, indem der, welcher dem anderen schaden will, fürchtet, daß, wenn er es nicht täte, er selbst einen Nachteil erleiden würde." [...] Wenn jemand nicht mit gegenwärtiger Gewalt vorgeht, [...] so darf nicht getötet werden, sofern die Gefahr auf andere Weise vermieden werden kann oder es noch nicht feststeht, daß dies unmöglich ist. In der Regel gibt die Zwischenzeit den Hilfsmitteln und dem Zufall Raum. [...] In keinem Falle ist es aber zulässig, [...] daß nach dem Völkerrecht ein Krieg

begonnen werden dürfe, um das Anwachsen einer Macht, welche später schädlich werden könnte, zu hindern. (Grotius 1939, Buch 2, Kap. 2, §§ 5, 18)

Hier finden wir bereits die Maßgaben, die später auch Michael Walzer (2015, Kap. 5) am Anfang der zeitgenössischen Ethik des Krieges aufgriff, und zwar vor allem die zentrale Unterscheidung zwischen Prävention und Präemption.

> *Prävention* bezeichnet einen Angriff, um eine voraussichtliche zukünftige Gefahr abzuwehren.
> Unter *Präemption* verstehen wir ein Zuvorkommen eines unmittelbar bevorstehenden gegnerischen Angriffs.

Nach Grotius und Walzer sind rein präventive Kriege keine Verteidigungen, sondern Angriffskriege und als solche verboten. Walzer betont, dass solche Präventivkriege oft deshalb geführt würden, weil das internationale Machtgleichgewicht als Voraussetzung des Friedens geschützt werden solle. Es sei aber selbstwidersprüchlich, dass so häufig zum Schutze des Friedens der Krieg als Mittel diene. Wenn Krieg schon ein legitimes Mittel sein solle, die bloße Gefahr künftiger Kriege abzuwenden, dann sei dies nicht friedensstiftend.

Allerdings erkennen Walzer und Grotius durchaus an, dass man nicht erst darauf warten muss, dass der Feind tatsächlich den militärischen Erstschlag führt.

Wenn also der gegnerische Angriff hinreichend deutlich drohe, könne man selbst als Mittel der Selbstverteidigung zuerst angreifen. Eine solche Präemption sei, anders als Präventionskriege, erlaubt. Hierfür benennt Walzer (Walzer 2015, 81) drei Voraussetzungen: (1) eine manifeste Absicht des Angriffs, (2) einen Grad an aktiver Vorbereitung, der diese Absicht zu einer gegenwärtigen Gefahr macht, und (3) eine allgemeine Situation, in der ein Abwarten das Risiko deutlich erhöht.

Das scheint der Ansicht Grotius' zu entsprechen: Es bedarf für eine präemptive Verteidigung gegenwärtiger Gewalt oder einer entsprechenden Absicht, die sich in militärischen Vorbereitungen, d.h. einem „Zu-den-Waffen-Greifen", manifestiert und nicht anders abzuwenden sein wird.

## 5.2 Können Präventionskriege doch ethisch zulässig sein?

Diese Position, die hier an den Theorien von Grotius und Walzer exemplifiziert wurde, entspricht wohl der weitaus überwiegenden Mehrheit. Auch das Völkerrecht kennt keine Erlaubnis eines Präventionskrieges, auch wenn die USA im Jahr 2003 unter den Vorbedingungen des sogenannten „Kriegs gegen den Terrorismus" etwas anderes behaupteten und forderten: Man müsse die Bedingungen einer gegenwärtigen Gefahr in Anbetracht von terroristischen Angriffen modifizieren, die man nicht vorhersehen könne und die man daher nur verhindern könne, indem man den Terrorismus bekämpfe und verhindere, dass Terroristinnen Mittel wie Massenvernichtungswaffen in die Hände bekämen. Die Gefahr sei also in Anbetracht der Taktik des Terrorismus bereits hinreichend, wenn nur die feindliche

Absicht und die entsprechenden Mittel festgestellt werden könnten. Eine konkrete Vorbereitung müsse man nicht abwarten und zu erkennen hoffen.

Seither wird allerdings auch in der Ethik diskutiert, ob die allgemeine Ablehnung präventiver Verteidigung gerechtfertigt ist – und es mehren sich Stimmen, die philosophische Zweifel anmelden. Diese Zweifel wollen wir uns im Folgenden anschauen.

Einer der ersten, die im Anschluss an den Irakkrieg für eine Rechtfertigung einiger Fälle präventiver Kriege (nicht aber des Irakkriegs selbst) argumentierten, war David Luban (2004). Dieser vertritt auf regelkonsequentialistischer Basis, dass sowohl das Verbot von Angriffskriegen als auch das Verbot einer militärischen Prävention nichtgegenwärtiger Gefahren korrekt sei. Ohne ein solches Verbot würden Kriege zu schnell und zu einfach erlaubt und daher noch häufiger als Mittel der internationalen Politik genutzt. Es gebe jedoch eine wichtige Ausnahme von dieser Regel, und zwar die Legitimität von Präventivkriegen der Bedrohten gegen schwerwiegende Bedrohungen durch Schurkenstaaten. Unter Schurkenstaaten versteht er Staaten, die (1) militaristisch sind, (2) auf einer Ideologie beruhen, die Gewalt befürwortet, (3) eine einschlägige Vorgeschichte der Gewalttätigkeit besitzen und (4) ihre militärischen Gewaltpotenziale ausbauen und so zu einer tatsächlichen Bedrohung werden. Bei diesen Staaten sei die Bedrohung auch ohne gegenwärtige Gefahr hinreichend groß und das regelutilitaristische Argument, dass Krieg auf Ausnahmefälle beschränkt bleiben müsse, werde weiterhin eingehalten.

Einen anderen Gedankengang finden wir bei Autorinnen, die im Sinne eines reduktiven Individualismus untersuchen, woher das Verbot einer „Verteidigung" gegen vermutete zukünftige Angriffe auf individueller Ebene rührt. David Rodin (2004b, 41) konstatiert hierfür, dass die Bedingung der Gegenwärtigkeit eines Angriffs keine eigenständige ethische Bedeutung habe, sondern eine epistemisch notwendige Voraussetzung für die Notwendigkeit der Verteidigung sei. Notwendig ist eine Handlung nur, wenn sie das mildeste geeignete Mittel ist. Dies haben wir für den Krieg „letztes Mittel" bzw. „letzter Ausweg" genannt. Es gilt aber für jede Art der Selbstverteidigung: Man darf sich nur gewaltsam verteidigen, wenn mildere Mittel nicht funktionieren. Nach Rodin ist nun aber die Prognose, dass mildere Mittel nicht funktionieren, bei zukünftigen Angriffen, die noch nicht konkret in Gang gesetzt sind, nie hinreichend. Die Gegenwärtigkeit sei also aus instrumentellen Gründen nötig, damit wir überhaupt die Erkenntnis haben könnten, dass ein Angriff tatsächlich erfolgen wird.

Dem widersprechen Helen Frowe (2016, 79–80) und Jeff McMahan (2020). Sie gestehen zu, dass eine entsprechende Prognose eines zukünftigen Angriffs üblicherweise nicht mit hinreichender Sicherheit gemacht werden könne, um eine gewaltsame Prävention zu rechtfertigen, doch das sei nur der Regelfall, keinesfalls eine Notwendigkeit. McMahan bietet zur Veranschaulichung einen recht konstruierten, aber instruktiven Fall:

> **Lähmung:** Perran leidet an einer seltenen Krankheit, die dazu führen wird, dass sie in etwa einer Woche vorübergehend gelähmt sein wird. Ihr langjähriger Feind Quirin erfährt von ihrer misslichen Lage und erklärt ihr

## 5. Ius ad bellum 4: Darf man sich gegen bloße Bedrohungen verteidigen?

daraufhin mit einem wahnsinnigen und bösartigen Blick, dass er sie töten will, während sie unfähig ist, sich zu wehren. Kurz darauf hört sie, wie er seinen Plan einem Verbündeten anvertraut. Daraufhin durchsucht sie sein Haus und findet Tagebucheinträge, in denen er seine Pläne minutiös ausgearbeitet hat und in denen er anmerkt, dass er sich nicht davon abschrecken lässt, anschließend mit hoher Wahrscheinlichkeit gefangen genommen und bestraft zu werden. Perran geht zur Polizei, doch diese hält sie für paranoid und ignoriert ihre Bitte um Schutz. Sie hat keine anderen Möglichkeiten sich zu schützen, etwa eine Personenschützerin anzustellen.

Laut McMahan liegen hier keine hinreichenden Bedenken in Bezug auf die Prognose des Angriffs vor, als dass Perran sich nicht bereits präventiv verteidigen dürfte, indem sie Quirin schon vor ihrer Lähmung tötet. McMahan betont, dass alle Fälle der Selbstverteidigung prognostisch seien, denn, selbst wenn man bereits angegriffen wird, ist die Prognose, dass der Angriff fortdauern wird, nie vollkommen sicher. Prognostische Wahrscheinlichkeiten seien also immer unsicher, die Frage ist nur, welche Sicherheit ausreiche. Bei einem laufenden Angriff sei es offenkundig, dass die Wahrscheinlichkeit ausreiche. Aber zwischen diesem Fall zum Fall der baldigen Lähmung zu fernliegenderen Prognosen bestehe eben nur ein gradueller, kein qualitativer Unterschied. Je höher die Wahrscheinlichkeit und je höher die Gefahr, desto eher sei eine Verteidigung gerechtfertigt bzw. proportional. Hierin liege zwar ein Argument gegen die meisten Präventivverteidigungen und -kriege, aber nicht gegen alle. Für den individuellen Fall würden solche Verteidigungen natürlich durch die Möglichkeit anderer Hilfe, etwa durch die Polizei, regelmäßig ausgeschlossen, aber ethisch gerechtfertigte Fälle seien nicht vollständig ausgeschlossen.

Überdies spreche gegen Präventivkriege aber auch, dass Staaten eine solche Begründung einseitig ausnutzen und missbrauchen würden. Er verweist darauf, dass die USA zur gleichen Zeit, als sie die sogenannte Bush-Doktrin der präventiven Selbstverteidigung vertraten, diverse Staaten (etwa Iran oder Nordkorea) auf ganz ähnliche Weise bedrohten. Auch Fletcher und Ohlin (2013, 167–168) betonen, dass für alle Staaten das gleiche Recht gelten und daher Reziprozität herrschen müsse. Lubans Idee, zwischen „normalen" Staaten und „Schurkenstaaten" zu unterscheiden, lehnen sie ab. Das Recht gelte für alle gleich und das bedeute, dass man die gleichen Standards, die man anwendet, auch gegen sich gelten lassen müsse. Das sei allerdings üblicherweise nicht der Fall, weil man anderen Staaten keine Verteidigung gegen eigene Aufrüstung oder grenznahe Stationierung von Truppen zugestehe. Für McMahan, Fletcher und Ohlin liegt es insofern nahe, dass angebliche Präventivkriege in der politischen Realität nicht präventiv sind, sondern dass die Prävention als bloßer Scheingrund angegeben wird. McMahan wirft der Bush-Regierung genau dies vor – und man kann sicherlich ganz Ähnliches auch für den russischen Angriff auf die Ukraine feststellen.

McMahan kennt auch noch ein drittes Argument gegen die Rechtfertigung von Präventivkriegen: Damit ein Krieg gerechtfertigt geführt werden könne, müssten die Menschen, die man angreife, moralisch haftbar sein. Wie genau er diese Haftbarkeit begründet, ist Teil der vielleicht größten Debatte zum sogenannten *ius in bello*, also dem Recht bzw. der Gerechtigkeit im Krieg. Diese werden wir später aufgreifen (vgl. 8.3 Dürfen Kombattanten einander töten?). Hier mag es genügen zu verstehen, dass die gegnerischen Soldaten sich üblicherweise haftbar machen, d.h. angegriffen werden dürfen, weil sie selbst angreifen. Im Falle eines Präventivkrieges ist das aber nicht der Fall, denn die Soldaten könnten zum Beispiel vor dem entsprechenden Kriegsbeginn noch bemerken, was ihr Staat plant, und ihren Dienst quittieren. Sie sind moralisch also noch nicht für die Pläne ihres Staates verantwortlich und dürfen daher eigentlich nicht angegriffen werden. Man könne zwar auch in außergewöhnlichen Fällen nichthaftbare Personen angreifen, aber nicht nur handle man dann diesen gegenüber falsch, sondern es müssten auch besondere Bedingungen vorliegen. McMahan bringt auch hier einen Fall, der dies veranschaulicht:

> **Zukünftiger Mörder:** Forscherinnen haben eine seltene Kombination von Genen entdeckt, deren Besitzer eine Wahrscheinlichkeit von mehr als neunundneunzig Prozent haben, zu Serienmördern zu werden, selbst, nachdem sie den wirksamsten Formen der psychiatrischen und pharmazeutischen Therapie unterzogen wurden. Diese Genkombination wird bei einem fünfjährigen Kind identifiziert, das von seinen Eltern zur Untersuchung gebracht wurde, weil es bereits eine krankhafte Faszination für Serienmörder zeigt, Tiere quält, seine Spielkameraden tyrannisiert, eine Sammlung von Tierknochen anlegt und so weiter. Doch bisher hat er noch keine tatsächliche Straftat begangen.

McMahan argumentiert, dass man in einem solchen Fall den Schutz der Menschen über das Recht auf Freiheit des Kindes stellen dürfe. Allerdings bedürfte es dafür einer sehr hohen Wahrscheinlichkeit des Schadenseintritts und zugleich eines gewichtigen Schadens. Die Einschränkungen für das Kind müssten hingegen möglichst gering gehalten werden, da es nicht haftbar sei. Er vergleicht dies mit staatlicher Strafe, die wir auch nur für ethisch akzeptabel hielten, wenn eine vorherige Straftat vorliege. Eine bloße Präventionshaft wäre hingegen gegenüber den Opfern ungerecht, weil diese nicht haftbar seien. Sie könne nur mit anderen Gründen gerechtfertigt werden.

Für Kriege bedeutet all dies laut McMahan, dass nur drei Fälle gerechtfertigter Prävention vorstellbar seien: erstens Fälle, wenn ein Staat bereits ein Unrecht begangen habe und die Prävention künftiger Aggressionen lediglich die Verhältnismäßigkeit bestärke, zweitens Fälle geplanter Verschwörungen (wie im Lähmungsfall), wo klare geheimdienstliche Hinweise auf künftige Angriffspläne vorlägen, die nur noch jetzt abgewendet werden könnten, und drittens Fälle, in denen zumindest die Intention anzugreifen erkennbar sei. Das Problem sei aber für Kriege, dass die diskutierten individuellen Fälle bei einzelnen Individuen eine gute Prognostizierbarkeit böten, die aber in der Politik, in der viele Menschen miteinander interagieren, mehr oder weniger niemals so vorliege. Daher bleiben die Einwände am Ende relativ theoretisch, aber mit zugestandenen historischen Einzelfällen präventiver Verteidigung, die McMahan anerkennt.

## 5. Ius ad bellum 4: Darf man sich gegen bloße Bedrohungen verteidigen?

Für all diese theoretischen Rechtfertigungen von Präventivkriegen gilt allerdings, dass sie praktische Zweifel beinhalten, welches Maß an Prognosesicherheit gegeben sein muss und wie man sicherstellt, dass ein Recht zur präventiven Selbstverteidigung nicht für Angriffskriege ausgenutzt wird; ein Verdacht, den die Vergangenheit von Hitlers „Seit 5:45 Uhr wird jetzt zurückgeschossen" über den Irakkrieg von 2003 bis zum russischen Angriff auf die Ukraine nahelegt. Daher plädieren einige Theoretiker dafür, dieses Maß an Sicherheit institutionell abzusichern, ebenso wie im nationalen Recht üblicherweise die Hilfe durch die Polizei ein Recht auf Abwehr nichtgegenwärtiger Angriffe ersetzt.

Fletcher und Ohlin (2013, 161, 169) fordern beispielsweise einen „globalen Test", d.h., dass der Staat, der präemptiv einem gegnerischen Angriff, der nicht schon im Gange ist, zuvorkommen will, die Weltgemeinschaft mit öffentlich präsentierten Beweisen für die feindliche Absicht und die Notwendigkeit einer Verteidigung überzeugen muss. Man müsse also zwar nicht alle, aber doch die meisten durch tatsächlich vorgelegte Beweise von der präemptiven Verteidigungssituation überzeugen. Die USA leisteten dies im Irakkrieg nicht. Die vorgelegten „Beweise" waren Fotos von Containern und Fabriken und die Zusicherung, dass der Irak dort Massenvernichtungswaffen herstelle und lagere. Die Weltgemeinschaft konnte und kann man so nicht überzeugen – und die Behauptung stellte sich letztlich auch als falsch heraus.

Buchanan und Keohane sowie Kaufman gehen sogar noch einen Schritt weiter: Sie fordern eine internationale Aufsicht über Präventionskriege. Bei Allen Buchanan und Robert Keohane (2004) ist diese so ausgestaltet, dass Staaten, die präventive Gewalt einsetzen wollen, vor dem UN-Sicherheitsrat die notwendigen Beweise für die präventive Verteidigungssituation vorlegen und sich nach dem Krieg einer unabhängigen Kommission stellen müssen, die untersucht, ob der gerechte Kriegsgrund vorgelegen hat und ein Angriff proportional war. Allerdings müssten sich ebenso die Staaten, die einer Prävention widersprechen, vor dieser Kommission verantworten. Nur durch solch einen institutionellen Rahmen werde sichergestellt, dass kleine verletzliche Staaten trotz eines Rechts auf präventive Selbstverteidigung nicht dem inakzeptablen Risiko ungerechtfertigter Angriffe ausgesetzt würden.

Whitley Kaufman (2005) argumentiert aus einer juristischeren Perspektive dafür, dass die aktuelle internationale Rechtslage präventive Verteidigungen nur mit einem Mandat des UN-Sicherheitsrats erlaube. Solange der Sicherheitsrat sich nicht als vollständig ineffizient erwiesen habe und somit das System der friedlichen Kooperation im Rahmen der Vereinten Nationen gescheitert sei, sollten Staaten an diese Vorgabe gebunden sein – und trotz aller Mängel und Blockaden im Sicherheitsrat sei dies nicht der Fall.

Empfohlene Literatur:
Walzer, Michael (2015). Just and Unjust Wars. A Moral Argument with Historical Illustrations. 5. Aufl. New York, NY, Basic Books., Kap. 5.
McMahan, Jeff (2020). Preventive War and the Killing of the Innocent. In: Richard Sorabji/David Rodin (Hg.). The Ethics of War. London, Routledge, 169–190. https://doi.org/10.4324/9781315239880-12.

## 5.2 Können Präventionskriege doch ethisch zulässig sein?

Sehr empfehlenswert sind die Beiträge in: Shue, Henry/Rodin, David (Hg.) (2007). Preemption. Military Action and Moral Justification. Oxford, Oxford University Press. https://doi.org/10.1093/acprof:oso/9780199233137.001.0001.

> **Diskussionsfall:**
>
> Seit Mitte der Siebzigerjahre baute der Irak unter Hilfe Frankreichs einen Kernreaktor (Osirak bzw. Tammuz 1 und 2). Frankreich sicherte auch die Lieferung von hochangereichertem Uran zu. Die israelische Regierung fürchtete indes, dass der Irak Atomwaffen entwickeln wollte. Der Nutzen von Kernenergie für ein ressourcenreiches Land wie den Irak erschloss sich wirtschaftlich kaum anders. Die diplomatischen und geheimdienstlichen Versuche, den Bau zu verhindern oder zu sabotieren, konnten den Irak nicht dauerhaft aufhalten. Im Jahr 1980, während des ersten Golfkriegs zwischen dem Irak und dem Iran, versuchten iranische Kampfflugzeuge, den noch nicht laufenden Reaktor zu zerstören, scheiterten aber. Daraufhin wurde in der irakischen Presse darauf hingewiesen, dass der Reaktor nicht gegen den Iran, sondern nur gegen Israel genutzt werden solle, was die Behauptung einer zivilen Nutzung weiter infrage zog. Israel sah sich nun mit der folgenden Entscheidung konfrontiert: Lässt man den Atomreaktor Betrieb aufnehmen, sodass eine spätere Bombardierung einen atomaren Zwischenfall bedeuten und somit nahezu undenkbar würde, oder zerstört man ihn präventiv, um zu verhindern, dass der Irak, der Israel das Existenzrecht absprach, Massenvernichtungswaffen baut, die er relativ wahrscheinlich gegen Israel nutzen oder jedenfalls zur Drohung einsetzen würde. Israel entschied sich zum Angriff und zerstörte den Atomreaktor an einem Wochenende, an dem nicht an ihm gebaut wurde. Elf Personen starben, eine kriegerische Reaktion des Irak blieb aus.[6]
> War Israels präventiver Angriff auf den Reaktor gerechtfertigt?
> Weitere spannende Diskussionsfälle: der Spanische Erbfolgekrieg und der Sechstagekrieg.

> **Diskussionsfragen:**
>
> - Was ist der genaue Unterschied von Präemption und Prävention?
> - Kann es Ihrer Meinung nach gerechtfertigte präventive Verteidigung auf individueller Ebene geben?
> - Kann es gerechtfertigte Präventivkriege geben? Wo liegt ggf. der Unterschied?
> - Kennen Sie historische Fälle von präemptiven Kriegen?

---

6 Dieser Fall wird diskutiert in Fletcher und Ohlin 2013, 159 sowie McMahan 2020, 182–183.

## 6. Ius ad bellum 5: Darf und muss man anderen in Not militärisch helfen?

Wie wir gesehen haben, ist der klassische Fall eines gerechten Krieges die staatliche Selbstverteidigung. Wenn man ein solches Recht zugesteht, scheint es auch unproblematisch, dieses Recht der Selbstverteidigung auf andere Staaten, etwa Verbündete, auszudehnen. Es macht keinen Unterschied für die Rechtfertigung einer Verteidigungshandlung, ob man sich selbst oder andere verteidigt. Wenn man sieht, wie jemand auf der Straße attackiert wird, darf (und ggf. muss) man helfen. Das gilt für unsere alltäglichen, zwischenmenschlichen Verhältnisse ebenso wie für den Krieg. Verteidigungsbündnisse wie die NATO beruhen genau auf dieser Überlegung, dass man sich nicht alleine lässt, sondern einander zu helfen bereit ist, wenn ein Staat angegriffen wird.

Ethisch schwierig und umstritten wird es jedoch, wenn nicht mehr Staaten anderen angegriffenen Staaten helfen, sondern wenn Staaten in die internen Angelegenheiten eines anderen Staates eingreifen, um Menschen – häufig vor ihrem eigenen Staat – zu schützen. In diesen Fällen ist die Hilfe für andere mit einem Angriff auf einen anderen Staat verbunden. Es ist umstritten, ob und unter welchen Bedingungen eine solche humanitäre Intervention erlaubt sein kann.

### 6.1 Humanitäre Intervention und die „Responsibility to Protect"

Völkerrechtlich ist eine humanitäre Intervention mit einem Mandat des UN-Sicherheitsrats erlaubt. Allerdings kamen in den letzten Jahrzehnten, etwa rund um den Kosovo-Krieg, in den die NATO ohne UN-Mandat intervenierte, Stimmen auf, die moralisch und rechtlich eine sogenannte „responsibility to protect", eine Schutzverantwortung, annahmen. Man stehe in einer moralischen Verantwortung und könne nicht einfach wegschauen, wenn in einem anderen Staat schwerste Menschenrechtsverletzungen begangen würden. In gewissem Sinne war das eine Lehre aus dem Völkermord in Ruanda und dem Massaker von Srebrenica, bei denen die internationale Gemeinschaft bestenfalls eine passive, zum Teil in Ruanda auch eine unrühmlich unterstützende Rolle gespielt hatte. Inwiefern man eine solche Schutzverantwortung in das Völkerrecht hineininterpretieren kann, kann und soll hier nicht Thema sein. Es birgt aber selbstredend eigene ethische Probleme, das Völkerrecht aus guten ethischen Gründen zu beugen oder zu brechen. Denn wenn die eigene Überzeugung der Maßstab des Rechts wird, gilt das auch für andere – und eine Erosion der Achtung gegenüber dem Völkerrecht ist in den letzten Jahrzehnten sicherlich zu konstatieren.

Aber einfach zu- oder wegzuschauen, scheint den meisten auch keine ethisch akzeptable Option. Den Grund hierfür sehen die meisten in einer Verletzung der Menschenrechte, und zwar einer gravierenden. Nicht jede Menschenrechtsverletzung kann rechtfertigen, dass man einen Krieg beginnt, schon aus Proportionalitätsgründen. Wenn jedoch die Unrechtslage so groß ist, dass die Hilfe die entgegenstehenden Argumente überwiegt, dann kann eine humanitäre Intervention erlaubt und auch geboten sein. Wie Michael Walzer es formuliert:

> Eine humanitäre Intervention ist gerechtfertigt, wenn sie eine (einigermaßen erfolgversprechende) Reaktion auf einen Akt ist, der „das moralische Gewissen der Menschheit" schockiert. (Walzer 2015, 107; Übersetzung nach 1982, 164–165)

Es geht also, da sind sich fast alle Autoren einig, um den Schutz basaler Menschenrechte. Das bedeutet aber auch, so Jonathan Parry (2017), dass die Opfer eine Art Vetorecht haben. Wer nicht möchte, dass ihm geholfen wird, dessen Interessen kann man nicht legitimerweise zur Rechtfertigung – weder als gerechten Grund noch in einer Bestimmung der Verhältnismäßigkeit – zugunsten einer Intervention anführen. Hilfe sei also nur dort legitim, wo sie auch gewünscht (oder jedenfalls nicht abgelehnt) wird. Wenn einige Opfer schlimmster Menschenrechtsverletzungen also – beispielsweise durch öffentlichen Protest – zum Ausdruck brächten, dass sie eine Intervention von Staaten, deren Politik sie ebenfalls ablehnen, nicht wünschen, dann sei das entsprechend zu berücksichtigen.

## 6.2 Spannung mit dem Grundsatz der Souveränität

Dass Opfer keine Hilfe wollen, ist aber eher die Ausnahme. Gleichzeitig scheint es recht unstreitig, dass man Menschen helfen sollte, wenn ihre Menschenrechte verletzt werden. Warum ist es dann dennoch nicht ebenso unstreitig, dass humanitäre Interventionen gerechtfertigt sein können?

Der Hauptgrund liegt in dem Konflikt zwischen dem Schutz der Menschenrechte und dem Eingriff in die Souveränität eines anderen Staates. Wir haben gesehen, dass gerade diese Souveränität das zentrale Gut des Völkerrechts ist, welches man mit einem Verteidigungskrieg verteidigen darf (vgl. 4.1 Politische Unabhängigkeit und territoriale Integrität). Wenn aber ein Staat Menschen in einem anderen Staat schützt, oft sogar vor diesem anderen Staat, dann stellt dies einen Eingriff in die politische Unabhängigkeit und territoriale Integrität dieses Staates dar. Rechtfertigungen für solche Eingriffe sollten aber höchstens sehr seltene Ausnahmen in den internationalen Beziehungen sein.

Allerdings argumentiert mittlerweile eine relativ große Mehrheit der Autorinnen dafür, dass humanitäre Interventionen eine solche Ausnahme darstellen können, und zwar deshalb, weil ein Staat, der die Menschenrechte seiner Bürger nicht schützt oder sogar selbst in gravierendem Maß verletzt, seine Legitimität als Staat einbüßt. So schreibt Michael Walzer:

> [W]enn sich eine Regierung ihrem eigenen Volk gegenüber grausam erweist, müssen wir die Existenz einer politischen Gemeinschaft, auf die der Gedanke der Selbstbestimmung zutrifft, bezweifeln. (Walzer 2015, 101; Übersetzung nach Walzer 1982, 157)

Auch David Luban (1980) betont, dass sich der Souveränitätsbegriff im Völkerrecht zu sehr von seinen moralischen Wurzeln gelöst habe. Legitimität staatlicher Herrschaft beruhe auf dem Schutz von Menschenrechten. Dieser Schutz sei die Bedingung dafür, dass der Staat einen ethischen Wert besitze und deshalb seine

Souveränität zu schützen sei. Fernando Téson (Téson 2009) nennt dies das „liberale Argument für eine humanitäre Intervention". Der Staat beruhe – ganz im Sinne der großen liberalen Denker wie Locke, Kant und Rawls – auf einem politischen Vertrag zwischen dem Volk und dem Souverän. Dieser Vertrag lege den Zweck des Staates fest, und zwar als den Schutz der Menschenrechte. Wenn der Staat dies nicht leiste, sei er kein (legitimer) Staat und könne sich nicht auf die Souveränität berufen.

Jedenfalls in Extremfällen von Menschenrechtsverletzungen, also Völkermord und anderen systematischen Verbrechen am eigenen Volk, gibt es also gute ethische Argumente für die Erlaubnis und Pflicht zur humanitären Intervention. Allerdings, so ergänzt Jeff McMahan (2004, 707), sei hierfür eine internationale Lösung wünschenswert, d. h. eine Art internationale Armee oder Polizei, damit es nicht der politischen Wertung einzelner Staaten überlassen werde, wann eine Intervention gerechtfertigt ist. Denn die Möglichkeit einer Intervention (und somit eines Angriffs) ohne internationales Mandat öffnet auch dem Missbrauch Tür und Tor. Die Behauptung der russischen Regierung, sie interveniere gegen die Unterdrückung der russischstämmigen Bevölkerung durch eine Naziregierung in der Ukraine, ist hierfür ein aktuelles, leider jedoch nicht das einzige Beispiel.

## 6.3 Interne Legitimitätsprobleme

Es gibt allerdings noch eine andere, seltener betrachtete ethisch relevante Ebene für die Legitimität humanitärer Interventionen: Selbst wenn es ethisch gegenüber den Tätern schwerwiegender Menschenrechtsverletzungen und ihrem Staat gerechtfertigt sein mag, den Opfern zu Hilfe zu kommen, könnte es problematisch sein, Soldatinnen zur Hilfe anderer Menschen, die nicht Teil der eigenen politischen Gemeinschaft sind, dem Risiko auszusetzen, im Krieg zu sterben oder verwundet zu werden. Anders als in Fällen der individuellen Hilfe für andere ist es nämlich im Krieg so, dass eine politische Gemeinschaft einige dazu verpflichtet, für sich zu kämpfen.

Allen Buchanan (1999) verbindet dieses Problem mit dem, was er die „Diskretionäre-Zusammenschluss-Ansicht" (*discretionary association view*) nennt. Hinter diesem sperrigen Wort steckt eine relativ einfache Überlegung: Menschen schließen sich nach dem Modell politischer Vertragstheorien freiwillig zu Staaten zusammen. Sie können wählen, mit wem sie einen Staat bilden, und in diesem gelten dann besondere Verpflichtungen. Ein solcher Staat sei diesen vertragsschließenden Bürgerinnen verpflichtet, nicht aber Außenstehenden. Daher verletze er nach dieser Ansicht seine Pflicht gegenüber den Bürgern, wenn er einige von ihnen als Instrumente des Schutzes von Menschen einsetze, die selbst nicht Teil des politischen Vertrags dieses Staates seien.

Buchanan kritisiert dieses Verständnis des Staates. Es beinhalte ethisch unhaltbare Wertungen. Vielmehr seien Staaten Instrumente der Gerechtigkeit und jeder Mensch habe ein Recht darauf, unter Institutionen zu leben, die seine grundlegenden Menschenrechte sicherten. Es sei eine ethische Verpflichtung aller Menschen und der Staaten, anderen dabei zu helfen, dass das möglich ist. Insofern könnten

Staaten und ihre Bürgerinnen sehr wohl verpflichtet sein, anderen – auch mit eigenem Risiko – zu helfen.

Allerdings, ergänzt Jeff McMahan (2010c), könne es sehr wohl legitim sein, die Kosten und Risiken eines solchen Krieges anders zu verteilen als üblich (vgl. hierzu auch Christie 2018): Wenn man vor der Wahl stehe, mehr Risiko für die Kombattanten, die anderen helfen, oder für diejenigen, denen geholfen wird, einzugehen, sei es – entgegen einer verbreiteten Meinung zum Schutz von Nichtkombattanten, die wir später kennenlernen werden (vgl. 9.1 Die Immunität der Zivilisten) – gerechtfertigt, die Risiken eher denjenigen aufzubürden, die gerettet werden, als denjenigen, die zur Hilfe kommen. Man könne also beispielsweise Luftbombardements aus hoher Höhe fliegen, um die Kombattantinnen zu schützen, auch wenn die Genauigkeit des Angriffs dann abnehme und dadurch potenziell Nichtkombattantinnen getötet werden könnten. Bei der humanitären Intervention im Kosovo im Jahr 1999 war dies die Strategie der NATO. Es wurde in der Folge kein NATO-Soldat getötet, aber inwiefern man das Leben der eigenen Soldatinnen so deutlich dem Leben der Menschen, die man retten will, vorziehen darf, war damals politisch sehr umstritten.

## 6.4 Hilfe jenseits unmittelbarer militärischer Hilfe, insbesondere Waffenlieferungen

Seit dem russischen Angriffskrieg in der Ukraine wird politisch auch über eine andere Form der Hilfe gesprochen, nämlich über Waffenlieferungen. Die darüberstehende ethische Frage ist die, nach dem Recht und der Pflicht zur Hilfe mit milderen Mitteln als einem eigenen militärischen Eingreifen. Auch das Ausbilden von Truppen, etwa in Syrien, oder das Einrichten von Flugverbotszonen oder auch Wirtschaftssanktionen fallen in diese Kategorie. Nicht alle diese Fälle sind aber Teil einer Ethik des Krieges.

Waffenlieferungen und die Ausbildung an Waffen sind allerdings so unmittelbare Beiträge zum Krieg, ohne selbst Kriegspartei zu werden, dass diese eigene ethische Fragen aufwerfen. Soweit ersichtlich, gibt es hierzu bisher keine nennenswerten Publikationen. Doch in Anbetracht der politischen Diskussionen um die Waffenlieferungen an die Ukraine kann man vermuten, dass sich das in naher Zukunft ändern wird.

Man kann wohl zunächst einmal sagen, dass in einem Fall, in dem man ein Recht hätte, militärisch zu intervenieren, auch das geringere Recht, Waffen zu liefern, ethisch unproblematisch ist. Wenn aus Gründen der Proportionalität ein eigener Beitritt in den Krieg problematisch erscheint, kann dieses Minus an Hilfe sogar das ethisch geforderte Maß an Hilfe darstellen.

Die politische Diskussion, ab wann man selbst zur Kriegspartei wird oder gemacht werden kann, indem man Waffen liefert, lässt sich ethisch am besten durch die Frage erfassen, ob man durch Waffenlieferungen einen gerechten Kriegsgrund bieten kann. Im Fall der Ukraine ist das *ethisch* ausgeschlossen, weil die gerechte Unterstützung eines gerechten Verteidigungskrieges dem Aggressor keinesfalls

## 6.4 Hilfe jenseits unmittelbarer militärischer Hilfe, insbesondere Waffenlieferungen

wiederum ein Verteidigungsrecht zukommen lassen kann – was natürlich nicht bedeutet, dass Russland Waffenlieferungen nicht *juristisch* als Vorwand einer angeblichen Verteidigung nutzen kann. Ethisch interessanter scheint die Frage, ob die Lieferung von Waffen an eine *ungerechte* Kriegspartei einen gerechten Kriegsgrund darstellen kann. Parallele Überlegungen dürften auch für die militärische Ausbildung gelten.

Empfohlene Literatur:

Buchanan, Allen (1999). The Internal Legitimacy of Humanitarian Intervention. Journal of Political Philosophy 7 (1), 71–87. https://doi.org/10.1111/1467-9760.00066.
Holzgrefe, J. L./Keohane, Robert O. (Hg.) (2009). Humanitarian Intervention. Cambridge, UK, Cambridge University Press. https://doi.org/10.1017/cbo9780511494000.
Luban, David (1980). Just War and Human Rights. Philosophy & Public Affairs 9 (2), 160–181.
McMahan, Jeff (2010c). The Just Distribution of Harm Between Combatants and Noncombatants. Philosophy & Public Affairs 38 (4), 342–379. https://doi.org/10.1111/j.1088-4963.2010.01196.x.

### Diskussionsfall:

Im Jahr 1994 wurden in Ruanda in nur 100 Tagen etwa eine halbe bis eine Million Tutsi von Angehörigen der Hutu-Mehrheit ermordet und brutal massakriert. Parallel wurden die in Ruanda stationierten Blauhelmtruppen weitgehend abgezogen und blieben tatenlos. Internationale Hilfe blieb aus. Stattdessen vermieden die politischen Führer wie der US-Präsident und der UN-Generalsekretär, von einem Völkermord zu sprechen, Frankreich stand sogar deutlich zu lange noch auf der Seite der Völkermörder. Etwa ein halbes Jahr zuvor waren 18 US-Soldaten in einer Friedensmission der Vereinten Nationen in Somalia getötet und ihre Leichen öffentlich geschändet worden. Die Kritik in den USA an solchen Friedenseinsätzen in Afrika war daher zu dieser groß. Man wollte keine amerikanischen Soldaten für fremde Belange opfern.
Nehmen Sie an, Sie wären damals deutsche Bundeskanzlerin oder Verteidigungsminister gewesen. Ein gemeinsames internationales Vorgehen bzw. ein UN-Mandat für eine Intervention hielten Sie für ausgeschlossen. Hätten Sie die Bundeswehr zur Rettung der Tutsi geschickt, auch in dem Wissen, dass dort sicherlich deutsche Soldatinnen gestorben wären?

### Diskussionsfragen:

- Verliert ein Staat, der die Menschenrechte seiner Bürgerinnen nicht schützt oder gar selbst gravierend und systematisch verletzt, sein Recht auf Souveränität?
- Darf man seine eigenen Soldaten dazu verpflichten, ihr Leben für andere Menschen in anderen Staaten zu riskieren?
- Wenn humanitäre Interventionen gerechtfertigt sein können, darf man dann auch gezielt Attentate auf die für die Menschenrechtsverletzungen verantwortlichen Politiker ausführen und diese töten? Vgl. zu diesem Thema die hier nicht näher ausgeführte Diskussion in Altman und Wellman 2008.

## 7. Ius ad bellum 6: Darf man militärischen Widerstand gegen den eigenen Staat leisten?

*Krieg*, so haben wir im ersten Kapitel konstatiert, umfasst begrifflich Staaten- und Bürgerkriege. Die bisher dargestellte Theorie zu einem Recht zum Krieg setzt allerdings nahezu ausnahmslos einen Staatenkrieg als Grundfall voraus. Der Fall des Bürgerkrieges bzw. eines Rechts zum Bürgerkrieg wird nur sehr selten diskutiert, dabei spielen Revolutionen und Bürgerkriege in der Realität eine mindestens ebenso große, eher größere Rolle wie Staatenkriege. Die Frage sollte also im Rahmen der Ethik des Krieges von großer Bedeutung sein und daher deutlich mehr diskutiert werden. Mittlerweile gibt es lobenswerterweise einige Werke, die sich explizit mit dieser Frage auseinandersetzen. Wir wollen uns die wichtigsten Abweichungen von der allgemeinen Theorie zum Recht zum Krieg anschauen, wobei im Blick behalten werden muss, dass grundsätzlich alles zum Recht zum Staatenkrieg Gesagte auch für Bürgerkriege gilt – es gibt allerdings einige Sonderprobleme, die besonderer Aufmerksamkeit bedürfen.

### 7.1 Gewaltsamer Widerstand

Bevor wir uns den spezifisch kriegsethischen Problemen zuwenden, müssen wir eine in der politischen Philosophie viel diskutierte Vorfrage klären, nämlich die Frage, ob es überhaupt ein Widerstandsrecht gegen Staaten geben kann und gibt. Einige der bedeutsamsten Autoren in der politischen Philosophie, etwa Thomas Hobbes und Immanuel Kant, haben ein solches Recht kategorisch oder jedenfalls sehr weitgehend abgelehnt. Wenn sie Recht hätten und man keinen Widerstand gegen Staaten leisten darf, dann würde sich die Frage nach einem Recht zum Bürgerkrieg erübrigen. Ein solches Recht könnte es dann nicht geben, jedenfalls dort nicht, wo es einen funktionierenden Staat gibt. Wir wollen uns ihre Argumente und das Gegenmodell, das man vor allem mit dem Namen John Locke verbindet, daher kurz vergegenwärtigen.

Für Hobbes (1985) wäre menschliches Leben ohne Staaten unermesslich gewalt- und furchtsam, ein Zustand der ständigen gegenseitigen Bedrohung, in dem sich keinerlei Kultur entwickeln kann und in der die Menschen sich ihres wichtigsten Belangs, nämlich der Selbsterhaltung, niemals sicher sein können. Das menschliche Leben in diesem „Naturzustand" ist von solchem Übel, dass sie sich unter einen gemeinsamen Staat begeben sollten, der keinen ethischen Bindungen unterliegt. Besser ein ungerechter Staat als der Naturzustand, besser Unterdrückung als Bürgerkrieg. So kann man die Idee (für unsere Zwecke ein wenig verkürzt) zusammenfassen. Im Idealfall sind Staaten natürlich auch für Hobbes nicht unterdrückerisch, allerdings sollte man sich gegen sie auch dann nicht wehren, erst recht nicht gewaltsam, wenn sie es doch sind.

Kant (1900 ff. b) stimmt dieser Wertung, mit anderen Argumenten, weitgehend zu. Staaten sind für Kant eine Art Verwirklichungsbedingung des moralischen Miteinanders. Ohne gemeinsames Recht seien alle vorstaatlichen Rechte bzw. Ansprüche zwischen den Menschen nicht durchsetzbar, was sie als Rechte in gewissem Sinne entwerte. Daher besäßen die Menschen eine Pflicht, miteinander in institutionell abgesicherte Rechtsverhältnisse zu treten. Ohne dieses gemeinsame Recht wäre das menschliche moralische Leben also so unvollständig, dass man auch schlechtes gemeinsames Recht nicht umstürzen sollte. Unklar ist insofern nur, inwiefern das auch gilt, wenn die Herrschaft nicht in Gesetzesform ausgeübt wird. Handelt es sich dann überhaupt um einen Staat und um Widerstand oder ist man ohnehin im Naturzustand (vgl. für ein entsprechendes Widerstandsrecht Pfordten 2009, dagegen Hirsch 2017)? Das ist jedoch fast nur theoretisch relevant. Für die allermeisten Fälle, nämlich alle, in denen es gemeinsames gesetzliches Recht gibt, egal wie ungerecht, gilt für Kant jedenfalls, dass es kein Recht zum gewaltsamen Widerstand geben kann und sollte.

Mit Hobbes und Kant hat diese Ablehnung eines Widerstandsrechts zwei prominente Befürworter. Allerdings gibt es im Laufe der Geschichte der politischen Philosophie auch eine nicht weniger bedeutsame Gegenposition. Schon Thomas von Aquin schrieb dementsprechend:

> Der erlaubte Kampf geschieht zum gemeinsamen Nutzen. Der Aufruhr aber geschieht gegen das Gemeinwohl der Menge. Deshalb ist er immer Todsünde. [...] Tyrannei ist nicht gerecht, weil sie nicht auf das Gemeinwohl ausgerichtet ist, sondern auf das Einzelwohl des Herrschers (Aristoteles). Deshalb hat die Erschütterung dieser Herrschaft nicht die Bewandtnis des Aufruhrs, es sei denn, daß die Tyrannei so ungeordnet angegriffen wird, daß die unterworfene Menge größeren Schaden aus der folgenden Erschütterung erfährt als aus der Tyrannei. Der eigentliche Aufrührer aber ist der Tyrann[.] (Aquin 1933 ff., II–II, Frage 42, Art. 2)

Gegen einen Tyrannen ist der Widerstand für Thomas also erlaubt, weil er kein Aufruhr ist, sondern der Schutz des Gemeinwohls gegen einen Herrscher, der eigentlich einen Krieg bzw. Aufruhr gegen sein Volk führt. Der Widerstand muss allerdings nach Grundsätzen der Verhältnismäßigkeit erfolgen.

John Locke (2003a) basiert seine politische Philosophie, wie Hobbes und Kant, auf einen Vertrag, den die Menschen in einem vorstaatlichen Naturzustand schließen. Anders als bei Hobbes nimmt Locke jedoch an, dass die Menschen als moralische Wesen durchaus auch ohne Staat in der Lage sind, allgemeine ethische Ansprüche gegeneinander zu erkennen, nämlich den Schutz von Leib, Leben, Freiheit und Eigentum. Der Staat solle genau dem Schutz dieser vorstaatlichen Menschenrechte dienen – und, wenn er das nicht leiste, breche er den Vertrag und hebe somit die Bindung ihm gegenüber auf. Ganz ähnlich wie bei Thomas gilt hier also, dass nicht die aufständischen Bürgerinnen, sondern die ungerecht Herrschenden die gemeinsame Ordnung angreifen. Widerstand gegen sie ist daher kein Bruch des Gesellschaftsvertrags, sondern dieser Vertrag ist bereits durch die Herrschenden gebrochen.

Für beide Autoren gilt: Der Tyrann zerstört den Staat, nicht die sich ihm widersetzenden Bürger. Das Widerstandsrecht ist dann vielmehr ein Recht zur Wiederherstellung eines legitimen staatlichen Zustands. Wenn wir ein Recht zum Bürgerkrieg diskutieren, ist stets eine solche Auffassung vorausgesetzt.

### Thomas Hobbes und John Locke

Thomas Hobbes (1588–1679 u.Z.) galt schon früh als Wunderkind (zu Leben und Werk vgl. Höffe 2010). Mit 18 schloss er sein Studium in Oxford ab und wurde Hauslehrer für die adlige Familie Cavendish. Mit seinen Zöglingen bereiste er während der aufkommenden Aufklärung den europäischen Kontinent, auf dem der Dreißigjährige Krieg (allerdings weit von seinen Reisen entfernt) tobte, und lernte dort – neben seiner bereits in England geschlossenen Bekanntschaft mit Francis Bacon – unter anderem Galileo Galilei und René Descartes kennen. Besonders beeindruckt war er von den wiederentdeckten *Elementen* des Euklid, dem altgriechischen Meisterwerk zur Geometrie. Die wissenschaftliche Genauigkeit, nur wenige Prämissen vorauszusetzen und dann ein ganzes System logischer Schlüsse ableiten zu können, wollte er auch in die Philosophie bringen. *More geometrico*, nach der Art der Geometrie, wollte er seine Philosophie gestalten, ganz anders als die von ihm abgelehnte mittelalterliche und frühneuzeitliche Scholastik, in der Autoritätsargumente und christlicher Glaube (neben vielen guten Argumenten) eine bedeutende Rolle spielten.
Kurz bevor der Englische Bürgerkrieg (1642–1629) losbrach, musste Hobbes aufgrund seiner Fürsprache für den König, Karl bzw. Charles I., nach Frankreich fliehen. Der König wurde schließlich hingerichtet und das Lordprotektorat des Oliver Cromwell errichtet. Hobbes schrieb in dieser Zeit sein Hauptwerk zur politischen Philosophie, *Leviathan*, in dem er Widerstand gegen die Herrschaft verurteilte – gegen den hingerichteten König, aber auch gegen die neu errichtete bzw. sich zunehmend ausbildende „Cromwell-Diktatur". Er kehrte daraufhin nach England zurück. Doch sein Werk wurde als häretisch und atheistisch wahrgenommen, sein materialistisches Menschenbild, in dem weder von der Gottesebenbildlichkeit des Menschen noch von dem Bild des Menschen als zur Moral fähigem Vernunftwesen viel übrigbleibt, und die darauf aufbauende zynisch wirkende Theorie eines natürlichen Kriegszustands zwischen den Menschen waren weithin verpönt.
In vielerlei Hinsicht baute John Locke auf Hobbes' Werk auf. Er änderte es jedoch an entscheidenden Stellen so grundlegend, dass die beiden Theorien schlussendlich wenig miteinander verbindet. Die Gewalterfahrungen des Dreißigjährigen Krieges und des Englischen Bürgerkriegs, die Hobbes' Leben prägten, erlebte Locke (1632–1704 u.Z.) nur als Kind und Jugendlicher (vgl. zu Leben und Werk Woolhouse 2007; Euchner 2011). Er war Schüler in London, als der König dort hingerichtet wurde. Später studierte er in Oxford und durchlief dort eine sehr typische akademische Karriere, bis sein Talent als Mediziner Sir Anthony Ashley Cooper auffiel. Dieser stellte Locke privat an und förderte ihn auch politisch. Cooper war maßgeblich an der Restauration der Stuart-Monarchie beteiligt und wurde so zum Earl of Shaftesbury und zum Lordkanzler. Auch Locke nahm im Zuge dessen ein (eher unbedeutsames) Amt in der Regierung ein. Doch Shaftesbury kam später in Haft und Locke bereiste daraufhin Frankreich und verfasste seine *Two Treatises of Government* (*Zwei Abhandlungen über die Regierung*). Shaftesbury plante nach seiner Freilassung einen Staatsstreich, den sogenannten *Rye House Plot*. Dieser scheiterte und er musste ins Exil gehen. Auch Locke ging nach Holland, bis in den Jahren 1688/89 die

> *Glorious Revolution* den Absolutismus abschaffte und den konstitutionell-monarchischen Parlamentarismus des Vereinigten Königreichs etablierte.
> Lockes Werk, obgleich weniger radikal als Hobbes' Schriften, war in dieser Zeit keinesfalls unumstritten. Doch sowohl seine empiristische Erkenntnistheorie als auch seine liberale Staatsphilosophie entwickelten sich in der Folge zu den Gründungs- und Grundlagentexten dieser Denkschulen. In der politischen Philosophie stützte sich Locke auf ein Bild des Menschen als moralfähigem Wesen, das grundsätzlich in Frieden miteinander leben könnte, das aber zur Absicherung dieses Friedens und der Menschenrechte des Staates bedarf. Er wurde so zu einem der „Väter" der Menschenrechte und des liberalen Staatsdenkens.

## 7.2 Revolution und Bürgerkrieg

Wenn es ein Recht zum gewaltsamen Widerstand geben kann, ist hierin noch nicht notwendigerweise ein Recht impliziert, einen Bürgerkrieg zu beginnen. Gewaltsamer Widerstand kann schließlich viele Formen annehmen, die weniger gravierend als ein Krieg sind. Das Ausmaß des Widerstandsrechts ist allerdings deutlich weniger Thema philosophischer Überlegungen, die naturgemäß auf das Grundsätzliche zielen. Im Rahmen der Ethik des Krieges muss diese Frage jedoch beantwortet werden.

Es liegt dabei relativ nahe und ist überzeugend, die kennengelernten Vorgaben für ein Recht zum Krieg auf den Bürgerkrieg zu übertragen. Allerdings erfordert die Besonderheit von Bürgerkriegen bei einzelnen Punkten spezifische Überlegungen und Anpassungen, und zwar insbesondere bei den Kriterien des gerechten Grundes, der Proportionalität, des letzten Mittels und vor allem der legitimen Autorität. Die anderen Kriterien gelten deshalb aber keinesfalls weniger, sie weisen nur für Bürgerkriege keine oder weniger Besonderheiten auf.

Beginnen wir mit dem gerechten Kriegsgrund. Diesen sehen fast alle Theorien, die sich mit der spezifischen Frage beschäftigen, in einer (gravierenden) Verletzung von Menschenrechten (vgl. etwa Buchanan 2013, 296; Finlay 2015, 30). Dort, wo ein Staat die Menschenrechte seiner Bürgerinnen bzw. eines signifikanten Anteils seiner Bürgerinnen verletzt, kann ein gerechter Grund zum gewaltsamen Widerstand, auch zum Bürgerkrieg, vorliegen. Insoweit steht die Theorie bis heute im Erbe Lockes. Als weiterer gerechter Kriegsgrund wird das Recht auf kollektive Selbstbestimmung diskutiert. Schließlich begründen sich viele Revolutionen nicht unmittelbar über individuelle Menschenrechte, sondern darüber, dass das Volk (oder eine territorial abgrenzbare Teilgruppe, die potenziell ein eigenes Volk bildet) politische Selbstbestimmung einfordert. Der bekannte Ausspruch der Amerikanischen Revolution „No taxation without representation" („Keine Besteuerung ohne Repräsentation") spricht genau diesen Gedanken aus: Nicht die Unterdrückung und Verletzung von Menschenrechten, sondern die fehlende politische Repräsentation waren hier die Triebkräfte. Politische Selbstbestimmung statt Fremdbestimmung.

Politische Selbstbestimmung ist ein Menschenrecht. Insofern schließen sich diese beiden Gründe nicht aus. Es ist aber eine Verschiebung des Fokus, ob man bei einem kollektiven Recht auf Selbstbestimmung oder bei den entsprechenden individuellen Rechten ansetzt, die selbstverständlich auch gemeinschaftlich ausgeübt werden können. Christopher Finlay (2015, 36–42) und Michael Gross (2015, 33) betonen allerdings, dass das Recht auf Selbstbestimmung alleine keinen hinreichenden Grund biete, einen Krieg zu führen. Für Gross können nur Aggression/Angriffe, Kolonisierung und Besatzung, die ein Volk „unter der Schwelle eines würdevollen Lebens" halten, einen Bürgerkrieg rechtfertigen.

Finlays Argumente führen uns bereits zum zweiten Kriterium eines Rechts zum Krieg, nämlich der Verhältnismäßigkeit. Er schreibt:

> Selbstbestimmung kann allerdings keine unabhängigen Gründe für den Einsatz von Gewalt bieten, weil die Güter, auf die sie zielt, meiner Meinung nach nicht gewichtig genug sind, um den Wert der Leben aufzuwiegen, die bei der Verfolgung dieses Ziels genommen würden. [...] Tödliche Gewalt ist nur im Angesicht schwerer Verletzungen individueller Menschenrechte gerechtfertigt (Finlay 2015, 40)

Für Finlay ist es also schlichtweg undenkbar, dass die bloße Verletzung des Menschenrechts auf politische Selbstbestimmung einen Krieg und somit massenhaftes menschliches Sterben und Leid als verhältnismäßige Antwort rechtfertigen kann. Wenn demnach nur die politische Selbstbestimmung eines ansonsten relativ freien und gut behandelten Volkes in der Waagschale läge, könnte sie dies nicht aufwiegen. Hier müssten andere politische Maßnahmen gewählt werden.

Anders sehe dies aber aus, wenn mit der Einschränkung der politischen Selbstbestimmung weitere Formen der Unterdrückung und Verletzung individueller Menschenrechte einhergingen. Diese müssten indes entsprechend gravierend sein. Immerhin liegen – das muss man sich vergegenwärtigen – auch auf der anderen Waagschale bedeutende Güter, nämlich nicht nur Menschenleben und andere unmittelbar im Krieg verletzte Rechte, sondern auch die Stabilität des Staates. Vor allem dann, wenn keine bereits etablierten Alternativinstitutionen bestehen, birgt ein Bürgerkrieg viele Folgeprobleme, die in einer realistischen Abwägung der Folgen berücksichtigt sein sollten.

Gleichzeitig betont Finlay (2015, 63–76), dass weniger bedeutsame Menschenrechte als das Recht auf Leben usw. häufig auf eine spezifische Weise eingeschränkt werden, nämlich durch Drohung in Bezug auf diese sehr fundamentalen Menschenrechte: Wenn man also nicht hinnimmt, dass die eigenen Rechte eingeschränkt sind, sondern dagegen (im verhältnismäßigen Maß) protestiert, entsteht die Eskalation, weil das ungerechte Regime hierauf mit Gewaltmaßnahmen antwortet. Dann könne man auch argumentieren, dass diese Eskalation in der Verantwortung des bekämpften Regimes und nicht der Revolutionäre liege und nicht (voll) einkalkuliert werden müsse. Dementsprechend könnten solche weniger fundamentalen Menschenrechte mittelbar doch einen gerechten Kriegsgrund und ein hinreichend gewichtiges Abwägungsgut bieten.

Krieg muss zudem, wie wir bereits gesehen haben, immer das mildeste zur Verfügung stehende Mittel, d.h. üblicherweise der letzte Ausweg, sein. Das ist ein Grund dafür, dass Bürgerkrieg in demokratischen Rechtsstaaten eigentlich nie gerechtfertigt sein kann. Hier gibt es andere, rechtliche und politische, Wege, auch wenn diese nicht immer einfach sein mögen. Das Kriterium birgt aber, wie wir bereits besprochen haben, eigene Probleme. Im Falle von gewaltsamem Widerstand wird das besonders deutlich. Schauen wir uns hierzu einen Fall an:

> **Der verzweifelte Vater:** Das Land, in dem Richard mit seinen drei Kindern lebt, wird von einem relativ brutalen, totalitären Regime regiert, das jeden Widerstand blutig niederschlägt. Richards Kinder werden, weil sie einer ethnischen Minderheit angehören, regelmäßig auf das Schlimmste misshandelt. Er hat keine Mittel mit seinen Kindern zu fliehen und kann sie auch ansonsten nicht schützen. Gemeinsam mit Freunden überlegt er, ob man sich gewaltsam wehren könnte. Auf konventionelle Art sehen sie allerdings keine Erfolgschancen. Sie könnten jedoch terroristische Mittel einsetzen, z.B. Zivilisten der ethnischen Mehrheit töten, um so auf das Problem aufmerksam zu machen – und um wenigstens nicht gänzlich macht- und tatenlos zuzusehen, wie ihre Kinder misshandelt werden. Das hätte Aussicht auf Erfolg.

Der zweite Weg ist offenkundig ethisch nicht zu rechtfertigen. Das werden wir noch genauer sehen (vgl. 11.2 Die ethische Bewertung von Terrorismus). Allerdings ist er der einzige Weg, der Erfolg verspricht. Das Kriterium der fehlenden Aussicht auf Erfolg kann Menschen also in der Situation halten, dass sie sich trotz schlimmster Rechtsverletzungen nicht wehren dürfen. Dieses Problem ist uns bereits begegnet (vgl. 3.3 Hinreichende Chance auf Erfolg). Es ist in Kontexten von Revolutionen noch bedeutsamer, und Terrorismus ist leider eine zu oft gewählte Antwort auf Situationen der empfundenen Machtlosigkeit und Entwürdigung.

Allen Buchanan (2013, 297) argumentiert dementsprechend, dass man insbesondere dann, wenn freiwillig Kämpfende den Großteil der Last tragen, wenn also weder Menschen zwangsrekrutiert noch in großem Maße Nichtkombattantinnen gefährdet werden, auch gegen die Wahrscheinlichkeit eines Erfolgs gewaltsam Widerstand leisten darf. Einen hoffnungslosen Fall auf Kosten anderer zu verfolgen, ist für Buchanan demnach problematischer, als wenn man selbst (und die Täter der Menschenrechtsverletzungen, gegen die man sich wehrt) die Kosten trägt.

Schließlich stellt insbesondere das Kriterium der legitimen Autorität eine Schwierigkeit für die Rechtfertigung von Bürgerkriegen dar. Klassischerweise bedeutet legitime Autorität, dass nur die politisch und rechtlich zuständige Stelle, also üblicherweise die Regierung, Kriege beginnen darf. Militärs oder untergeordnete Verwaltungseinheiten, aber auch Bundesländer oder dergleichen dürfen dies also nicht. Wenn aber nur die Regierung Kriege legitim beginnen kann, sind Bürgerkriege gegen diese Regierung ausgeschlossen. Insofern ist das Kriterium der legitimen Autorität für Bürgerkriege anders zu verstehen als für Staatenkriege.

Wie bereits festgehalten, beruht die legitime Autorität von Aufständischen darauf, dass sie für die Gruppe, die sie zu repräsentieren und zu verteidigen behaupten, auch tatsächlich politisch repräsentativ sind (vgl. 3.6 Legitime Autorität). Sie müssen also beispielsweise eine politische Community, etwa ein unterdrücktes

Volk, repräsentieren (vgl. Finlay 2015, Kap. 6; Benbaji 2018, 294–295). In der Praxis ist solch eine Repräsentation natürlich schneller behauptet als eingehalten. Ohne institutionelle Überprüfbarkeit wie bei Regierungen wird das Kriterium dementsprechend interpretations- und missbrauchsanfälliger. Gleichzeitig scheint die Feststellung, dass man Bürgerkriege nur dann führen darf, wenn man selbst eine bessere Repräsentation der Verteidigten bietet, ethisch dennoch naheliegend.

Man könnte noch deutlich mehr zur Ethik von Bürgerkriegen sagen, aber mit diesen Zusatzbemerkungen zu den allgemeinen Kriterien des Rechts zum Krieg ist hoffentlich genug Handwerkszeug geboten, um sich die tiefergehenden Fragen und Antworten selbst zu erarbeiten. Die empfohlene Literatur zum Thema bietet viele Anhaltspunkte.

Empfohlene Literatur:

Buchanan, Allen (2013). The Ethics of Revolution and Its Implications for the Ethics of Intervention. Philosophy & Public Affairs 41 (4), 291–323. https://doi.org/10.1111/papa.12021.

Finlay, Christopher J. (2015). Terrorism and the Right to Resist. A Theory of Just Revolutionary War. Cambridge, UK: Cambridge University Press. https://doi.org/10.1017/cbo9781139644341.

Gross, Michael L. (2015). The Ethics of Insurgency. A Critical Guide to Just Guerrilla Warfare. New York, NY, Cambridge University Press. https://doi.org/10.1017/cbo9781139094047.

**Diskussionsfragen:**

- Nehmen Sie einmal an, dass, als sich der Widerstand gegen den Völkermord in Ruanda formierte, bereits absehbar gewesen wäre, dass in der Folge die Kongokriege, vor allem der Zweite Kongokrieg, der auch als „Afrikanischer Weltkrieg" bezeichnet wird und der von 1998 bis 2003 vermutlich mehr als drei Millionen Menschen das Leben kostete, ausbrechen würden. Natürlich ist die Kausalkette sehr viel komplizierter und der Krieg wurde keinesfalls durch den Widerstand ausgelöst, aber wenn wir unterstellen, dass man das Chaos und die Opfer der folgenden Jahre hätte absehen können: Hätte das etwas daran geändert, dass sich die Tutsi gegen den Völkermord auch in Form eines Bürgerkriegs wehren durften? Wenn nicht, warum nicht?
- Darf man sich auch dann gewaltsam gegen seinen Staat zur Wehr setzen, wenn man keine Chance auf Erfolg sieht? Welche Mittel darf man hierzu einsetzen, wenn man mit konventionellen militärischen Mitteln nicht gewinnen kann?
- Wer kann legitimerweise für sich beanspruchen, die Rechte von Unterdrückten kriegerisch zu verteidigen? Welche Ansprüche an die Repräsentation sollte man stellen?
- Warum sollte man überhaupt eine solche Repräsentation verlangen, wenn man beispielsweise in humanitären Interventionen auch Menschen, die man nicht repräsentiert, helfen darf? Was unterscheidet diese Fälle?

## 8. Ius in bello 1: Wie muss man sich im Krieg verhalten?

Wenn ein Krieg einmal ausgebrochen ist, kommt eine weitere ethische Fragestellung hinzu. Es geht nun nicht mehr nur darum, *ob* man Krieg führen darf, sondern auch um das *Wie* der Kriegsführung. Wen darf man töten? Wen nicht? Welche Taktiken und Waffen darf man einsetzen und welche sind verboten? Und wie muss man mit Kriegsgefangenen umgehen? Diese Fragen behandeln wir üblicherweise unter der Überschrift „ius in bello" („Recht oder Gerechtigkeit im Krieg"). Was sind also die ethischen Vorgaben im Krieg?

### 8.1 Das Diskriminierungsgebot

Die oberste dieser Vorgaben, die nahezu alle anderen begründet, ist das sogenannte *Diskriminierungsgebot*. Diskriminierung bezeichnet hierbei nicht – wie im Deutschen üblich – eine *moralisch problematische* Ungleichbehandlung, sondern – wie das englische „to discriminate" – schlichtweg eine Ungleichbehandlung. Die Ungleichbehandlung, die im Krieg gefordert ist, beruht auf der Unterscheidung zwischen Soldatinnen und Zivilistinnen bzw., wie man fachsprachlich genauer sagt, zwischen Kombattantinnen und Nichtkombattantinnen. Vereinfacht gesagt gilt: Kombattanten darf man vielleicht angreifen, Zivilisten aber üblicherweise nicht.

> Das *Diskriminierungsgebot* verlangt, dass im Krieg zwischen Kombattanten und Nichtkombattanten unterschieden wird.

Die Grundunterscheidung zwischen Kombattanten und Nichtkombattanten statt Soldaten und Zivilisten rührt daher, dass es sowohl Soldaten geben kann, die nicht Kombattanten sind, als auch Zivilisten, die dennoch als Kombattanten gelten. Für Soldaten ist dies offenkundig. Auch das Völkerrecht macht daher diese Unterscheidung. Im zentralen Artikel 43 Absatz 2 des Ersten Zusatzprotokolls der Genfer Konventionen heißt es:

> Die Angehörigen der Streitkräfte einer am Konflikt beteiligten Partei (mit Ausnahme des in Artikel 33 des III. Abkommens bezeichneten Sanitäts- und Seelsorgepersonals) sind Kombattanten, das heißt, sie sind berechtigt, unmittelbar an Feindseligkeiten teilzunehmen.

Hier wird also zum Ausdruck gebracht, dass vor allem Angehörige von zwei Personengruppen zwar Soldatinnen, nicht aber Kombattantinnen sind, und zwar medizinisches und seelsorgerisches Personal. Sie kämpfen nicht selbst, haben dazu auch kein Recht, sondern sind nur für die psychische und physische Sorge für die anderen Soldatinnen zuständig. Schon deshalb deckt sich die Unterscheidung von Zivilist und Soldat nicht mit der ethisch und rechtlich relevanten Unterscheidung derjenigen, die am Krieg weitgehend unbeteiligt sind, und derjenigen, die im Krieg im weiteren Sinne mitkämpfen.

## 8. Ius in bello 1: Wie muss man sich im Krieg verhalten?

Es gibt aber auch Zivilisten, die durchaus als Kombattanten infrage kommen. Rechtlich anerkannt ist der Fall einer sogenannten *Levée en masse*, einer Massenaushebung, zu der es in Artikel 2 der Haager Landkriegsordnung heißt:

> Die Bevölkerung eines nicht besetzten Gebiets, die beim Herannahen des Feindes aus eigenem Antriebe zu den Waffen greift, um die eindringenden Truppen zu bekämpfen, ohne Zeit gehabt zu haben, sich nach Artikel 1 zu organisieren, wird als Kriegspartei betrachtet, sofern sie die Gesetze und Gebräuche des Krieges beachtet.

Bei einem spontanen Widerstand gegen Angreifer können also auch Zivilistinnen zu Kombattantinnen werden. Sie erhalten dann ebenfalls das Recht, an den Feindseligkeiten teilzunehmen, d.h. den Schutz des internationalen Rechts.

Darüber hinaus werden aber auch andere Personengruppen diskutiert. So erwähnt etwa Michael Walzer (2015, 145–146) den Fall von Fabrikarbeitern in einer Munitions- oder Waffenfabrik, die nur der Kriegswirtschaft dient. Diese seien im relevanten Sinne ebenfalls Kombattantinnen. Das ist jedoch höchst umstritten – und im Widerspruch zum humanitären Völkerrecht. Cécile Fabre kritisierte Walzer beispielsweise, indem sie aufzeigte, dass seine Unterscheidung von Kriegsarbeitern und „normalen Arbeitern" nicht aufrechtzuhalten sei. Für Walzer macht es einen Unterschied, ob man Munition und Waffen herstellt oder nur Nahrung für die Armee. In letzterem Fall sei die Handlung friedlich. Menschen müssten auch im Frieden versorgt werden. Im ersteren Fall hingegen sei die Handlung Teil des Krieges.

Fabre (2009) erwidert, dass diese Unterscheidung nach der Funktion der erbrachten Wirtschaftsleistung nicht haltbar sei:

> Obwohl es sicherlich wahr ist, dass es die von den Kombattanten genutzten Waffen sind, die töten, und nicht ihre Spezialrationen oder ihre Wundversorgung, ist es nicht weniger wahr, dass Kombattanten nicht töten können, wenn Hunger oder unversorgte Wunden es ihnen unmöglich machen, ihre Arme zu heben und diese Waffen auf die Gegner zu richten. (Fabre 2009, 43–44)

Die Unterscheidung bei Walzer sei viel zu grob, so Fabre, denn Soldaten nutzten nicht irgendwelche Kleidung und irgendwelches Essen, sondern üblicherweise für sie angefertigte Militärkleidung, Spezialrationen und so weiter. Die Grenzen, die Walzer so klar zu ziehen glaubt, würden also verschwimmen.

Ein zweites deutliches Problem ergibt sich, wenn man sich vergegenwärtigt, dass der Begriff des Kombattanten im Recht nur für Staatenkriege gilt. In den Regelungen für Bürgerkriege findet er sich nicht. Dort spricht man dementsprechend üblicherweise von „Kämpfern". Kombattantinnen genießen einen besonderen rechtlichen Schutz, etwa als Kriegsgefangene, und haben in einem gewissen Sinne, den wir noch genauer betrachten werden (vgl. 8.3.4 Rechtsethische Einschränkungen), das Recht, andere Kombattanten zu töten. Das trifft auf Kämpfer in einem Bürgerkrieg, also Kämpfende außerhalb einer staatlichen Armee, nicht zu. Es trifft ebenfalls nicht auf Söldner oder andere Kämpfende zu, die sich einer staatlichen Seite anschließen, ohne in die Armee integriert zu werden. Diese Kämpfer besitzen nicht die Privilegien von Kombattanten. In der Ethik wird diese Unterscheidung allerdings nur selten aufgegriffen. Hier wird relativ undifferenziert von „Kombattantinnen" gesprochen, wenn mehr oder weniger alle Kämpfenden gemeint sind. So schreibt etwa Seth Lazar im Artikel zum Thema „Krieg/War" in der Stanford Encyclopedia of Philosophy:

> Dieser Eintrag nutzt eine konservative Definition. Kombattanten sind die (meisten) Angehörigen der organisierten Streitkräfte einer Gruppe, die im Krieg ist, sowie andere, die direkt an Feindseligkeiten teilnehmen oder eine fortwährende Kampffunktion innehaben. (Lazar 2021, Abs. 4.1)

Das stimmt nicht mit der rechtlichen Unterscheidung überein, denn die bloße Teilnahme an Feindseligkeiten entspricht keinesfalls dem im zuvor zitierten Artikel 43 Absatz 2 des Ersten Zusatzprotokolls genannten *Recht*, unmittelbar an Feindseligkeiten teilzunehmen. Nicht jeder, der an Feindseligkeiten teilnimmt, hat hierauf ein Recht im Sinne des humanitären Völkerrechts.

Eine gute Analyse dieses Zusammenhangs und eine informierte Entscheidung für eine etwas lockerere Ausdrucksweise in der Ethik, die aber nicht so weit geht wie in Lazars Artikel, findet sich bei Adil Haque. Dieser schreibt:

> Ich werde den Ausdruck „Kombattant" nutzen, um die Angehörigen der Streitkräfte einer Kriegspartei im internationalen bewaffneten Konflikt sowie Angehörige der organisierten bewaffneten Gruppen zu bezeichnen, die im Auftrag einer nichtstaatlichen Partei eines nichtinternationalen bewaffneten Konflikts kämpfen. Es gibt zwar wichtige Unterschiede zwischen diesen und jenen. Wenn man gefangen genommen wird, besitzen jene [also die zuerst Genannten] ein mutmaßliches Recht auf die Immunität rechtmäßiger Kombattanten und auf eine Behandlung als Kriegsgefangene. Diese [also die zuletzt Genannten] haben kein Recht hierauf. Tatsächlich nutzt der maßgebliche Vertrag, der nichtinternationale Konflikte reguliert, den Ausdruck „Kombattant" nicht, geschweige denn, dass er ihn definiert. Dennoch werde ich Angehörige beider Gruppen als „Kombattanten" bezeichnen, weil auf sie die gleichen rechtlichen Regeln Anwendung finden in Bezug darauf, wen man als militärisches Ziel anvisieren darf, wer attackiert und wer nur als Kollateralschaden getötet werden darf. (Haque 2017b)

Wir können etwas vereinfacht festhalten:

> *Kombattantinnen* sind in der Ethik vor allem jene Personen, die, insbesondere als Teil der Armee oder einer organisierten Miliz, kämpfen. *Nichtkombattanten sind alle* anderen bzw. diejenigen, die nicht kämpfen.

Die genaue Abgrenzung ist allerdings nicht einheitlich, wie vor allem das Beispiel von Walzer zeigt, der selbst Munitionsarbeiter für Kombattanten hält. Man muss demnach festhalten, dass die Grundunterscheidung zwischen Kombattantinnen und Nichtkombattantinnen zwar treffender ist als die zwischen Soldatinnen und

Zivilistinnen, dass sie allerdings auch nicht eindeutig, geschweige denn unproblematisch ist. Sie markiert dennoch die sinnvolle Ausgangsbasis für ethische Diskussionen zum Recht im Krieg. Man muss aber vor Augen behalten, dass die genaue Argumentation, wer welche Rechte und Pflichten hat, nicht anhand des Begriffes *Kombattant*, sondern nur anhand valider Argumentation entschieden werden kann. Das ist auch der Weg, den die meisten Ethikerinnen des Krieges gehen: nicht den Begriff übermäßig zu analysieren, sondern die einzelnen Fallgruppen aufmerksam voneinander zu unterscheiden.

Insofern dient uns das Diskriminierungsgebot zunächst einmal als Annäherung an die zentrale Vorgabe im Krieg, nämlich das Verbot, Zivilisten anzugreifen. Die genaue ethische Abgrenzung, wen man angreifen und töten darf, ist hingegen die wohl meistdiskutierte Frage in der Ethik des Krieges.

## 8.2 Traditionalismus und Revisionismus

In dieser Debatte haben sich zwei Denkschulen ausgebildet, die einen Großteil der Diskussion prägen und strukturieren, auch wenn es innerhalb dieser Denkschulen natürlich viele Unterscheidungen gibt: Traditionalismus bzw. Konventionalismus auf der einen Seite und Revisionismus auf der anderen Seite. Diese Denkschulen beziehen sich auch nicht nur auf das *ius in bello*, aber hier sind sie besonders deutlich geschieden.

Der Traditionalismus geht auf Michael Walzers Werk *Just and Unjust Wars* zurück. Mit diesem Buch beginnt sozusagen die zeitgenössische Auseinandersetzung mit der Ethik des Krieges. Es gibt zwar einige frühere Aufsätze, aber Walzers Werk ist und bleibt der zentrale Referenzpunkt für die aktuellen Debatten. Es erschien im Jahr 1977 und war eine Reaktion auf den Vietnamkrieg. Walzers Theorie versucht dabei, das, was er die „Kriegskonvention" nennt (vgl. Walzer 2015, 44), d.h. die bestehenden moralischen, rechtlichen, religiösen, berufsethischen Vorstellungen und Gewohnheiten, die unsere Bewertungen militärischen Verhaltens prägen, ethisch zu verstehen. Es geht ihm also weniger darum, etwas allzu Innovatives zu sagen, sondern um eine Rekonstruktion der bestehenden konventionellen Moral des Krieges. Daher wird seine Position gelegentlich auch „Konventionalismus" genannt. Er steht damit in vielerlei Hinsicht in der Tradition der sogenannten Theorie des gerechten Krieges, die sich seit Cicero und Augustinus, vor allem aber seit Thomas von Aquin und im Naturrecht der frühen Neuzeit etabliert hat, und die das Völkerrecht in starkem Maße beeinflusst hat. Allerdings gibt es auch viele Abweichungen, die in der heutigen Debatte übersehen werden und die Walzer möglicherweise auch selbst nicht bewusst waren (vgl. etwa Gisbertz-Astolfi 2021, 458–460). Dennoch wird die Denkschule, die ihm in den wichtigsten Punkten folgt, deshalb „Traditionalismus" genannt. Walzers zentrale Thesen zum Recht im Krieg waren erstens ein absolutes *Diskriminierungsgebot*, d.h. dass Nichtkombattantinnen niemals gezielt im Krieg angegriffen werden dürften, und zweitens die *moralische Gleichheit der Kombattanten*, d.h. ein gleiches Recht aller Kombattanten, egal auf welcher Kriegsseite, einander zu töten. Seine Theorie beruht dabei auf einem moderaten Kollektivismus sowie auf der Annahme, dass der Krieg eine ethische Ausnahmesituation darstelle, in der die alltägliche Ethik höchstens per Analogieschluss, manchmal aber auch gar nicht zur Anwendung kommen könne. Die ethischen Vorgaben im Krieg seien in gewissem Sinne anders. Wir nennen das Exzeptionalismus. Viele spätere Traditionalistinnen fundieren ihre Theorie ebenfalls auf kollektivistischen und exzeptionalistischen Grundüberlegungen. Die beiden Kernthesen des Traditionalismus, das absolute Diskriminierungsgebot und die moralische Gleichheit der Kombattanten, werden aber auch in nichtkollektivistischen und nichtexzeptionalistischen Theorien vertreten. Der Zusammenhang ist also eher statistisch als notwendig.

Walzers Schlussfolgerungen wurden besonders von Jeff McMahan harsch kritisiert. McMahan vertritt, dass Kombattanten der Kriegsparteien nicht moralisch gleichberechtigt seien, weil potenziell die Kombattantinnen einer Seite gerechtfertigt agieren, z.B. indem sie ihr Land verteidigen, während die Kombattantinnen der anderen Seite ungerechtfertigt seien, z.B. weil sie ein fremdes Land überfallen. Wir werden auf diese Diskussion sogleich noch genauer zu sprechen kommen. McMahans Theorie beruht auf einem reduktivistischen Individualismus, d.h. einem Individualismus, der davon ausgeht, dass sich die Regeln der Ethik des Krieges vollständig auf die Prinzipien der Ethik außerhalb des Krieges reduzieren bzw. aus diesen herleiten lassen. Aus den gleichen Grundsätzen leitet er auch her, dass das Diskriminierungsgebot und somit der Schutz von Nichtkombattanten zwar sehr weitgehend, aber eben nicht absolut gelte. Auch dieser Zusammenhang von Reduktivismus und Individualismus mit dem Revisionismus ist nicht notwendig, aber relativ häufig.

*Tabelle 2: Vergleich der wichtigsten Positionen von Traditionalismus und Revisionismus. Quelle: Eigene Darstellung.*

|  | Traditionalismus | Revisionismus |
|---|---|---|
| Hauptvertreter | Michael Walzer | Jeff McMahan |
| Diskriminierungsgebot | absolut | nicht absolut |
| Rechte der Kombattanten | gleich | ungleich |
| Verhältnis zur „normalen" interpersonellen Moral | häufig: Exzeptionalismus, potenzielle Analogie | häufig: Reduktivismus |
| Kollektivismus oder Individualismus | häufig: Kollektivismus | häufig: Individualismus |

Diese Unterscheidungen bestimmen die Debatten in der Ethik des Krieges zu erheblichen Teilen. Man kann allerdings einzelne dieser Unterscheidungen sehr wohl infrage stellen. So ist bei näherem Hinsehen gar nicht ganz klar, was die Aussagen von Exzeptionalismus und Reduktivismus sind und wie sie sich unterscheiden. Vergleichen Sie einmal die beiden folgenden Textauszüge, einer von McMahan,

## 8. Ius in bello 1: Wie muss man sich im Krieg verhalten?

der hier seinen Reduktivismus begründen will, und einer von Lazar, der einen Exzeptionalismus verteidigt:

> **McMahan:** [E]s ist üblich anzunehmen, dass die Praxis des Krieges von anderen Prinzipien regiert wird als denjenigen, welche die Handlungen von Individuen außerhalb des Kontexts eines Krieges leiten. Unter den einflussreichsten Gründen, warum viele Leute dieser Ansicht sind, ist, dass sie denken, dass Krieg nur abgeleiteterweise überhaupt eine Frage individueller Handlung ist. Stattdessen sei Krieg wesentlich eine Beziehung zwischen Kollektiven [...]. Bei einer solchen Ansicht ist es nicht überraschend, dass die Ethik des individuellen Handelns im Krieg nicht von den bekannten Prinzipien der Haftbarkeit bestimmt wird, die unter Personen gelten [...]. (McMahan 2011, 79)

> **Lazar:** Reduktivisten beginnen mit den Prinzipien, die interpersonale Gewalt regulieren, und aggregieren diese zu einer Erklärung der Ethik des Krieges. Exzeptionalisten beginnen damit, über den Krieg selbst nachzudenken. Genauer gesagt identifizieren sie Eigenschaften der Kriegsführung, die in nichtkriegerischen Konflikten nicht vorkommen, die aber eine normative Rolle spielen und vor allem dabei helfen können, einige vortheoretische Intuitionen über die Ethik des Krieges zu verteidigen, die man mit reduktivistischen Gründen allein nur schwer begründen kann. [...] Exzeptionalisten müssen nur zwei relativ konservative Thesen vertreten: Erstens gibt es einige Eigenschaften des Krieges, die in Konflikten außerhalb von Krieg nicht weitverbreitet sind [...] Zweitens können diese Eigenschaften bestimmen, ob jemand ein Recht verliert oder eine „lesser evil justification"[7] einschlägig ist. (Lazar 2018, 28–29)

Auf den ersten Blick sagen beide Autoren das Gleiche über den Unterschied, aber bei näherem Hinsehen kann man hieran Zweifel entwickeln. Ist es nicht denkbar, dass Krieg häufig besondere, ethisch relevante Eigenschaften aufweist und dass das Verhalten im Krieg dennoch von den gleichen ethischen Prinzipien angeleitet werden sollte? Wohlgemerkt sagt McMahan nämlich nicht, dass die gleichen Regeln gelten sollen, sondern die gleichen Prinzipien, d.h. die Grundsätze, die bestimmen, wie sich Regeln, Rechte und Pflichten bestimmen lassen. Diese Prinzipien sind universell, sie gelten immer und überall. Sie sind sehr allgemein und müssen im Einzelfall zu Handlungsregeln konkretisiert werden. Es kann also sehr wohl sein, dass die gleichen Prinzipien gelten, aber im Krieg üblicherweise besondere Eigenschaften der Situation bzw. des Einzelfalls zu unterschiedlichen Konkretisierungen führen, dass also beispielsweise aufgrund des besonderen politischen Charakters des Krieges und der Bedeutung der politischen Selbstbestimmung für die Individuen Handlungen verhältnismäßig werden, die ohne diesen politischen Charakter nicht akzeptabel wären.

Diese Idee kann hier nicht ausgeführt werden, aber es scheint wichtig anzumerken, dass eine gewisse Vorsicht vor philosophischen Schuletiketten, die üblicher-

---

7 Zu „lesser evil justifications" vgl. S. 109–110.

weise auf „-ismus" enden, angebracht sein kann. Manchmal sind die Unterschiede
gradueller und feiner, als solche Etiketten den Anschein erwecken. Das negiert keinesfalls die Unterschiede zwischen den Positionen, es betont nur, dass diese Unterschiede oft komplexer und weniger einfach in Denkschulen zu kategorisieren sind,
als eine fokussierte Darstellung suggerieren kann. Auch wenn im Folgenden also
vor allem die „Ismen" Traditionalismus und Revisionismus verwendet werden,
und zwar für die Unterscheidung der beiden genannten Kernthesen, ist es stets
nützlich, sich zu vergegenwärtigen, dass diese keinesfalls kategorisch voneinander
getrennte Schulen darstellen, sondern eher zwei Orientierungspunkte in einem
Kontinuum der philosophischen Positionen.

### Jean-Jacques Rousseau

Jean-Jacques Rousseau (1712–1778 u.Z.) wurde in der Stadtrepublik Genf in
der heutigen Schweiz geboren (zu seinem Leben und Werk vgl. Sturma 2001).
Seine Mutter starb im Kindbett. Auch seinen Vater, einen angesehenen Uhrma-
cher, der sein Kind schon früh intellektuell förderte, verlor Rousseau zu einem
gewissen Maß, nachdem dieser nach einer gewaltsamen Auseinandersetzung
mit einem Offizier, den er mit einem Degen verwundete, aus der Stadt floh.
Den zehnjährigen Sohn ließ er bei seinem Schwager. In seiner Ausbildung litt
Rousseau unter Prügelstrafen. Als er dann eines Tages mit 16 Jahren nach einer
Wanderung vor verschlossenen Stadttoren stand und wusste, dass ihm erneut
eine Strafe drohte, beschloss er stattdessen, der Stadt den Rücken zu kehren und
auf Wanderschaft zu gehen. Unter seinen vielen Stationen, bei denen er manchmal auskömmlich, manchmal aber auch bettelarm lebte, war die bedeutendste
und wiederkehrende das Haus der Madame de Warens in Annecy, wo Rousseau
sich – anders als die meisten anderen großen Philosophinnen, die eine klassische
Ausbildung durchliefen – autodidaktisch bildete.
Später lebte er als Komponist und Schriftsteller in Paris und lernte dort die großen Vordenker der Aufklärung kennen. Als eine Art zentrales intellektuelles Er-
weckungserlebnis stellte Rousseau den Moment dar, an dem er im Jahr 1749 die
Preisfrage der Akademie zu Dijon las: „Hat die Wiederherstellung der Wissenschaften und Künste dazu beigetragen, die Sitten zu läutern?" Dem Zeitgeist der
Aufklärung schien die Antwort hierauf eindeutig positiv, doch Rousseau schrieb
als Antwort eine fundamentale Fortschrittskritik und Niedergangsgeschichte der
Menschheit. Er gewann den ersten Preis und wurde schlagartig in ganz Europa
bekannt.
Doch zu Rousseaus Leben gehörte es auch, dass er mit vielen Menschen an-
einandergeriet, sodass er mehrfach erneut auf Wanderschaft ging – und sich
mit vielen Bekannten und Freunden, darunter David Hume, bei dem er einige
Zeit lebte, überwarf. Das Thema des menschlichen Verfalls prägte sein wissen-
schaftliches Schaffen weiterhin. In seinen beiden Hauptwerken zur politischen
Philosophie, der *Abhandlung über die Ursprünge der Ungleichheit unter den
Menschen* und dem *Gesellschaftsvertrag*, formuliert er eine vehemente Kritik
an den bürgerlichen Verhältnissen und der Eigentumsordnung: Die einst freien
Menschen hätten sich durch Vernunft und Selbstsucht in bürgerliche Unterdrü-
ckungsverhältnisse begeben. Aus diesen könnten sie nur entkommen, wenn sie
ihre gesamte Gesellschaft dem gemeinsamen Wohl unterstellten. Rousseaus Philosophie ist eine Mischung aus demokratisch-revolutionären Gedanken, einer
Sehnsucht nach den kleinen und einfachen Verhältnissen in der Uhrmacherrepu-

> blik Genf, frühsozialistischer Eigentumskritik und einem in Grundzügen angelegten totalitärem Kollektivismus.
> Für die Philosophie des Krieges wurde genau dieser Kollektivismus zentral. Die hierzu zentrale Textstelle aus dem *Gesellschaftsvertrag* wurde bereits angeführt. Sie soll hier noch einmal zitiert werden:
>> Der Krieg ist also keine Beziehung von Mensch zu Mensch, sondern eine Beziehung von Staat zu Staat, in der die Einzelnen nur durch Zufall Feinde sind, nicht als Menschen und nicht einmal als Bürger, sondern als Soldaten […]; aber sobald sie [die Waffen] niederlegen und sich ergeben, hören sie auf, Feinde oder Werkzeuge des Feindes zu sein, sie werden einfach wieder Menschen, und man hat kein Recht mehr über ihr Leben. (2010, Buch 1, Kap. 4, S. 24–27)
>
> Hierin sehen bis heute viele den Ursprung für traditionalistische Positionen und die moralische Gleichheit der Kombattantinnen, weil Rousseau an dieser Stelle eine individualethische Deutung des Krieges ablehnt.

## 8.3 Dürfen Kombattanten einander töten?

Wie wir also festgestellt haben, bestimmen vor allem zwei zentrale Themen das *ius in bello*, nämlich der Schutz von Zivilistinnen und die Frage nach den Rechten der Kombattantinnen. Die wohl größte Debatte betrifft hierbei das Recht der Kombattantinnen einander zu töten. Der Ausgangspunkt dieser Debatte ist einerseits die Formulierung des bereits genannten Artikel 43 Absatz 2 des Ersten Zusatzprotokolls zu den Genfer Konventionen, in dem es heißt, dass Kombattanten berechtigt sind, „unmittelbar an Feindseligkeiten teilzunehmen".

### 8.3.1 Michael Walzer und die Moralische Gleichheit der Kombattantinnen

Michael Walzer spiegelte diese Formulierung in seiner These der moralischen Gleichheit der Kombattanten: Alle Kombattantinnen besäßen ein Recht, feindliche Kombattantinnen zu töten. Sie machten also nichts falsch, verstießen gegen keine Pflicht, wenn sie einander töteten.

Das gilt laut Walzer unabhängig davon, ob ein Kombattant auf der gerechtfertigten Seite eines Krieges steht oder nicht. Um diese Frage zu diskutieren, unterscheiden wir im Folgenden daher:

> Unter einer *gerechten Kombattantin* verstehen wir eine Kombattantin, die für eine gerechtfertigte Kriegspartei kämpft, d.h. für eine Kriegspartei, die ein Recht zum Krieg gemäß der dargestellten Grundsätze des *ius ad bellum* besitzt. Der Standardfall ist eine Kombattantin, die ihr Land gegen eine ungerechtfertigte Aggression verteidigt.

> Als *ungerechte Kombattantin* bezeichnen wir hingegen eine Kombattantin, die für eine Kriegspartei kämpft, die kein Recht zum Krieg hat. Der Standardfall ist eine Kombattantin, die mit ihrer Armee einen anderen Staat ungerechtfertigt angreift.

Für Walzer (2015, Kap. 3) besteht kein Unterschied zwischen gerechten und ungerechten Kombattanten, weil das *ius in bello* logisch unabhängig vom *ius ad bellum* sei. Es sei nämlich völlig unproblematisch (und korrekt) anzunehmen, dass Kombattanten nicht für die politische Entscheidung ihrer Regierung, einen Krieg zu beginnen, hafteten. Vielmehr sei es so, dass Kombattanten regelmäßig gute Gründe hätten, warum sie nicht die Schuldigen eines ungerechtfertigten Krieges seien. Immerhin seien es nicht die Kombattanten, sondern die Politiker, die über den Krieg entschieden. Dann seien auch diese für einen ungerechten Krieg verantwortlich.

Darüber hinaus seien Kombattantinnen oft in einer in zweierlei Hinsicht problematischen Situation: Erstens würden sie manipuliert und es sei für sie sehr schwer, an korrekte Informationen über die Gerechtigkeit ihres Krieges zu gelangen, und zweitens seien sie in ihrer Entscheidung, im Krieg zu kämpfen, auch selten richtig frei, weil Staaten diverse Arten von Zwang ausübten (Wehrpflicht und Mobilmachung, rechtliche und außerrechtliche Drohungen gegenüber Deserteuren und ihren Familien und so weiter). Die Alternative hierzu sieht Walzer darin, dass die Kombattanten ungezwungen kämpfen, dann stimmten sie – wie Ritter in früheren Zeiten – einem gleichen Kampf in gewissem Sinne zu:

> Die moralische Wirklichkeit des Krieges kann man also folgendermaßen zusammenfassen: Wenn Soldaten aufgrund einer freien Entscheidung kämpfen, sich ihre Feinde aussuchen und ihre eigenen Schlachten planen, ist ihr Krieg kein Verbrechen; wenn sie beim Kampf nicht frei sind, ist der Krieg, den sie führen, nicht ihr Verbrechen. (Walzer 2015, 37, Übersetzung nach Walzer 1982, 70)

Diese beiden Ideen werden seither das *Boxkampf-* und das *Gladiatorenmodell* des Krieges genannt.

> *Boxkampfmodell des Krieges*: Im Krieg (vor allem in früheren mittelalterlich-ritterlichen Kriegen) kämpfen Kombattantinnen wie Boxkämpfer frei und im Rahmen gemeinsamer Regeln miteinander. Sie haben den Angriffen ihrer Gegner zugestimmt.
> *Gladiatorenmodell* des Krieges: Kombattantinnen werden zum Krieg gezwungen und stehen wie Gladiatoren vor der Wahl: töten oder sterben. Daher dürfen sie kämpfen.

Für Walzer kommt das Boxkampfmodell heutzutage nicht mehr wirklich in Betracht. Kombattanten stimmen nicht gegenseitig zu, miteinander zu kämpfen. Vielmehr dominiere aktuell die Gladiatorensituation, in der die Kriege nicht das Verbrechen der Kombattanten, sondern ihrer Vorgesetzten seien. Für die Kombattanten stelle sich die Situation einfach so dar, dass die jeweils anderen Kombattanten eine Bedrohung für ihr Leben (und das Leben anderer Menschen) seien. Genau deshalb hätten Kombattanten moralisch den gleichen Status.

> Als *moralische Gleichheit der Kombattanten* bzw. *Symmetriethese* bezeichnen wir die Annahme, dass alle Kombattanten, egal ob ungerecht oder gerecht, das gleiche Recht besitzen, einander zu töten.

Das ist die Kernthese des Traditionalismus: Es macht für ihre moralischen Rechte und Pflichten keinen Unterschied, ob eine Kombattantin auf der gerechtfertigten oder ungerechtfertigten Kriegsseite kämpft. Für Walzer liegt dies, wie gesagt, im Zwang und der Manipulation begründet, der Kombattantinnen häufig ausgesetzt sind, sowie daran, dass Kombattanten gegenseitig eine Bedrohung darstellen. Wie wir sehen werden, gibt es aber auch andere Begründungen. Jedenfalls ist es der Anspruch des Traditionalismus, mit der These der moralischen Gleichheit eine zentrale Intuition über die Moral des Krieges zu erfassen, nämlich, dass Soldaten nicht einfach Mörder sind, sondern, selbst wenn sie auf der falschen Seite kämpfen, eher Opfer und Instrumente der eigentlich Schuldigen. Genau deshalb machten wir üblicherweise Kombattanten, die keine Kriegsverbrechen begehen, keine Vorwürfe.

Dieser Zusatz ist allerdings wichtig: Es geht hier nur um die gegenseitige Tötung von Kombattanten. Kriegsverbrechen wie das Töten von Zivilisten, Massaker, Genozid etc. liegen für die Traditionalistinnen weiterhin in der Verantwortung der einzelnen Kombattantinnen. Für diese machen wir ihnen also Vorwürfe.

### 8.3.2 Die Kritik des Revisionismus

Insbesondere Jeff McMahan kritisiert Walzers Argumentation auf reduktivistischer Grundlage als philosophisch unhaltbar. Walzer vermische zu viele ethisch üblicherweise strikt getrennte Aspekte. Schauen wir uns hierfür einmal Fälle außerhalb des Krieges an, in denen Irrtum und Zwang eine Rolle spielen:

> **Angriff unter Zwang:** Rudolf will seine unliebsame Konkurrentin Singa umbringen. Weil er sich aber nicht selbst die Hände schmutzig machen will bzw. weil er ein Alibi braucht, entführt er Thalia die Tochter von Urs. Er sagt Urs, dass er Thalia töten wird, wenn dieser nicht Singa für ihn umbringt. Urs sieht keine andere Möglichkeit, seine Tochter zu retten, als dieser Anweisung Folge zu leisten.

> **Angriff im Irrtum:** Veda trifft auf der Straße auf ihre Erzfeindin Walda. Sie verdächtigt Walda schon seit Langem, sie umbringen zu wollen. Sie weiß ebenfalls, dass Walda üblicherweise in der Innentasche ihrer Jacke eine Pistole mit sich führt. Als sie sich begegnen, greift Walda in diese Innentasche, um ihr Handy herauszuziehen. Veda muss anhand der ihr zu Verfügung stehenden Evidenzen davon ausgehen, dass Walda sie erschießen will. Sie zieht daher schnell die Pistole, die sie aus Angst vor Walda immer mit sich führt, und erschießt Walda.

Hier haben wir zwei Fälle, die Walzers Begründungen der moralischen Gleichheit entsprechen: Kombattanten besäßen ein gleiches Recht, einander zu töten, weil sie gezwungen würden oder sich irrten. In der interpersonellen Ethik außerhalb des Krieges überzeugt diese Schlussfolgerung aber nicht. Weder Urs noch Veda handeln in den beschriebenen Fällen gerechtfertigt. Das kann man sehr gut daran erkennen, dass stets nur eine Seite gerechtfertigt sein kann und die Folge einer Rechtfertigung ist, dass die andere Seite sich nicht wehren darf. Es ist aber offenkundig, dass sich Singa und Walda, die in den Situationen nichts Verbotenes tun, gegen die Angriffe wehren dürften.

In der Ethik unterscheiden wir daher zwischen Rechtfertigungen und Entschuldigungen:

> Eine *Rechtfertigung* ist ein Grund, der zur Folge hat, dass man ein Recht darauf hat, in ein fremdes Recht einzugreifen. Man macht also nichts falsch.
> Eine *Entschuldigung* liegt hingegen vor, wenn eine Handlung zwar ethisch falsch ist, d.h. ein fremdes Recht verletzt, es aber Gründe für diese Handlung gibt, die dafür sorgen, dass wir der handelnden Person keinen Vorwurf machen.
> *Eingriff*: Eine eigentlich vorhandene Rechteposition eines anderen wird negativ beeinträchtigt.
> *Verletzung*: ein ungerechtfertigter Eingriff

Man muss demnach für jeden *Eingriff* in fremde Rechte überprüfen, ob dieser *gerechtfertigt* ist. Wenn das der Fall ist, dann liegt keine *Verletzung* des entsprechenden Rechts vor und dementsprechend hat die Rechteinhaberin auch kein Recht zur Selbstverteidigung. Wenn das Recht hingegen verletzt wird, d.h., wenn der Eingriff nicht gerechtfertigt werden kann, dann besteht ein Recht auf Selbstverteidigung. Trotzdem kann es sein, dass wir dem Eingreifenden hieraus keinen persönlichen moralischen Vorwurf machen. Dann ist er *entschuldigt*.

McMahan (2006a; 2011, 112–113) kritisiert nun genau, dass Walzers Begründungen klassische Entschuldigungs-, nicht aber Rechtfertigungsgründe sind. Ungerechte Kombattantinnen, die gezwungen oder durch Propaganda manipuliert werden, seien vielleicht entschuldigt, d.h., wir würden ihnen gegenüber keine moralischen Vorwürfe erheben. Sie seien aber nicht gerechtfertigt, besäßen also kein *Recht*, andere Kombattanten zu töten. Das unterscheide sie von gerechten Kombattanten, die z.B. ihr Land verteidigten. Diese seien in der Tat in einer Situation der Verteidigung von sich selbst und anderen. Sie besäßen also ein Recht, sich zu verteidigen und Angreifende ggf. auch zu töten.

Darüber hinaus wendet McMahan (1994; 2011) ein, dass Walzers Argument, warum Kombattantinnen gegenseitig ihr Recht auf Leben verlören, falsch sei. Es genüge ethisch nicht, dass man eine Bedrohung für einen anderen darstelle bzw. diesem einen Schaden zufüge, damit das Gegenüber ein Selbstverteidigungsrecht erhalte. Wenn sich Singa und Walda in den beschriebenen Fällen gegen die Angriffe wehren, fügen sie ihren Gegenübern Schäden zu. Das gibt aber den ursprünglich Angreifenden nicht wiederum ein Recht auf Selbstverteidigung, was ansonsten in paradoxe Situationen gegenseitiger Selbstverteidigung führen würde. Die angegriffene Seite hat ein Recht, sich zu verteidigen, die angreifende Seite nicht – und das, obwohl beide Seiten, wenn es zu einem Kampf kommt, eine Bedrohung füreinander darstellen bzw. einander Schäden zufügen.

Man nennt die relevante Eigenschaft, ob man gezielt angegriffen werden darf, *Haftbarkeit, angegriffen zu werden* (liability to attack, im Folgenden kurz: „Haftbarkeit").

Unter *Haftbarkeit* bzw. *liability to attack* verstehen wir die Eigenschaft, aufgrund eines eigenen Verhaltens legitimes Ziel von Angriffen zu sein.

McMahan kritisiert nun, dass Walzers Kriterium der Haftbarkeit der Kombattantinnen außerhalb des Krieges völlig abwegig erscheine: Wenn eine Räuberin zu Recht von einer Polizistin festgehalten wird, darf sie sich offenkundig nicht wehren, obwohl die Polizistin ihr einen Schaden zufügt. Das bloße Zufügen von Schäden sei also klarerweise nicht hinreichend, um ein Selbstverteidigungsrecht zu begründen.

### Selbstverteidigung und Haftbarkeit

Es ist in der Ethik umstritten, was das korrekte Kriterium für eine Haftbarkeit und somit für eine legitime Selbstverteidigung ist (vgl. zum Folgenden Frowe und Parry 2021). Klassischerweise wurde davon ausgegangen, dass man hierzu moralisch schuldhaft, d.h. vorwerfbar, die Rechte einer anderen Person verletzt oder unmittelbar zu verletzen droht. Wir können das den **Schuldansatz** nennen. Dieser ist zunächst intuitiv plausibel, kommt aber in einigen konstruierten Fällen in Schwierigkeiten.

**Fallende Person:** Beim Wandern im Gebirge kommt Xaver an einer Steilwand vorbei, als ihn ein extrem starker und unvorhergesehener Wind erfasst und hinabwirft. Unter ihm steht Yvonne, die sich in einem Gebüsch verheddert hat und nicht ausweichen kann. Yvonnes einzige Möglichkeit ist, ihre glücklicherweise mitgebrachte Vaporisierkanone herauszuziehen und Xaver in Dampf aufzulösen.

**Die umsichtige Autofahrerin:** Zelda, die immer vorsichtig fährt und ihr Auto gut instand hält, verliert die Kontrolle über ihr Auto. Das Auto hält auf Anton zu und wird diesen absehbarerweise töten, es sei denn, Anton sprengt das Auto und Zelda mit einer Granate in die Luft.

Mal abgesehen von der Absurdität der Fälle und der Häufigkeit, mit der Menschen in diesen Fällen (exotische) Waffen mit sich führen, können diese Fälle in der Tat Fragen für den Schuldansatz aufwerfen. Xaver und Zelda handeln nicht schuldhaft. Dennoch scheint es vielen intuitiv plausibel, dass Yvonne und Anton sich wehren dürfen. Das veranlasste v.a. Judith Jarvis Thomson dazu, Selbstverteidigung nicht auf die Schuldhaftigkeit, sondern auf die kausale Rolle in der Verletzung der Rechte anderer zu gründen. Wer einem anderen schade, verletzte eine Pflicht, selbst wenn das nicht in Form einer absichtlichen Handlung geschehe. Dagegen dürfe man sich wehren. Wir können dies den **Kausalansatz** nennen. Hier geht es nicht mehr um moralische Schuldhaftigkeit, sondern einfach nur darum, ob man objektiv die Rechte einer anderen Person verletzt.

Allerdings beinhaltet dieser Ansatz, dass Rechte – entgegen üblicher Annahmen – nicht nur durch Handlungen, sondern auch durch andere Umstände (wie das Herabfallen) verletzt werden können. Doch eigentlich scheint es klar, dass nur moralische Akteure Pflichten haben können und nur Handlungen moralischer Akteure Rechte und Pflichten verletzten können.

McMahan vertritt daher ein anderes Kriterium der Haftbarkeit und zwar, dass man moralisch verantwortlich eine ungerechtfertigte Bedrohung darstelle bzw. ungerechtfertigt ein Recht verletze. Wir können das den **Verantwortungsansatz** nennen. Insbesondere stützt McMahan diesen Ansatz – neben der intuitiven

Plausibilität, dass moralische Verantwortlichkeit nötig ist, um sich angreifbar zu machen – auf eine Form der Verteilungsgerechtigkeit: Wenn in einer Situation X eine Person einen Schaden nehmen muss, dann am besten diejenige, die für diese Situation verantwortlich ist. Für McMahan bedeutet dies, dass eine Autofahrerin, die zwar vorsichtig ist, aber dennoch die Gefahr begründet hat, dass überhaupt ein Auto im Straßenverkehr ist, mehr für die Situation verantwortlich ist, in der das Auto eine konkrete Gefahr für eine andere Person wird, als diese andere Person. Also sollte die Autofahrerin und niemand anderes die Haftbarkeit tragen, wenn einer sie tragen muss. Anders sei dies allerdings im Fall einer fallenden Person, vor allem wenn diese von jemandem gestoßen wird und somit kein eigenes Risiko gesetzt habe. Diese trage keine Verantwortung für die Situation und löse daher kein Selbstverteidigungsrecht aus.

Für McMahan kann daher nur gelten, dass gerechte Kombattantinnen ihr Recht auf Leben nicht verlieren und sich dementsprechend gegen die ungerechtfertigten Angriffe ungerechter Kombattantinnen wehren dürfen. Das gelte allerdings nicht für die Gegenseite: Ungerechtfertigte Kombattanten besäßen kein Recht anzugreifen. Sie dürften die gerechten Kombattanten nicht attackieren und besäßen auch kein Selbstverteidigungsrecht.

*Tabelle 3: Vergleich von Traditionalismus und Revisionismus. Quelle: Eigene Darstellung.*

|  | Gerechte Kombattantin | | Ungerechte Kombattantin | |
|---|---|---|---|---|
|  | Recht auf Leben | Recht auf Selbstverteidigung | Recht auf Leben | Recht auf Selbstverteidigung |
| Walzer | ✗ | ✓ | ✗ | ✓ |
| McMahan | ✓ | ✓ | ✗ | ✗ |

### 8.3.3 Erwiderungen und neuere Begründungen der Moralischen Gleichheit

McMahans Kritik löste eine breite Debatte über die Rechte von Kombattanten aus. Seither haben viele Autoren versucht, die moralische Gleichheit der Kombattantinnen auf andere, argumentativ haltbarere Art als Walzer zu rechtfertigen. Wir wollen uns einige dieser Versuche anschauen:

Yitzhak Benbaji (2008) argumentiert, dass die Theorie der Selbstverteidigung, die McMahan Walzer unterstellt, ebenso wie McMahans eigene Theorie der Selbstverteidigung fehlerhaft seien. Walzer vertrete keine hobbesianische Theorie der Selbstverteidigung, dass man alles für die eigene Selbstverteidigung tun und sich deshalb gegen jeden Angriff, also auch gerechte Angriffe, wehren dürfe. Vielmehr sei es so, dass es spezifische Fälle gebe, in denen auch auf individueller Ebene beiden Seiten ein Selbstverteidigungsrecht zustehe. Betrachten wir hierzu noch einmal den folgenden Fall:

> **Fallende Person**: Beim Wandern im Gebirge kommt Xaver an einer Steilwand vorbei, als ihn ein extrem starker und unvorhergesehener Wind erfasst und hinabwirft. Unter ihm steht Yvonne, die sich in einem Gebüsch verheddert hat und nicht ausweichen kann. Yvonnes einzige Möglichkeit ist, ihre glücklicherweise mitgebrachte Vaporisierkanone herauszuziehen und Xaver in Dampf aufzulösen.

Benbaji gibt Thomson Recht, dass Yvonne hier ein Selbstverteidigungsrecht zusteht. Allerdings ergänzt er, dass Xaver, wenn er sieht, dass Yvonne ihn in Selbstverteidigung angreifen wird, ebenfalls ein Recht zur Selbstverteidigung zustehe, denn Xaver treffe schließlich keine Schuld. Beiden stünde also ein gleiches Recht zu, sich gegeneinander zu verteidigen; Yvonne, weil Xaver – ohne selbst im minimalsten Sinne schuldhaft zu handeln – ihr Recht auf Leben bedroht, und Xaver, weil Yvonne ihn angreift, ohne dass ihn eine minimale Schuld an der Situation trifft.

Hieraus schlussfolgert Benbaji, dass es sehr wohl Fälle eines gegenseitigen Rechts, einander zu töten, geben könne. Er überträgt dies zunächst auf einen Spezialfall im Krieg:

> **Schlafende Soldaten**: Im Geheimen plante Staat A einen ungerechten Krieg auf das Nachbarland B. Eine kleine Elitetruppe führt in der Nacht einen Erstschlag aus. Die normalen Soldaten von A wissen hiervon nichts und konnten auch nichts ahnen. Umgehend schlägt B zurück und bombardiert ein Heerlager, in dem arglose gegnerische Soldaten schlafen.

Nach Benbaji haben die Kombattantinnen von B hier das Recht, das gegnerische Heerlager in Selbstverteidigung anzugreifen, denn sie müssten keinesfalls warten, bis die gegnerischen Kombattantinnen aufgewacht und wehrfähig seien. Gleichzeitig hätten die schlafenden Kombattanten aber nichts Schuldhaftes getan. Sie hätten daher – ganz wie im Fall des fallenden Mannes – ein Recht zur Selbstverteidigung. Beide Seiten dürften einander folglich töten.

An diese theoretische Behauptung knüpft Benbaji dann eine mehr empirische, nämlich die, dass Kriege in aller Regel genau solche Situationen herbeiführten, in denen die ungerechten Kombattanten mangels eigener minimaler Schuld ein Recht zur Verteidigung gegen die rechtmäßigen Angriffe auf sie besäßen. Genau deshalb sei die Annahme einer moralischen Gleichheit der Kombattanten ethisch in den meisten Fällen korrekt.

Benbaji (2008, 487–495) führt ein weiteres Argument für die Gleichheit der Kombattantinnen an, für das er vermutlich noch bekannter ist und das er gemeinsam mit Daniel Statman ausgearbeitet hat (vgl. Benbaji und Statman 2019, Kap. 5):

> Die Grundidee ist einfach: Rechte kann man verlieren, wenn man sich aus freien Stücken einer prozedural fairen und gegenseitig nützlichen Norm

(Konvention) unterwirft, die das verlangt. Gerechte Kombattanten verlieren ihr Recht, nicht von ungerechten Kombattanten attackiert zu werden, weil sie sich einer Regel unterstellen, die diese Unterscheidung zwischen gerechten und ungerechten Kombattanten verwirft. Sie tun dies, weil sie wissen, dass es in ihrem Interesse ist, dass diese Regel allgemein befolgt wird. (Benbaji 2008, 487)

Benbaji und Statman begründen die moralische Gleichheit der Kombattantinnen also vertragstheoretisch. Die revisionistischen Kritiken agieren im Rahmen einer interpersonalen Ethik, in der die gesellschaftliche Verfasstheit kaum eine Rolle spielt. Im Rahmen von politischen Vertragstheorien würde man sagen, sie analysieren den „Naturzustand". Wie gesehen, behauptet Benbaji auch für diesen „Naturzustand", dass die meisten (aber eben nicht alle) Fälle im Krieg auf eine moralische Gleichheit hinauslaufen. Um aber alle Fälle abzudecken, sei es notwendig, sich vor Augen zu führen, dass Kombattanten stillschweigend die Konvention der moralischen Gleichheit akzeptierten – und dass dies auch in ihrem Interesse sei, denn nur so (und durch den damit einhergehenden Schutz der Nichtkombattanten) werde der Krieg wenigstens von ihren Familien und Häusern, in die sie schließlich zurückkehren wollten, ferngehalten. Ein Krieg auf Schlachtfeldern statt in Städten sei weniger blutig und allemal für alle Beteiligten besser als die realistischen Alternativen. Die entsprechenden rechtlichen Regelungen seien also sinnvoll und würden genau deshalb auch von den Kombattantinnen stillschweigend akzeptiert.

Eine ähnliche Idee findet sich auch bei Thomas Hurka (2007, 208–216). Durch den freiwilligen Eintritt ins Militär verzichteten Soldatinnen auf ihr Recht, nicht attackiert zu werden. Ganz ähnlich wie Boxer, die sich ebenfalls eine Genehmigung erteilten, einander zu verletzen, stimmten auch Kombattanten grundsätzlich zu, einander angreifen zu dürfen. Die rechtlichen Regeln des Krieges seien notwendig, weil Staaten ein loyales Militär bräuchten. Deshalb könnten die Regeln keine Einzelfallprüfung durch die Soldaten vorsehen: Wer verpflichtet ist zu kämpfen, ist für jeden potenziellen Krieg seines Staates verpflichtet.

Hurka diskutiert mögliche Gegeneinwände. Ein naheliegender Einwand ist sicherlich, dass nicht alle Kombattanten freiwillig kämpfen und sich freiwillig den Regeln des Krieges unterwerfen. Doch einen gewissen Grad an Freiwilligkeit kann man laut Hurka sehr wohl unterstellen, da es immer eine Alternative gibt, etwa ins Gefängnis zu gehen. Es sei aber auch denkbar, dass man eine etwas größere Vorsicht gegenüber zwangsweise Einberufenen walten lassen müsste. Das könne in jedem Fall nichts an der grundsätzlichen gegenseitigen Erlaubnis zu kämpfen ändern.

Für Christopher Kutz (2005) beruht die grundsätzliche, wenngleich nicht ausnahmslose, moralische Gleichheit der Kombattantinnen auf ihrer kollektiven Haftbarkeit im Sinne einer Komplizenschaft. Nehmen wir hierfür erneut einen Fall, der mit Krieg zunächst nichts zu tun hat:

## 8. Ius in bello 1: Wie muss man sich im Krieg verhalten?

> **Gemeinsamer Banküberfall**: Boris, Cassandra und Dana planen, gemeinsam eine Bank zu überfallen. Boris und Cassandra gehen mit geladenen Waffen in die Bank, Dana wartet im Fluchtauto. Während des Überfalls kommt es – entgegen der Planung, aber nicht vollkommen unvorhersehbar – zu einem Schusswechsel mit dem Wachpersonal. Cassandra tötet einen Wachmann.

Sind Boris und Dana für den Tod des Wachmanns mitverantwortlich? Rechtlich sind sie in Mittäterschaft oder Beihilfe strafbar. Man muss nämlich nicht selbst alles unter Kontrolle haben, um für die Handlungen seiner Komplizen verantwortlich gemacht zu werden. Immerhin haben alle drei diesen Ausgang herbeigeführt, wenn auch nur eine tatsächlich den Wachmann erschossen hat und eine sogar nur im Auto vor der Bank saß. Die Zugehörigkeit zu einer Gruppe könne also Verantwortlichkeiten erweitern. Sie könne aber auch nach der gleichen Idee der Kollektivverantwortung Verantwortlichkeiten einschränken. Ganz ähnlich argumentiert auch Benbaji (2009), dass eine Form der politischen Arbeitsteilung moralisch relevant sein könne: Es sei schlichtweg im Rahmen einer sinnvollen gemeinschaftlichen Aufgabenverteilung die Angelegenheit von anderen, nämlich der politisch Verantwortlichen, die Fragen des Rechts zum Krieg zu bewerten.

Auch laut Kutz liegt eine solche Einschränkung der Verantwortlichkeit für Kombattantinnen vor, die in einem nicht offenkundig ungerechten Krieg kämpften. Hier seien nicht sie, sondern andere für das Handeln im Krieg verantwortlich. Das führe nicht dazu, dass das Handeln ungerechter Kombattanten auf individueller Ebene gerechtfertigt sei, wohl aber zu einer besonderen politisch-normativen Beziehung zwischen Kombattanten und Staaten, die insbesondere verbiete, Kombattantinnen für ihr rechtmäßiges Verhalten im Krieg, also auch für das Töten gegnerischer Kombattantinnen, zu bestrafen – unabhängig davon, ob ihr Krieg gerecht oder ungerecht sei.

Einen anderen Weg zur Rechtfertigung eines starken Schutzes der Nichtkombattanten und einer abgeschwächten Gleichheit der Kombattantinnen nimmt Seth Lazar (2009; 2015, Kap. 6). Er argumentiert, dass das in der Diskussion allgegenwärtige Recht zu töten im Krieg nahezu niemals vorliege. Kombattantinnen besäßen kein ethisches Recht, einander zu töten. Sein Hauptargument gegen McMahan richtet sich gegen die Behauptung, ungerechte Kombattanten seien legitime Ziele der Selbstverteidigungsmaßnahmen der gerechten Kombattanten, weil ungerechte Kombattanten verantwortlich seien. Die moralische Verantwortlichkeit reduziere sich bei McMahan auf eine Frage der gerechten Risikoverteilung. Das können wir uns am folgenden, zuvor bereits zitierten Fall noch einmal vergegenwärtigen:

> **Die umsichtige Autofahrerin**: Zelda, die immer vorsichtig fährt und ihr Auto gut instand hält, verliert die Kontrolle über ihr Auto. Das Auto hält auf Anton zu und wird diesen absehbarerweise töten, es sei denn, Anton sprengt das Auto und Zelda mit einer Granate in die Luft.

McMahan argumentiert hier, dass Zelda immerhin das Risiko gesetzt hat, ein Auto in den Straßenverkehr zu bringen. Auch wenn sie also nichts vorwerfbar Falsches macht, sollte sie die Last der Situation tragen, d.h., dass eher sie als Anton zu Schaden kommen sollte. Daher habe Anton ein Selbstverteidigungsrecht. Hiergegen wendet Lazar ein, dass dieses Risikoargument absurd sei und McMahans gesamte Theorie der Selbstverteidigung deshalb scheitere. Lazar macht dies im Rahmen einer erfrischend ironischen Auseinandersetzung mit den üblicherweise in der Ethik der Selbstverteidigung und des Krieges genutzten Fällen, in denen die Menschen in merkwürdiger Häufung exotische Waffen mit sich führen: Immerhin sei es keineswegs eine risikofreie Betätigung, mit einer Granate in der Tasche über eine Straße zu laufen – und diese ggf. auch einsetzen zu wollen.

Dem Militär eines Staates anzugehören, sei ebenfalls eine solche risikohafte Betätigung. Im Krieg könne man sich daher, auch als gerechter Kombattant, nicht darauf berufen, dass man ein Recht habe, die anderen zu töten. Krieg ist für Lazar keine so „saubere Angelegenheit", dass man darin ein reines Gewissen behalten kann, weil man nur Menschen tötet, die ihr Recht auf Leben verloren haben. Vielmehr müsse man schauen, welche anderen Gründe – neben dem (häufig nicht einschlägigen) Verlust des Rechts – es geben könne, dass man Menschen töten dürfe. Und die zentrale Erkenntnis diesbezüglich sei, dass es ethisch problematischer sei, Nichtkombattantinnen zu töten als Kombattantinnen. Zwar besäßen beide ein Recht, nicht getötet zu werden, aber die Kombattantinnen hätten sich dazu entschlossen, dass lieber sie als die Nichtkombattantinnen Ziel von Angriffen werden. Lazar bringt noch einige weitere Argumente, die hier nicht in aller Tiefe vorgestellt werden können, aber am Ende läuft es auf das Folgende hinaus: Töten im Krieg ist ethisch hochproblematisch, aber wenn man schon Gründe zu töten hat, dann sollte man Kombattanten und nicht Nichtkombattanten töten… und das gilt für die gerechte Kriegsseite ebenso wie für die ungerechte.

**Lesser Evil Justifications**

Bei Lazar entsteht also die merkwürdige Situation, dass Töten im Krieg nahezu niemals aufgrund dessen erlaubt ist, dass das Gegenüber sein Recht auf Leben verloren hätte. Das bedeutet aber nicht notwendigerweise, dass seine Theorie in einen Pazifismus kollabieren muss. Vielmehr gibt es auch die Möglichkeit sogenannter „Lesser Evil Justifications", also von Rechtfertigungen durch das geringere Übel, die in solchen Situationen von einigen Autorinnen angenommen werden. Theorien einer *Lesser Evil Justification* sind dadurch gekennzeichnet, dass sie annehmen, dass ein Eingriff in ein Recht auch dadurch gerechtfertigt werden kann, dass er ein deutlich geringeres Übel hervorbringt als die Alternativen. Nehmen Sie zum Beispiel das bekannte Trolley-Beispiel:

> **Trolley:** Ein Zug rast auf einem Gleis heran. Er wird, wenn er nicht umgelenkt wird, fünf Bahnarbeiter, die auf dem Gleis arbeiten, töten. Sie könnten den Zug auf ein anderes Gleis umlenken, wo eine einzige andere Bahnarbeiterin steht.

Klassischerweise wird das Trolley-Beispiel nur dafür genutzt, den Unterschied zwischen Deontologie und Konsequentialismus zu erklären: Wenn man eine deontologische oder rechtetheoretische Position vertritt, darf man die unbeteiligte

> Bahnarbeiterin nicht töten, wenn man konsequentialistisch argumentiert, wird man hingegen fünf Leben für wertvoller als eines halten und daher ein Umlenken des Zuges befürworten.
> *Lesser Evil Justifications* sind Abwandlungen der deontologischen bzw. rechtetheoretischen Antworten auf solche Fälle. Sie akzeptieren, dass das entgegenstehende Recht der Bahnarbeiterin nicht einfach außer Kraft gesetzt bzw. aufgehoben wird. Dennoch nehmen sie an, dass Konsequenzen bei einem signifikanten Ungleichverhältnis berücksichtigt werden sollten. Man sollte den Zug also umlenken, jedenfalls wenn das Ungleichgewicht der Folgen hinreichend groß ist; ob das bei einer Ratio von 5:1 bereits gegeben ist, kann hier nicht diskutiert werden. Das Recht der Bahnarbeiterin verhindert also, dass sie schon für nur einen kleinen Zugewinn an weniger dramatischen Konsequenzen „geopfert" werden darf. Nehmen wir zum Beispiel an, dass auf dem anderen Gleis zwei Personen stehen, von denen eine höchstwahrscheinlich nur leicht verletzt wird, während die andere sterben wird. In diesem Fall läge für eine rein konsequentialistische Position ein hinreichender Grund vor, den Zug umzulenken, während *Lesser Evil Justifications* hier mangels signifikantem Ungleichgewicht ein Umlenken nicht rechtfertigen können.
> Die Wertung der *Lesser Evil Justifications*, dass das Recht nicht verloren wird, dass man also nicht wie in Fällen der Haftbarkeit keinen vernünftigen Einwand gegen die Behandlung erheben kann, spiegelt sich auch darin, dass man üblicherweise nach einem solchen Opfer, weil es das geringere Übel ist, Schadensersatz bzw. eine Form der Kompensation schuldig ist – genau deshalb, weil man ohne Haftbarkeit der Rechteinhaberin in ein entgegenstehendes Recht eingreift.
> Solche *Lesser Evil Justifications* stellen, wenn man sie theoretisch akzeptiert, eine weitere Möglichkeit dar, zu begründen, wer wen im Krieg töten darf, auch wenn – wie bei Lazar – keine Haftbarkeit vorliegt.

Janina Dill und Henry Shue (2012) begründen die Unterscheidung von Kombattanten und Nichtkombattanten ähnlich wie Lazar: Wenn schon Kriege geführt würden, dann sollte man innerhalb der Kriege das entstehende Leid auf dasjenige reduzieren, das im Krieg unvermeidbar ist. Es sei wesensgemäß so, dass im Krieg gegnerische Kombattanten angegriffen werden müssten. Sonst könne man das Ziel des Krieges, nämlich einen militärischen Sieg, nicht erreichen. Demgegenüber sei es militärisch zwar manchmal nützlich, nicht aber dem Wesen des Krieges nach notwendig, dass Nichtkombattantinnen angegriffen würden. Genau deshalb sei es richtig, dass sich die Regeln zum Verhalten im Krieg, also das *ius in bello*, (ganz unabhängig von Fragen der moralischen Rechtfertigung des Krieges selbst, also des *ius ad bellum*) daran orientieren, möglichst umfassend das unnötige Leid zu vermeiden, d.h. Nichtkombattanten zu schützen. Im Gegenzug sei es dann aber notwendig, dass man das militärisch Notwendige, also das Töten von Kombattantinnen, durch alle Kriegsparteien akzeptiere.

In den meisten dieser Theorien lässt sich erkennen, dass Walzers sehr weitgehender Anspruch, vollwertige Rechte zu töten für Kombattantinnen aller Kriegsparteien, mithin auch für ungerechte Kombattantinnen, zu begründen, selten aufgegriffen wird. Vielmehr wird McMahans Kritik damit begegnet, dass man Besonderheiten des Krieges benennt, die dazu führen sollen, dass die individualethische Bewertung nicht vollständig durchgreift. Es geht nicht so sehr um die tiefste Ebene der Ethik, sondern um Relativierungen dieser tiefsten Ebene durch andere Erwägungen, etwa stillschweigende Verträge, Komplizenschaft oder die Reduktion von unnötigem Leid.

### 8.3.4 Rechtsethische Einschränkungen

Genau diese Beobachtung führte in den letzten Jahren einige Theoretikerinnen dazu, die Fragestellung ein wenig anders zu fassen: Der Streitpunkt sei gar nicht so sehr individualethisch, sondern vielmehr rechtsethisch. Es kann immerhin sein, dass es zwar als ethische Bewertung des Verhaltens einzelner Kombattanten richtig ist, McMahans Ungleichheit anzunehmen, dass es aber dennoch gute Gründe dafür gibt, dass das Recht des Krieges diese Wertungen nicht übernimmt, sondern eine gewisse juristische Gleichheit statuiert.

McMahan (2010b; 2010d) selbst gesteht dies zu, weil er anerkennt, dass eine drohende Bestrafung ungerechter Kombattanten dazu führen kann, dass ein Krieg unnötig blutig verlängert wird. Wenn man sich zum Beispiel vorstellt, dass ein Sieg der Ukraine gegen Russland absehbar würde, dass aber ebenfalls klar wäre, dass ganz normale russische Soldaten, die keine Massaker begangen haben, sondern die „nur" gegnerische Kombattanten auf dem Schlachtfeld getötet haben, im Anschluss bestraft würden, dann liege es nahe, dass diese Soldaten alles daran setzten, nicht gefangen genommen zu werden. Sie würden also nicht kapitulieren, sondern den Krieg und sein Leid unnötig verlängern. Deshalb könne es sinnvoll sein, im Recht eine Gleichheit anzuordnen, die jedoch nicht die „Deep Morality of War", die in der Tiefe begründete Ethik des Krieges abbilde. Zudem sei eine rechtliche Regulierung, die der ethischen Bewertung entspräche, nicht effektiv, weil jede Kriegsseite annehme, auf der gerechten Seite zu stehen.

Das Argument ähnelt dem von Dill und Shue. Henry Shue (2010) lehnt jedoch die zugrunde liegende Kritik McMahans ab. Das Völkerrecht wolle und könne gar nichts anderes regeln als die Reduktion des Leids durch den Krieg. McMahans Kritik sei insofern übermoralisierend, sein Zugeständnis an das Recht hingegen sei korrekt.

McMahan (2010b, 508–509) schlägt im Übrigen eine Lösung für dieses Auseinandertreten von Recht und Ethik vor: einen internationalen Gerichtshof, der zügig, nachdem ein Krieg ausbricht, ein Urteil ausspricht, welche Seite gerechtfertigt ist, d.h. ein Recht zum Krieg hat. Dann wüssten die ungerechten Kombattanten, dass sie auf der falschen Seite stünden und für ihre Teilnahme am Krieg bestraft werden könnten. Ein strafrechtlich bewehrtes Verbot der Teilnahme an ungerechten Kriegen könne dann effektiver werden und tatsächlich Menschen abschrecken, auf der ungerechtfertigten Kriegsseite zu kämpfen.

Widerspruch erfuhren diese Positionen, die ein Auseinandertreten von „Deep Morality" und dem Recht des Krieges vertreten, von Victor Tadros (2020, Kap. 12). Tadros betont, dass die vermeintliche Erhöhung des Leids durch Kriege, wenn man nicht ein gegenseitiges Recht zu töten einräume, spekulativ sei. Es gebe keine empirischen Belege hierfür und man könne sich ebenso gut vorstellen, dass die Androhung von Strafe viele Kombattantinnen dazu bringe, nicht auf der

## 8. Ius in bello 1: Wie muss man sich im Krieg verhalten?

ungerechtfertigten Seite eines Krieges zu kämpfen bzw. die eigene Staatsführung genauer zu hinterfragen. Ein Verbot des Tötens durch ungerechte Kombattanten könne also auch friedensfördernd wirken. Zudem habe das Recht auch die Funktion, Menschen verantwortlich zu halten, Rechenschaft einzufordern und ethisch gute Wertungen symbolisch zu vermitteln. Ein juristisches Recht auf eine ethisch schlechte Handlung und eine ethische Pflichtverletzung gegenüber anderen wäre dementsprechend höchstproblematisch.

Dieses Problem könnte sich allerdings lösen lassen, wenn die völkerrechtliche Regelung etwas anders ausgestaltet wäre: Weder McMahan noch Shue diskutieren nämlich, wie genau das ethisch korrekte Völkerrecht des Krieges aussehen sollte. Sie setzen einfach voraus, dass das von Walzer behauptete gleiche Recht zu töten der entsprechende Inhalt sein muss, und auch Tadros' Hauptkritik richtet sich gegen eine solche rechtliche Regelung. Möglicherweise beinhaltet das Recht aber überhaupt kein gegenseitiges Recht einander zu töten. So vertritt Adil Haque (2017b, Kap. 2), dass es ein Fehler sei, das Völkerrecht so zu deuten, dass es ein solches gegenseitiges Recht zu töten einräume. Das humanitäre Völkerrecht sei gar keine Normordnung, die Rechte zugestehe, sondern die gewisse Verhaltensweisen verbiete. In Bezug auf das Töten im Krieg sei die Regelung, wenn man sie nur richtig lese und verstehe (was zugegebenermaßen auch einige Völkerrechtler nicht täten), keine Erlaubnis zu töten, sondern ein Verbot, Kombattantinnen für die Tötung gegnerischer Kombattanten zu bestrafen. Es gehe also um eine Immunität vor Strafverfolgung; Staaten dürften gegnerische Kombattanten nicht dafür bestrafen, dass diese im Krieg andere Kombattanten angegriffen und getötet hätten. Ob diese Deutung des humanitären Völkerrechts richtig ist, ist aber umstritten. So hat z.B. Marcela Prieto Rudolphy (2023) der Interpretation und der rechtsethischen Begründung bei Haque widersprochen.

Immunitäten vor Strafverfolgung gibt es auch in anderen Bereichen, etwa für Diplomatinnen. Sie stellen keine Erlaubnis und somit auch kein Gutheißen der Handlung, sondern lediglich ein Hindernis der Strafverfolgung dar. Eine solche Regelung im humanitären Völkerrecht ließe sich laut Haque sehr gut rechtfertigen, allerdings nicht mit konsequentialistischen Argumenten der Leidvermeidung wie bei Dill, Shue und McMahan, sondern weil sie den Kombattanten in einer ethisch prekären Situation helfe, wenigstens ihrer stärksten ethischen Pflicht im Krieg nachzukommen, nämlich dem Verbot, Nichtkombattanten anzugreifen. Insofern greift Haque hier den Gedanken von Lazar rechtsethisch wieder auf.

Auch Gisbertz-Astolfi (2021) betont, dass die rechtsethisch korrekte völkerrechtliche Regelung keine Erlaubnis zu töten, sondern nur eine solche Immunität sei. Dies nennt er *Reduced Legal Equality*, eine reduzierte rechtliche Gleichheit, nämlich das rechtsethische Gebot einer Gleichheit in Bezug auf eine Freiheit von Strafverfolgung, nicht aber eine vollwertige Gleichheit.

*Reduced Legal Equality* bezeichnet die in zweifacher Hinsicht reduzierte Gleichheit der Kombattantinnen. Die Gleichheit ist nicht moralisch bzw. ethisch, sondern rechtlich (allerdings aus ethischen Gründen) und sie ist nicht umfassend,

> sondern bezieht sich nur auf ein spezifisches Recht, nämlich die Immunität vor Strafverfolgung.

Gisbertz-Astolfi ergänzt Haques Argumentation um mehrere miteinander verschachtelte Punkte, die zeigen sollen, dass es für das Recht ethisch korrekt ist und sein kann, von der „Deep Morality" abzuweichen. Dies stelle allerdings keinen Bruch mit der Einheitlichkeit der Ethik dar, wie McMahan befürchtet. Vielmehr sei es die korrekte Anwendung der gleichen ethischen Prinzipien auf eine andere Frage. Nicht „Wie soll ich mich im Krieg verhalten?", sondern „Wie sollen wir dieses Problem rechtlich regulieren?" sei die Frage, und hier führten ethische Argumente zu einer anderen Wertung, nämlich der Anordnung einer Immunität vor Strafverfolgung.

Die Gründe hierfür lägen darin, dass Recht in allgemeinen Normen operieren müsse, die Fälle typisierten. Dass also viele ungerechte Kombattanten aufgrund von Manipulation und Zwang entschuldigt seien, könne eine massenhafte Strafverfolgung für sehr wenige Verurteilungen unsachgemäß werden lassen. Zudem müsse das Recht das Verhalten von Menschen leiten können. Wenn eine Regelung zu komplex werde, könne sie diese Leitungsfunktion gar nicht mehr erfüllen. Menschen könnten ein solches Recht nicht einhalten und es verliere seine Funktion. Ein Recht, dass versuchen würde, die hochkomplexen Wertungen aus McMahans Ethik umzusetzen, könne daher sein Kerngebiet, nämlich die Leitung menschlichen Verhaltens, nicht mehr erreichen. Darüber hinaus müsse das Recht aber auch, wenn es Rechtsverletzungen schon nicht vollständig verhindern könne, wenigstens das entstehende Leid bzw. die Summe der Rechtsverletzungen minimieren. Insofern sei auch das Argument der Leidverminderung von Dill, Shue und McMahan zu berücksichtigen. Recht müsse versuchen, Frieden und Rechtssicherheit zu erzeugen. Dies seien Werte des Rechts, die dazu führen könnten, dass das Recht in manchen Fällen die materiale Gerechtigkeit zurückstellen müsse. Das geschehe zum Beispiel auch bei Verjährungen von Ansprüchen oder eben im Falle von Diplomaten.

Schließlich sei es auch so, dass am Ende eines Krieges wesensgemäß nicht die Seite siegreich sei, die gerechtfertigt ist, sondern diejenige, die stärker war. Daher wären anschließende Prozesse vor staatlichen Gerichten niemals neutral im Hinblick auf die Frage, welche Seite ein Recht zum Krieg hatte. Wenn vor russischen Gerichten ukrainische Kombattantinnen angeklagt würden, würden die Gerichte mit der gleichen Sicherheit urteilen, dass ihr Krieg gerecht und der ukrainische Krieg ungerecht war, wie andersherum. Eine staatliche Strafverfolgung bringe also nicht mehr Gerechtigkeit, sondern schwäche vielmehr die Legitimität von Staaten gegenüber ihren Soldatinnen, weil sie diese, wenn sie sie in den Krieg schickten, der Gefahr ungerechter Gerichtsverfahren im Falle einer Niederlage aussetzen würden.

Diese Wertung, dass das Völkerrecht, wenn es von einem „Recht" zu töten bzw. einem „Recht auf Teilnahme an Feindseligkeiten" spricht, eigentlich eine Immunität vor Strafverfolgung meint, ist nicht neu. Schon der „Vater des Völkerrechts", Hugo Grotius, vertrat genau das. Er schreibt:

## 8. Ius in bello 1: Wie muss man sich im Krieg verhalten?

> Mitunter sagt man „Es ist gestattet" von dem, was in jeder Beziehung recht und sittlich ist [...]. In anderen Fällen sagt man, etwas sei gestattet, nicht, weil es ohne Verletzung der Frömmigkeit und der Regeln der Moral geschehen kann, sondern weil es bei den Menschen nicht bestraft wird. [...] In diesem Sinne ist es also gestattet, den Kriegsfeind in seiner Person und in seinem Vermögen zu verletzen, und zwar ist dies auf beiden Seiten ohne Unterschied gestattet. Dies gilt nicht nur für denjenigen, der den Krieg aus einem gerechten Grunde führt [...]. Es kann deshalb keiner von ihnen als Mörder oder Dieb bestraft werden.

Wenn das stimmt, dass es juristisch gar nicht um ein Recht zu töten, sondern nur um eine Immunität vor Strafverfolgung geht, dann hat Walzers viel weitergehende These einer moralischen und nicht nur rechtlichen und rechtsethisch geforderten Gleichheit die Debatte in gewissem Sinne auf die falsche Spur gesetzt. Eine genauere Analyse, welche Argumente in der bisherigen Diskussion ohnehin sinnvoller als rechtsethische Argumente verstanden werden können (oder ohnehin schon solche waren, etwa Kutz' These einer besonderen politisch-normativen Beziehung zwischen Kombattanten und Staaten im Sinne einer solchen Immunität), wäre sicherlich aufschlussreich. Sie steht, soweit ersichtlich, ebenso wie eine umfassende historische Analyse, inwiefern die großen Denkerinnen der Ethik des Krieges und des Völkerrechts tatsächlich nur eine solche reduzierte rechtliche Gleichheit im Sinn hatten, noch aus.

### Hugo Grotius

Hugo Grotius (1583–1645 u.Z.) gilt als einer der „Väter des (neuzeitlichen) Völkerrechts". Vor allem sein Monumentalwerk *De Jure Belli ac Pacis libri tres (Drei Bücher vom Recht des Krieges und des Friedens)* aus dem Jahr 1625 ist eines des bedeutendsten Werke zum Naturrecht (vgl. zu seinem Leben und Werk Eysinga 1952; Hofmann 1995).

Grotius war ein „Wunderkind". Mit elf Jahren begann er sein Studium, mit 16 erhielt er seine Zulassung als Anwalt. Etwa zeitgleich wurde er vom französischen König Heinrich IV. an seinem Hofe als „das Wunder von Holland" geehrt. In seiner Heimat, den Niederlanden, machte er schnell juristisch-politische Karriere und brachte sich in die politischen Konflikte seiner Zeit ein. Das waren vor allem die außenpolitischen Konflikte mit den anderen Seemächten Portugal und Spanien, in denen er – ganz im Sinne der Niederlande – für die Handelsfreiheit der Meere plädierte, sowie die innenpolitischen Spannungen zwischen orthodoxen Calvinisten und Republikanern in den Niederlanden.

Als die orthodoxen Calvinisten zeitweise obsiegten, wurde Grotius für seine Streitschriften gegen sie verhaftet. Seine Haft war jedoch eine relativ luxuriöse. Er konnte Besuch empfangen, konnte seinen Studien nachgehen und sich Bücher liefern lassen. Angeblich ist er aus der Haft geflohen, indem seine Frau ihn in einer dieser Kisten voller Bücherrückgaben versteckte und aus dem Schloss brachte. Er floh an den französischen Königshof, später lebte er zeitweise in Hamburg, dann diente er der schwedischen Krone als Botschafter in Frankreich – und all das in einer Zeit, als der Dreißigjährige Krieg, an dem Frankreich und Schweden als Hauptparteien teilnahmen, Europa verwüstete und die religiösen Spannungen allgegenwärtig waren.

Grotius vertrat, dass Gott sich den Menschen durch deren Vernunft offenbart, weshalb die Menschen – ganz ohne einen expliziten Befehl Gottes im Rahmen einer spezifischen Konfession – aus dem Wesen ihrer Vernunft die geltenden Grundsätze des Naturrechts und der Ethik ableiten könnten. Genau das unternahm er in seinem Hauptwerk *Vom Recht des Krieges und des Friedens*. Hierin sammelte er die Rechtsüberzeugungen der größten Denker der Geschichte und argumentierte mit diesen für eine umfassende ethische Ordnung zwischen den Menschen. Er unterteilte die menschlichen Verhältnisse in Krieg und Frieden, d.h. in Konflikte und in Ordnung. Sein Werk handelt dann aber vor allem von den Konflikten und den subjektiven Rechten, welche die Einzelnen in diesen Konflikten haben. Genau um diese Rechte geht es Grotius: Krieg bzw. gewaltsame Konflikte ließen sich nur zur Verteidigung und Bewahrung des Rechts rechtfertigen, was für ihn auch Strafen und Strafkriege umfasst.

Neben dem Naturrecht, das relativ umfassend die Individualethik des Krieges behandelt, gibt es für Grotius noch das menschengemachte Recht, also einerseits staatliches Recht und andererseits Völkerrecht. Das Völkerrecht ziehe seine verpflichtende Kraft aus dem Willen aller Völker. Dieser Wille waltet aber nicht willkürlich, sondern folgt, wie Grotius zeigt, guten Gründen für viele völkerrechtliche Regelungen.

Im Völkerrecht spiegelt sich allerdings nicht bloß die Vernunft des Naturrechts. Vielmehr gibt es spezifische Überlegungen insbesondere für das, was Grotius „förmliche Kriege" nennt. Diese sind Kriege zwischen Staaten, die öffentlich erklärt wurden. Durch diese Kriegserklärung trete das Kriegsrecht in Kraft und dieses müsse – mangels höherer Instanz über den Staaten – von den starken ethischen Wertungen des Naturrechts Abstand nehmen. Hier besäßen die Staaten dementsprechend ein Recht, ihr vermeintliches Recht mit militärischer Gewalt zu verfolgen, weil sie keinen Gerichtshof oder dergleichen anrufen können. Auch für die Kombattanten gilt dementsprechend eine Immunität vor Strafverfolgung. Auf diese Weise legte Grotius die Grundlage für eine nicht religiös argumentierte Völkerrechtsordnung und Ethik, die auf Vernunftgründen basieren sollte.

## 8.4 Kindersoldaten

Eine besonders tragische Realität vieler Kriege und zugleich eine besondere Herausforderung für die bisherigen ethischen Erörterungen stellt der Einsatz von Kindersoldatinnen dar. Diese sind im Sinne vieler der dargestellten Theorien nicht haftbar, angegriffen zu werden, und daher möglicherweise keine militärisch legitimen Ziele. Wir können uns dies an einem Fall vergegenwärtigen, den Jeff McMahan (2010a, 32–33) beschreibt:

> **Kindersoldat**: Eine Gruppe Milizionäre kommt in ein Dorf, in dem auch der achtjährige Edgar wohnt. Sie töten wahllos Menschen und nehmen dann Edgars Eltern gefangen und drohen aus Spaß an der Brutalität damit, auch diese umzubringen, wenn Edgar nicht vor den Augen des ganzen Dorfes, auch der Eltern seines Freundes, seinen besten Freund erschießt. Nachdem Edgar dies getan hat, wird er von den Milizionären mitgenommen. Seine Schuldgefühle führen dazu, dass er sich für zutiefst moralisch beschmutzt hält. Kontakt in seine ursprüngliche soziale Umgebung kann er wegen seiner Tat nicht mehr suchen. Stattdessen wird er weiter indoktri-

## 8. Ius in bello 1: Wie muss man sich im Krieg verhalten?

niert und psychisch und faktisch an die Miliz gebunden. Drei Jahre später kämpft er unter Einfluss von Drogen in den (ungerechten) kriegerischen Einsätzen der Miliz.

Diese Beschreibung ist nah an der Realität vieler Kindersoldaten (vgl. hierzu etwa Wessells 2006; Singer 2006 und v.a. zur Rolle von weiblichen Kindersoldatinnen Fisher 2013, 169–188). Psychischer Missbrauch, Traumata, Drogen, Indoktrination, übermäßige Gewalterfahrungen, fehlende soziale Bindungen jenseits der eigenen militärischen Gruppe und natürlich das junge Alter führen zu einer ethisch prekären Situation: Wie soll man handeln, wenn man Kindersoldaten wie Edgar im Kampf begegnet? Was, wenn diese Massaker unter Nichtkombattanten verüben?

McMahan (2010a; 2011, 198–202) argumentiert, dass in Fällen, in denen tatsächlich gar keine moralische Verantwortlichkeit mehr konstatiert werden kann, Edgar in der Tat nicht haftbar wäre. Wenn man sich gegen ihn dennoch wehren dürfe bzw. andere gegen ihn verteidigen dürfe, dann nur aufgrund anderer Erwägungen, etwa auf Basis von *Lesser Evil Justifications* (vgl. 8.3.3 Erwiderungen und neuere Begründungen der Moralischen Gleichheit). Allerdings sei die Annahme, dass Kindersoldatinnen regelmäßig keinerlei moralische Verantwortlichkeit besäßen, zu weitgehend. Kinder seien zwar nicht vollständig moralisch verantwortungsfähig, wohl aber in einem reduzierten Maß. Dieses Maß werde durch die beschriebenen fürchterlichen Erfahrungen Edgars weiter geschmälert, aber nicht aufgehoben. Verantwortungsfähigkeit sei etwas Graduelles und das ließe sich auch gut ethisch abbilden, nämlich über das Kriterium der Proportionalität: Jede Verteidigung müsse verhältnismäßig sein, und gegen Menschen, die in geringem Maß verantwortlich für die Verteidigungssituation seien, sei dementsprechend auch die Auswahl der verhältnismäßigen Mittel begrenzt.

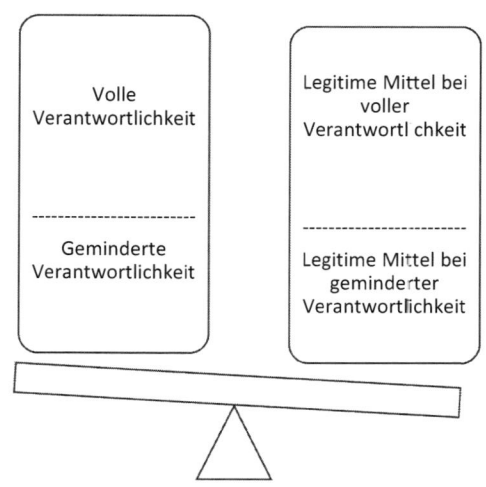

*Abbildung 5: Reduzierung der legitimen Mittel bei geminderter Verantwortlichkeit. Quelle: Eigene Darstellung.*

Ob man Edgar für vollständig nichtverantwortlich hält oder die möglichen Verteidigungsmaßnahmen dementsprechend an das Maß seiner Verantwortung anpasst, am Ende steht für McMahan eine Regel, die ungefähr der Regel des deutschen Rechts im Umgang mit Notwehr gegen Kinder entspricht: „Schutz- statt Trutzwehr". Man müsse die Schäden bei den Kindersoldaten minimieren (bei gleichzeitiger Abwehr ihres Angriffs) und dafür ggf. auch mehr Risiko für sich selbst in Kauf nehmen. Man dürfe sich also schützen, aber man müsse die Kindersoldatinnen dabei möglichst milde behandeln. Nicht Trutz im Sinne der Verteidigung des Rechts, sondern nur der Schutz der eigenen bzw. fremder Rechte ist hier das Ziel – und dementsprechend sind auch die ethisch zulässigen Mittel des Schutzes eingeschränkt.

Milla Vaha (2011) wertet gänzlich anders: McMahans Anspruch, Haftbarkeit im Krieg nicht kollektiv, sondern auf Basis individueller Verantwortung zu bestimmen, scheitere genau an solchen Härtefällen wie Kindersoldatinnen, weil McMahan eigentlich im Rahmen seiner Theorie nicht begründen könne, warum man sich gegen sie wehren dürfe, was aber klarerweise der Fall sei. Genau deshalb müsse man die moralische Gleichheit der Kombattanten zugrunde legen, nach der Kindersoldaten, die eine Gefahr darstellen, wie jeder andere Soldat getötet werden dürften.

Es gibt zu diesem Thema noch einige weitere Werke, aber insgesamt relativ wenig Literatur. Die Gedanken zu den Kriterien der Verantwortlichkeit „normaler" Kombattantinnen, vor allem derjenigen, deren Verantwortlichkeit reduziert ist, lassen sich hierauf allerdings zu erheblichen Teilen übertragen: Genau deshalb kommen Vaha und McMahan zu unterschiedlichen Ergebnissen. Dennoch mag es erstaunen, dass diese offenkundige moralische Tragik eher selten in ethischen Debatten aufgegriffen wird (zur Rechtslage und allgemein vgl. auch Goodwin-Gill 2014, zu Fragen der Resozialisierung und Verantwortung nach dem Krieg vgl. Fisher 2013).

> **Rules of Engagement und Taschenkarten**
>
> In der Praxis werden die rechtlichen (und im Idealfall auch moralischen) Vorgaben für spezifische militärische Einsätze in den sogenannten Einsatzregeln (*Rules of Engagement*, RoE) festgehalten. Diese sind Anweisungen, wie sich Soldatinnen im Einsatz zu verhalten haben. Sie schlüsseln die Vorgaben relativ detailliert auf, indem sie auf den entsprechenden Einsatz zugeschnitten die Ziele, Rechte und Pflichten der Soldatinnen auflisten und erklären, unter welchen Bedingungen gegen wen Waffengewalt genutzt werden darf.
> Den Soldaten werden die *Rules of Engagement* vor jedem Einsatz in Form von sogenannten Taschenkarten überreicht. Taschenkarten sind handliche, faltbare Heftchen, in denen die Einsatzregeln nachlesbar sind. Sie sind im Einsatz stets mit sich zu führen und eröffnen somit in der schwierigen Situation des Krieges die Möglichkeit, sich die eigenen Rechte und Pflichten bewusst zu machen. Zudem sind die *Rules of Engagement* rechtsgültige Befehle, welche die Soldatinnen zum Gehorsam verpflichten.

## 8. Ius in bello 1: Wie muss man sich im Krieg verhalten?

| Taschenkarte für die Soldaten der fiktiven Einsatztruppe (FET) | |
|---|---|
| **I. Mission und Grundsatz**<br><br>Ihr Auftrag ist die Sicherstellung des Friedens in der Region. Hierzu ist die Anwendung militärischer Gewalt nur unter den nachfolgenden Bedingungen zulässig. **Dabei darf immer nur das geringstmögliche Maß an Gewalt angewendet werden.**<br><br>**II. Maßnahmen der Gewaltanwendung**<br><br>1. Sie haben das Recht, sich jederzeit und überall gegen Angriffe zu verteidigen.<br><br>2. Sie haben das Recht, Angriffe abzuwehren, die sich gegen<br><br>- andere Soldaten und zivile Angehörige der FET,<br><br>- Material und Einrichtungen der FET,<br><br>- unter dem Schutz der FET stehende Personen und deren Eigentum richten. | 3. Zum Schutz anderer Personen haben sie nur das Recht, lebensgefährdende Angriffe abzuwehren.<br><br>4. Sie dürfen geeignete Abwehr- und Schutzmaßnahmen auch gegen unmittelbar bevorstehende Angriffe ergreifen.<br><br>6. Vor der Eröffnung des Feuers muss der Schusswaffengebrauch mit den Worten „FET – <u>Stop</u> or I will <u>fire</u>" angedroht werden.<br><br>7. Ohne Androhung ist der Schusswaffengebrauch nur zulässig, um eine unmittelbare Gefahr für Leib und Leben abzuwehren.<br><br>5. <u>Bei allen Gewaltanwendungen ist stets der Grundsatz der Verhältnismäßigkeit zu beachten.</u><br><br>**II. Maßnahmen nach Kampfhandlungen**<br><br>1. Nachdem ein Angriff abgewehrt wurde, ist auch verletzten Angreifern medizinische Hilfe zu gewähren.<br><br>2. Festgenommene Personen sind zu entwaffnen und menschlich zu behandeln. |

*Abbildung 6: Fiktives, selbst erfundenes Beispiel einer sehr generisch gehaltenen Taschenkarte (Der Abdruck echter Taschenkarten ist nicht gestattet). Quelle: Eigene Darstellung.*

## 8.5 Kriegsgefangene

Zwischen 2004 und 2006 erschütterten Bilder und Berichte von Folter und Misshandlung irakischer Insassen durch Angehörige der US-Streitkräfte im Gefängnis Abu Ghraib die Welt. Ebenso wurde eine medizinische Untersuchung Saddam Husseins, der von den USA als Kriegsgefangener eingestuft wurde, nach seiner Gefangennahme im Fernsehen ausgestrahlt. Beides waren klare Verletzungen der Dritten Genfer Konvention zum Schutz von Kriegsgefangenen.

Nach der Dritten Genfer Konvention müssen alle gefangengenommenen Kombattanten menschlich behandelt werden. Sie dürfen unter anderem nicht gefoltert, nicht demütigend behandelt und nicht als Siegestrophäen präsentiert werden. Auch sollte ihnen ermöglicht werden, ihrer Familie zu schreiben. Kriegsgefangenenlager müssen für das Internationale Komitee des Roten Kreuzes zugänglich sein, das die Einhaltung dieser Regeln überwacht. Kriegsgefangene dürfen nicht für ihr völkerrechtlich geschütztes Verhalten, also das Kämpfen gegen feindliche Kombattantinnen, strafrechtlich belangt werden. Nach dem Krieg müssen Kriegsgefangene in ihre Heimat zurückgelassen werden, bis dahin dürfen sie interniert bleiben. Gerade dieser letzte Punkt, die Erlaubnis zur Internierung bis zum Ende des Krieges, lässt die Praxis eines angeblichen „Kriegs gegen den Terrorismus" fragwürdig erscheinen, der ersichtlicherweise nur dann ein Ende findet, wenn die USA und ihre Verbündeten ihn für beendet erklären, weil es keinen klaren Gegner gibt, der kapitulieren kann. Immerhin wurde unter Barack Obama konkretisiert, gegen welche terroristischen Organisationen sich der Krieg richtet, sodass er nun in der Theorie ein Ende finden könnte. Nichtsdestoweniger bleiben starke Bedenken darauf, wie Gefangene in diesem angeblichen Krieg behandelt werden.

Die völkerrechtlichen Regelungen zur Behandlung von Kriegsgefangenen haben bisher in der Ethik des Krieges keine vertiefte Diskussion aufkommen lassen. Man kann vermuten, dass dies an einer grundsätzlichen Zustimmung zu diesen Regelungen liegt. Vertiefte ethische Begründungen könnten für Streitfälle dennoch von Nutzen sein, sie sind bisher aber, soweit ersichtlich, außerhalb der rechtspolitischen Debatten nicht geleistet worden.

Empfohlene Literatur:
Benbaji, Yitzhak (2008). A Defense of the Traditional War Convention. Ethics 118 (3), 464–495. https://doi.org/10.1086/533506.
Dill, Janina/Shue, Henry (2012). Limiting the Killing in War: Military Necessity and the St. Petersburg Assumption. Ethics & International Affairs 26 (3), 311–333. https://doi.org/10.1017/S0892679412000445.
Gisbertz-Astolfi, Philipp (2021). Reduced Legal Equality of Combatants in War. Ethics & International Affairs 35 (3), 443–465. https://doi.org/10.1017/S0892679421000447.
Haque, Adil Ahmad (2017b). Law and Morality at War. Oxford, Oxford University Press. https://doi.org/10.1093/acprof:oso/9780199687398.001.0001.
Hurka, Thomas (2007). Liability and Just Cause. Ethics & International Affairs 21 (2), 199–218. https://doi.org/10.1111/j.1747-7093.2007.00070.x.
McMahan, Jeff (1994). Innocence, Self-Defense and Killing in War. Journal of Political Philosophy 2 (3), 193–221. https://doi.org/10.1111/j.1467-9760.1994.tb00021.x.
McMahan, Jeff (2006a). On the Moral Equality of Combatants. Journal of Political Philosophy 14 (4), 377–393. https://doi.org/10.1111/j.1467-9760.2006.00265.x.
McMahan, Jeff (2011). Killing in War. Oxford, Clarendon Press. https://doi.org/10.1093/acprof:oso/9780199548668.001.0001.
Walzer, Michael (2015). Just and Unjust Wars. A Moral Argument with Historical Illustrations. 5. Aufl. New York, NY, Basic Books.

Zu Kriegsgefangenen allgemein, nicht jedoch moralphilosophisch, siehe den Sammelband: Scheipers, Sibylle (Hg.) (2010). Prisoners in War. Oxford, Oxford University Press.

**Diskussionsfall:**

Am 28. Oktober 1942 erließ Adolf Hitler den sogenannten „Kommandobefehl", eine Anordnung, dass Angehörige feindlicher Kommandotrupps nicht gefangengenommen, sondern getötet werden sollten. Dieses Verwehren von Rechten von Kriegsgefangenen war ein eklatanter Verstoß gegen das humanitäre Völkerrecht. Der deutsche Wehrmachtsgeneral Erwin Rommel verbrannte und ignorierte diese Weisung und behandelte die Gefangenen nach wie vor nach dem Kriegsrecht. Auch ansonsten rankt sich um ihn der Mythos, dass er sich an die Regeln des Krieges hielt und seinen Feinden mit „Ritterlichkeit" begegnete.
Wenn Sie diese von vielen geteilte, aber auch manchmal etwas relativierte Beschreibung so unterstellen, würden sie Walzers Behauptung zustimmen, dass Rommel „in einem moralisch zu verurteilenden Krieg [...] nicht nur militärisch, sondern auch *moralisch* gut kämpfte (2015, 38; Übersetzung nach 1982, 71)?

## 8. Ius in bello 1: Wie muss man sich im Krieg verhalten?

**Diskussionsfragen:**

- Schauen Sie sich noch einmal die Fälle *Fallende Person* und *Die umsichtige Autofahrerin* an. Gibt es hier Ihrer Meinung nach ein Recht zur Selbstverteidigung? Ist dieses sogar, wie Benbaji vertritt, gegenseitig?
- In der Debatte um die moralische Gleichheit wird viel mit angeblichen Intuitionen für die eine oder andere Seite argumentiert. Was ist Ihre Intuition? Haben ungerechte Kombattantinnen das gleiche ethische Recht zu töten wie gerechte Kombattantinnen?
- Finden Sie die Unterscheidung von Individualethik und Rechtsethik in Bezug auf die Gleichheit der Kombattanten überzeugend?
- Was halten Sie für den korrekten Umgang mit Kindersoldatinnen? Hat das Auswirkungen darauf, welche allgemeine Theorie der Rechte von Kombattanten Sie für überzeugend halten?

## 9. Ius in bello 2: Darf man Zivilisten in Ausnahmefällen doch töten?

Wir haben gesehen, dass die zentrale Regel der Ethik im Krieg, also des *ius in bello*, das Diskriminierungsgebot ist. Dieses besagt, dass man im Krieg zwischen Nichtkombattanten und Kombattanten unterscheiden soll. Grundsätzlich gilt, dass Nichtkombattanten keine legitimen Ziele militärischer Angriffe sind.

### 9.1 Die Immunität der Zivilisten

Die moralphilosophische Basis dieses Gebots des Schutzes von Nichtkombattantinnen ist nicht schwer zu benennen: Wenn man Krieg nicht im Sinne eines totalen Krieges als kollektive Feindschaft ganzer Völker begreift, dann sind Nichtkombattanten für das Geschehen im Regelfall nicht haftbar. Sie greifen niemanden an und geben deshalb auch niemandem ein Recht auf Verteidigung gegen sie. Dennoch gibt es um die genauen Grenzen ihres Schutzes ethische Debatten. Anders als bei den Rechten der Kombattantinnen sind diese Debatten aber eher auf Ausnahmefälle fokussiert und ergeben sich zu erheblichen Teilen eher als Folge der theoretischen Grundentscheidungen zu den Rechten der Kombattantinnen.

Michael Walzer benennt die Immunität von Zivilisten sehr deutlich und versteht sie in einem gewissen Sinne als absolut:

> Nichtkämpfende dürfen auf keinen Fall angegriffen werden; dies ist der zweite Grundsatz der Kriegskonvention [neben der moralischen Gleichheit der Kombattanten]. Sie können niemals Gegenstand oder Ziel militärischer Aktivitäten sein. (Walzer 2015, 152; Übersetzung nach Walzer 1982, 225)

Das entscheidende Wort hier lautet: „niemals". Für Walzer (2015, Kap. 9) ist die Immunität der Nichtkombattantinnen keine Frage der Abwägung oder von Regeln und Ausnahmen. Sie gilt immer. Allerdings erkennt er an, dass es nicht möglich ist, Krieg zu führen, ohne Nichtkombattanten in Gefahr zu bringen. Deshalb akzeptiert er Kollateralschäden, aber nur wenn sie die ethischen Vorgaben des sogenannten Prinzips der Doppelwirkung einhalten. Auf dieses Prinzip und die Legitimität von Kollateralschäden werden wir im Folgenden genauer zu sprechen kommen. Kollateralschäden sind jedenfalls nur solche Schäden (und vor allem Todesopfer), die man nicht bezweckt, sondern mehr oder weniger versehentlich bewirkt hat. Daher können wir Walzers Position für den Moment so festhalten, dass man Nichtkombattanten *niemals* gezielt angreifen darf.

Vor diesem Hintergrund diskutiert Walzer (2015, Kap. 10) die im Krieg seit jeher gängige Praxis von Belagerungen: Bei Belagerungen wird eine Stadt oder Burg oder eine andere befestigte Anlage nicht mit Waffengewalt eingenommen, sondern man schneidet sie von Nachschubwegen ab und hofft darauf, dass die daraus entstehende Not die gegnerischen Kombattanten zur Aufgabe zwingt. Für Walzer stellt dies einen klaren Verstoß gegen die Immunität der Nichtkombattantinnen dar, weil deren Hunger und Not als militärisches Mittel ausgenutzt werde. Der einzige Weg, Belagerungen und andere Blockaden ethisch legitim zu gestalten, sei, wenn man den Nichtkombattanten effektive Fluchtkorridore öffne, wenn es also nur um ein Abschneiden der gegnerischen Kombattantinnen von Nachschub gehe.

Walzers Idee einer absoluten Immunität von Nichtkombattanten beruht ebenso wie seine Behauptung der moralischen Gleichheit der Kombattanten auf deren Zugehörigkeit zu einer Gruppe. Während aber die eine Gruppe (Kombattanten) ihr Recht auf Leben verliere, weil sie eine Bedrohung darstelle, behalte die andere Gruppe (Nichtkombattanten) ihr Recht, weil sie unschuldig sei. Dementsprechend verwundert es nicht, dass die Revisionistinnen auf der Basis ihrer Kritik an der moralischen Gleichheit der Kombattantinnen auch Walzers Behauptung einer absoluten Immunität von Nichtkombattantinnen kritisieren. Erinnern wir uns: Das entscheidende Kriterium für die Haftbarkeit von Kombattantinnen, die sie zu legitimen militärischen Zielen macht, ist für McMahan und andere Revisionistinnen deren Verantwortung für ungerechtfertigte Angriffe oder Bedrohungen.

Es geht bei McMahan also um die individuelle Verantwortung für die Angriffe im Krieg, und diese könne im Ausnahmefall auch bei Nichtkombattanten in einem hinreichenden Maß vorliegen. McMahan bringt zur Verdeutlichung den folgenden Fall:

> Im Jahr 1954 überredeten Führungskräfte der United Fruit Company die Eisenhower-Administration, einen Staatsstreich zu organisieren und zu leiten, der die demokratische Regierung Guatemalas stürzte und ein neues Regime installierte, das dem Unternehmen einige unkultivierte Ländereien zurückgab, die in dem Bemühen, den Bauern zu helfen, verstaatlicht worden waren. Dies ist ein Musterbeispiel für einen ungerechten Krieg, und man kann davon ausgehen, dass die Führungskräfte mindestens ebenso viel Verantwortung für die Tötung und die Verletzung der nationalen Selbstbestimmung trugen wie die Soldaten, die den Krieg führten. Nach dem von mir vertretenen Verständnis des Erfordernisses der Diskriminierung – das ich als das Kriterium der Verantwortung bezeichnen werde – waren die Führungskräfte haftbar; sie waren legitime Ziele. (McMahan 2006b, 35)

Nach McMahans Theorie der Haftbarkeit aufgrund der individuellen Verantwortung ist klar, dass in diesem Fall, wenn es denn militärisch sinnvoll ist, d.h. zur Erreichung des Kriegsziels beiträgt, auch die Führungskräfte der United Fruit Company angegriffen werden durften. Mehr noch: Wenn die Wahl zwischen einfachen Kombattanten und diesen „Strippenziehern" läge und der militärische Nutzen der gleiche wäre, wären sie sogar wegen ihrer größeren Verantwortlichkeit prioritär anzugreifen.

Diesen Grundsatz, dass die hauptverantwortlichen Personen eher angegriffen werden sollten als die von ihnen genutzten weniger verantwortlichen „Instrumente", veranschaulicht McMahan an einem besonders ausgefallenen, aber treffenden Fall:

> **Die unnachgiebige Verfolgerin:** Felo wird unter Drogen gesetzt und von Gabrijela im Schlaf entführt, die ihr dann ein Gerät ins Gehirn implantiert, das ihren Willen unwiderstehlich auf die Aufgabe lenkt, Hauke zu töten.

> Infolgedessen wird sie Haukes Tod unerbittlich verfolgen, bis sie Hauke tötet, woraufhin sich das Gerät automatisch deaktiviert. Hauke geht zu Gabrijela, um sie zu bitten, das Gerät in Felos Hirn zu deaktivieren, und muss feststellen, dass Gabrijela einen Unfall erlitten hat und nun bettlägerig und an ein Beatmungsgerät gefesselt ist. Sie kann das Gerät in Felos Hirn nicht mehr ausstellen. In diesem Moment kommt Felo auf ihn zu. Er hat nur zwei Möglichkeiten, sich zu retten: Entweder er erschießt Felo oder er flieht in Gabrijelas Auto. Dieses Auto ist jedoch batteriebetrieben und die einzige verfügbare Batterie ist diejenige, die Gabrijelas Beatmungsgerät mit Strom versorgt. Um vor Felo zu fliehen, müsste Hauke die Stromversorgung vom Atemgerät entfernen und Gabrijela dadurch töten. (McMahan 2006b, 31–32)

Der Fall konfrontiert uns direkt mit der Frage: Wen sollte man eher töten, die zum Instrument gemachte Felo oder die Strippenzieherin Gabrijela? McMahans Antwort ist klar: Felo ist weniger verantwortlich für die Situation als Gabrijela, also sollte Gabrijela prioritär die Last tragen müssen. Auf den Krieg übertragen bedeutet das, dass nicht alle Nichtkombattanten aus ethischen Gründen nicht haftbar sind. Einige können ihr Recht auf Leben verloren haben, weil sie für die ungerechten Angriffe ebenso verantwortlich oder verantwortlicher sind als die Kombattantinnen, die diese ausführen. Zwar erkennt McMahan durchaus an, dass es sich hier um Ausnahmen handelt, aber eine absolute Immunität wie bei Walzer hält er für falsch. Manche Nichtkombattantinnen dürfe man gezielt angreifen.

Als weiteres Beispiel nennt McMahan (2011, 222–224) die israelischen Siedler im Westjordanland. Viele dieser Siedlerinnen erfüllten tatsächlich die Bedingungen, dass sie eine ungerechte Lage, die gewaltsamen Widerstand rechtfertigt, direkt selbst verantworten müssten. Allerdings schränkt er ein, dass das keinesfalls für alle Siedler gilt, insbesondere nicht für Kinder. Insofern sei eine kollektive Haftbarmachung in Form von Angriffen auf die Siedlungen dennoch keine adäquate militärische Antwort. Man könne sich aber legitime militärische Angriffe auf die Siedler vorstellen.

McMahan selbst erkennt aber auch die Gefahr seiner Argumentation: Wenn die Grenze zwischen Kombattantinnen und Nichtkombattantinnen nicht absolut ist, dann ist die Bestimmung der jeweiligen individuellen Verantwortung ausschlaggebend für die Haftbarkeit, und das birgt die Gefahr, dass es eine Rechtfertigung für terroristische Angriffe bietet, die klarerweise nicht rechtfertigbar sind. Terrorismus ist, wie wir später noch genauer sehen werden, genau dadurch gekennzeichnet, dass sich die Angriffe auf Unschuldige richten (vgl. 11.1 Was ist Terrorismus?). Im Krieg sind das im Normalfall (alle) Nichtkombattantinnen. Wenn diese aber hinreichend verantwortlich sein können, dass Angriffe auf gerechtfertigt sein können, dann eröffnet dies die prinzipielle Möglichkeit für Argumente wie dem folgenden, das Osama bin Laden in einem offenen Brief an das amerikanische Volk vertrat:

## 9. Ius in bello 2: Darf man Zivilisten in Ausnahmefällen doch töten?

> Sie können behaupten, dass [die Vorwürfe und Anklagen] keine Aggression gegen Zivilisten rechtfertigen, weil diese die Verbrechen nicht selbst begangen und nicht an ihnen teilgenommen haben. Aber das widerspricht Ihrer stetigen Wiederholung, dass Amerika das Land der Freiheit ist [...] Daher ist es das amerikanische Volk, das seine Regierung aus freien Stücken wählt [...]. Die amerikanischen Bürger sind diejenigen, die mit ihren Steuern die Flugzeuge finanzieren, die uns in Afghanistan bombardieren, und die Panzer, die unsere Häuser in Palästina beschießen und zerstören, und die Armeen, die unsere Länder im Arabischen Golf besetzen, und die Flotten, die die Blockade des Irak sicherstellen. (bin Laden 2002)

Terroristinnen rechtfertigen ihre Angriffe gerade damit, dass sie selbst ganz normalen Bürgern eine Verantwortung und Haftbarkeit zusprechen: Durch die Teilnahme am Wirtschaftssystem, als Bürgerinnen von imperialistischen Staaten, durch Wahlen und Steuern – auf vielfältige Weise trügen die Opfer des Terrorismus zu einer Verteidigungssituation bei und wären deshalb für diese haftbar.

Man kann natürlich trefflich diskutieren, ob denn überhaupt eine solche Verteidigungssituation gegeben ist, aber selbst, wenn das der Fall sein sollte, scheinen Angriffe auf ganz normale Bürgerinnen ethisch zutiefst verwerflich und nicht zu rechtfertigen. McMahans Argumentation könnte einer solchen Rechtfertigung aber Tür und Tor öffnen, weil es für ihn nicht ausgeschlossen ist, dass „normale Menschen" wegen ihrer Verantwortung ihr Recht auf Leben verlieren können.

Genau deshalb widmet McMahan (2011, 231–235) das letzte Kapitel seines Hauptwerkes zur Ethik des Krieges dieser Frage und betont, dass dieser Rückschluss unzulässig sei. Es gelte das Prinzip der Verhältnismäßigkeit und Morde seien keine verhältnismäßige Antwort auf relativ marginale Beiträge zu einer ungerechten Situation. Allemal würde eine anderweitige Antwort im Sinne Walzers, also ein Verweis auf eine absolute Immunität von Nichtkombattanten, auch nur im Krieg gelten. Terrorismus ist aber immer falsch, auch außerhalb des Krieges, und zwar unter anderem deshalb, weil er die falschen Leute im falschen Maß zur Verantwortung zieht. Dabei ist es dann auch egal, ob dies Terrorismus von al-Qaida oder Terrorbombardements der Alliierten auf deutsche und japanische Großstädte oder russische Angriffe auf das ukrainische Hinterland zur Bindung der Flugabwehr jenseits der Frontlinie sind. Gezielte Angriffe auf Nichtkombattanten sind auch für McMahan (2011, 225) nur in den seltenen Ausnahmefällen erlaubt, in denen tatsächlich eine Verantwortlichkeit vorliegt, die der eines direkten Angreifers gleichkommt – und solche Fälle seien schon deshalb nahezu universell ausgeschlossen, weil Angriffe auf Nichtkombattanten immer auch Nichtverantwortliche, vor allem Kinder, träfen. Aber auch ansonsten seien sie nur unter enorm hohen ethischen Hürden zu rechtfertigen, die fast nie erfüllt seien.

Auch Helen Frowe (2014) vertritt eine solche revisionistische Unterscheidung anhand der individuellen Verantwortlichkeit und insofern kein absolutes Diskriminierungsgebot. Sie geht sogar an entscheidenden Stellen noch weiter als McMahan, insofern sie fragt, inwiefern beispielsweise Mitarbeitende der Rotkreuzbewegungen und anderes medizinisch-humanitäres Personal, das unter dem völkerrechtlichen Schutz des Roten Kreuzes, des Roten Halbmonds, des Roten Kristalls oder Roten Davidsterns steht, legitime Ziele militärischer Angriffe seien (vgl. Frowe 2014, 202–207). Immerhin trügen diese, wenn sie Kombattantinnen so behandelten, dass diese wieder kampffähig würden, relativ unmittelbar zum Krieg bei. Wenn dieser Krieg ungerecht sei, seien sie für diesen ungerechten Krieg mitverantwortlich und daher in der Tat potenziell legitime militärische Ziele.

Frowe (2014, 209–212) schließt auch die Haftbarkeit von Steuerzahlerinnen nicht vollständig aus. Absichtlich andere dafür zu bezahlen, dass sie Unrecht für einen begingen, sei selbstverständlich ein hinreichender Grund für eine moralphilosophische Verantwortlichkeit und Haftbarkeit. Das sei die konsequente Schlussfolgerung aus der moralphilosophisch überzeugendsten, nämlich der revisionistischen, Theorie. Frowe geht also in einigen Punkten – ihrer Ansicht nach konsequenter – über McMahans Schlussfolgerungen hinaus.

Tabelle 4: *Immunität von Nichtkombattantinnen. Quelle: Eigene Darstellung.*

| | Theoretische Grundausrichtung | Absolute Immunität von Nichtkombattanten | Häufigkeit von Ausnahmen |
|---|---|---|---|
| Walzer | Traditionalismus | Ja | – |
| McMahan | Revisionismus | Nein | Sehr selten |
| Frowe | Revisionismus | Nein | Gelegentlich |

## 9.2 Kollateralschäden und das Prinzip der Doppelwirkung

Ob man dem Traditionalismus oder dem Revisionismus folgt, klar ist in jedem Fall, dass die *meisten* Nichtkombattanten nichts getan haben, was ihre Rechte einschränkt. Sie sind unschuldig und deshalb grundsätzlich auch nicht haftbar. In jedem Krieg sterben aber unschuldige Nichtkombattantinnen. Wenn man das also nicht auf andere Art rechtfertigen kann, müsste man schlussfolgern, dass es keine gerechten Kriege geben kann, weil jeder Krieg die Rechte von Menschen verletzt. Das ist die Position einiger Vertreterinnen eines *Just War Pacifism* (vgl. 2.2 Formen des Pazifismus). Die meisten in der Ethik des Krieges sehen das indes anders. Kollateralschäden halten sie durchaus für rechtfertigbar. Wie kann das sein?

Der am häufigsten zur Erklärung angeführte ethische Grundsatz ist das sogenannte Prinzip der Doppelwirkung. Dieses besagt, dass es ein bedeutender Unterschied ist, ob man eine Schädigung beabsichtigt oder nur vorhersieht und in Kauf nimmt. Verdeutlichen wir uns das an den klassischen Fallbeispielen hierzu, nämlich dem bekannten Trolley-Problem:

> **Trolley:** Ein Zug rast auf einem Gleis heran. Er wird, wenn er nicht umgelenkt wird, fünf Bahnarbeiter, die auf dem Gleis arbeiten, töten. Sie könnten den Zug auf ein anderes Gleis umlenken, wo eine einzige andere Bahnarbeiterin steht.

## 9. Ius in bello 2: Darf man Zivilisten in Ausnahmefällen doch töten?

Intuitiv denken mehr Menschen, dass man den Zug umlenken sollte. Falls diese Recht haben, scheint zunächst eine konsequentialistische Formel à la „Fünf Leben wiegen mehr als eins" einschlägig. Diese Regel steht aber, wie Judith Jarvis Thomson (1976) gezeigt hat, in Widerspruch zu anderen moralischen Intuitionen. Nehmen wir zum Vergleich einen von ihr beschriebenen bekannten Fall:

> **Die dicke Person:** Ein (kleiner) Zug rast auf einem Gleis heran. Er wird, wenn er nicht aufgehalten wird, fünf Bahnarbeiter, die auf dem Gleis arbeiten, töten. Sie stehen auf einer Brücke und sehen den Zug heranrasen. Die einzige Möglichkeit, die sie sehen, um den Zug zu stoppen, besteht darin, eine ebenfalls dort stehende sehr dicke Person von der Brücke auf die Gleise zu schubsen. Diese würde dabei sterben, aber der Zug würde hinreichend aufgehalten, um das Leben der Bahnarbeiter zu schützen. Sie selbst sind leider zu dünn, um sich selbst hierfür zu opfern.

In diesem Fall liegt die Intuition der meisten Menschen ganz anders: Obwohl man fünf Menschen retten kann, wenn man nur einen opfert, scheint es falsch, die dicke Person von der Brücke zu schubsen. Ganz ähnlich liegen andere Fälle wie etwa der, dass man im Krankenhaus fünf Leben durch die Organe einer einzelnen gesunden Patientin retten könnte. Kaum jemand würde wohl annehmen, dass man die gesunde Patientin töten darf, um ihre Organe zu entnehmen.

Was ist also der Unterschied zwischen dem Trolley-Fall und diesen anderen Fällen? Eine mögliche Antwort lautet wie folgt: Im Trolley-Fall würde man den Zug auch dann umlenken, wenn niemand auf dem Nebengleis stünde. Dass dort eine Bahnarbeiterin steht, ist ein fürchterlicher Zufall. Hingegen lässt sich die Rettungshandlung im Fall der dicken Person gar nicht ohne das Opfer ausführen. Der Tod dieser dicken Person ist nicht einfach ein Zufall oder eine Nebenfolge, sondern unmittelbar das Mittel dazu, die anderen zu retten. Diese Überlegung lässt sich auf unterschiedliche Weise theoretisch rekonstruieren. Eine Art ist das Prinzip der Doppelwirkung:

> Das *Prinzip der Doppelwirkung* besagt, dass man eine Handlung ausführen darf, die vorhersehbar sowohl eine gute als auch eine schlechte Wirkung hat, wenn
>
> 1. das Ziel der Handlung ein ethisch gutes ist,
> 2. die gute und nicht die negative Wirkung beabsichtigt wird,
> 3. die gute Wirkung nicht durch die negative Wirkung hervorgebracht wird und
> 4. die gute Wirkung die negative Wirkung im Verhältnis (deutlich) überwiegt.

Es gibt zahllose unterschiedliche Formulierungen, die im Detail von dieser Definition abweichen, aber die sollen uns hier nicht kümmern. Der Grundgedanke ist einfach: Wenn man eine eigentlich gute Wirkung intendiert, die entsprechende Handlung aber negative Nebeneffekte hat, die man zwar vorhersieht und in Kauf nimmt, nicht aber beabsichtigt, dann lassen sich die negativen Nebeneffekte – auch ohne Haftbarkeit – rechtfertigen, sofern sie von den positiven Effekten überwogen werden.

Zentral ist der Punkt, dass es sich um nicht intendierte Nebeneffekte handeln muss. Wenn man also im Trolley-Fall die Bahnarbeiterin auf dem Nebengleis kennt und ihren Tod wünscht und beabsichtigt, wäre die Rettungshandlung nicht mehr legitim. Das ist der große Unterschied zum Konsequentialismus. Es ist aber auch ein Angriffspunkt, weil man fragen kann, warum die Absicht etwas daran ändern sollte, dass man diese Menschen retten muss. Das kann und soll hier nicht diskutiert werden. Das Prinzip der Doppelwirkung hat viele Kritiker (vgl. hierzu Tadros 2018; Lichtenberg 1994). Es ist aber in der Lage, viele Fälle in der Ethik des Krieges gut aufzulösen:

Im Krieg kommen Nichtkombattanten zu Schaden. Das ist unumgänglich. Es macht aber, so der Grundgedanke, einen riesigen Unterschied, ob man die Nichtkombattanten absichtlich angreift und sie also wegen der militärischen Nützlichkeit opfert, oder ob man militärisch legitime Ziele verfolgt und angreift, das aber nicht machen kann, ohne auch einige Nichtkombattanten als Nebeneffekt zu töten. Genau das ist die Idee von Kollateralschäden: nicht beabsichtigte, aber in Kauf genommene Schäden an nichthaftbaren Personen.

Das klingt zynisch – und in der Praxis ist es das vermutlich auch allzu oft. Doch schauen wir uns zwei Fälle an, um uns den Unterschied zu vergegenwärtigen:

> **Terrorbombardement**: Ignazio ist Pilot der Luftwaffe. Er wirft eine Bombe auf ein Kinderkrankenhaus ab, um fünfzig Nichtkombattanten zu töten. Dadurch sollen die örtlichen Munitionsarbeiter terrorisiert werden, sodass sie ihre Arbeit aufgeben, was seiner Seite einen erheblichen militärischen Vorteil verschafft. Der Krieg wird hierdurch voraussichtlich deutlich weniger Tote verursachen und schneller beendet werden.
>
> **Taktisches Bombardement**: Jana ist ebenfalls Pilotin der Luftwaffe. Sie wirft eine Bombe auf eine Munitionsfabrik ab, um ihrer (gerechtfertigten) Kriegsseite einen bedeutenden militärischen Vorteil zu verschaffen. Sie weiß, dass als unvermeidbarer Nebeneffekt fünfzig Nichtkombattanten in einem nahe gelegenen Kinderkrankenhaus getötet werden. Dafür wird der Krieg aber voraussichtlich deutlich weniger Tote verursachen und schneller beendet werden.

Mit dem Prinzip der Doppelwirkung kann man argumentieren, dass es einen fundamentalen Unterschied zwischen Ignazios und Janas Entscheidung gibt, und zwar den, dass Ignazio den Tod der Nichtkombattantinnen beabsichtigt. Er will ihren Tod als Mittel dafür nutzen, andere zu demotivieren. Jana hingegen will keine Nichtkombattantinnen töten. Sie nimmt dies lediglich zur Erreichung eines gewichtigeren Ziels in Kauf.

Sofern man überhaupt solche Verrechnungen von Leben für machbar und ethisch vertretbar hält, sofern man also zustimmt, dass in Fällen wie *Trolley* umgelenkt werden sollte, bietet das Prinzip der Doppelwirkung eine Begrenzung solcher Erwägungen auf tragische Nebeneffekte, um eine Rechtfertigung von Terrorakten zu vermeiden, aber gleichzeitig nicht aufgrund unvermeidbarer Kollateralschäden einen recht weitgehenden Pazifismus vertreten zu müssen. Auf diese Weise wird

## 9. Ius in bello 2: Darf man Zivilisten in Ausnahmefällen doch töten?

ein Unterschied markiert zwischen Taten wie den Bomberangriffen auf Hiroshima und Nagasaki sowie auf deutsche Großstädte und (aktueller) auf zivile Ziele in der Ukraine auf der einen Seite und normalen Angriffen auf militärisch und ethisch legitime Ziele auf der anderen Seite, bei denen tragischerweise nicht nur haftbare Personen zu Schaden kommen. Wie wir im Weiteren sehen werden, bietet das Prinzip der Doppelwirkung auch eine Teilantwort auf das in der Praxis sehr relevante Problem menschlicher Schutzschilde.

Das Prinzip der Doppelwirkung wird in der Ethik des Krieges dementsprechend häufig vertreten. Michael Walzer (2015, 152–159) betont etwa, dass nur das Prinzip der Doppelwirkung erklären könne, warum es legitim sei, Krieg zu führen, wenn Nichtkombattantinnen dabei zu Schaden kommen. Er ergänzt das Prinzip der Doppelwirkung allerdings um einen zentralen Zusatz: Man dürfe nur dann diese Gefahren für Nichtkombattanten in Kauf nehmen, wenn man nicht mit einer Erhöhung des eigenen Risikos das Gleiche erreichen könne. Zur Verdeutlichung führt er das Beispiel eines realen Soldaten an, der Granaten in Keller warf, um zu vermeiden, versteckte Gegner im Rücken zu haben. Dieser warnte vorher davor und rief, dass Zivilisten gefahrlos rauskommen können, und garantierte ihnen Sicherheit. Selbstverständlich setzte er sich dadurch auch einer höheren Gefahr aus, dass gegnerische Kombattantinnen ihn angreifen können. Aber, so Walzer, dieses Risiko müsse man akzeptieren, wenn man die Gefahr setze, Unschuldige zu töten. Nur, wenn man zusätzlich das Risiko für Nichtkombattantinnen so gering wie möglich zu halten versuche, könne das Prinzip der Doppelwirkung eine ethische Rechtfertigung bieten.

Nach diesem Gedanken sind nur die *unvermeidlichen* Kollateralschäden etwas, das man leider in Kauf nehmen muss und auch ethisch rechtfertigen kann. Wenn man hingegen die Wahl hat, aus sicherer Höhe deutlich ungezielter Bombenangriffe zu fliegen oder sich für gezieltere Bombardements, bei denen Nichtkombattanten geschont werden, tiefer und somit in einen zwar noch machbaren, aber gefährlicheren Bereich zu begeben, den die gegnerische Flugabwehr erreicht, dann muss man zunächst selbst das Risiko tragen, bevor man es anderen aufbürdet.

Dem widerspricht Jeff McMahan (2010c, 359–365). Zwar hält auch er das Prinzip der Doppelwirkung für die beste Erklärung dafür, warum Kollateralschäden erlaubt sein können. Jedoch kritisiert er Walzers Ergänzung des Prinzips: Die Verteilung von Risiken zwischen Kombattanten und Nichtkombattanten sei komplexer. Man müsse einerseits einkalkulieren, in welchem Maß die Nichtkombattanten selbst für den ungerechten Krieg verantwortlich seien, und andererseits, ob sie von dem Krieg profitierten, etwa weil ihre Menschenrechte im Rahmen einer humanitären Intervention geschützt würden. Anhand solcher Überlegungen müsse man eine ausgewogene Verteilung des Risikos vornehmen. Keinesfalls müssten immer die Kombattantinnen das Risiko tragen. Wenn also beispielsweise deutsche Soldatinnen in einem anderen Land helfen, einen Völkermord zu verhindern, dann muten wir ihnen bereits viel zu. Es sei nicht ersichtlich, warum sie zusätzlich mehr Risiko tragen müssten als diejenigen, denen sie zu Hilfe kommen.

## 9.3 Menschliche Schutzschilde

Im Jahr 2011 rebellierten große Teile der libyschen Bevölkerung gegen den damaligen Regierungschef Gaddafi. Die Vereinten Nationen erließen daraufhin eine Resolution, die militärische Einflussnahme von außen zum Schutz von Zivilisten erlaubte. Im Zuge dessen flogen vor allem die USA, Großbritannien und Frankreich Luftangriffe auf die libysche Armee. Die libysche Armee brachte in der Folge, so wurde – bei aller Unsicherheit der Berichterstattung aus Kriegsgebieten – berichtet, Zivilisten, darunter sogar Kinder, an militärisch wichtige Orte, um Luftschläge illegitim zu machen. Das war ein besonders deutlicher Fall der Nutzung sogenannter menschlicher Schutzschilde, die heutzutage im Krieg allzu regelmäßig angetroffen werden kann.

> Unter *menschlichen Schutzschilden* verstehen wir Nichtkombattantinnen, die sich zur Vermeidung bzw. zum Abbringen von gegnerischen Angriffen (freiwillig oder unfreiwillig) in der Nähe militärischer Ziele aufhalten.

Auf den ersten Blick scheint es so, als wäre es ethisch nicht streitbar, dass man menschliche Schutzschilde nicht einsetzen darf. Daher liegt das ethisch am meisten diskutierte Problem auch eher darin, wie man darauf reagieren darf und muss, wenn die gegnerische Kriegspartei menschliche Schutzschilde einsetzt.

Allerdings wird auch über die Legitimität des Einsatzes menschlicher Schutzschilde diskutiert. So vertritt vor allem Cécile Fabre (2012, 256–267) auf Basis einer revisionistischen Theorie der Haftbarkeit, dass Nichtkombattanten, die einen ungerechten Krieg fördern, von gerechten Kombattantinnen als Schutzschilde genutzt werden dürften. Sie argumentiert, dass viele Nichtkombattantinnen zwar nicht genug zum Krieg beitrügen, um selbst das Recht auf Leben zu verlieren, dass sie sich aber durchaus haftbar für geringere Schäden und Risiken machen könnten, wenn sie den Krieg förderten. Ein solcher geringerer Eingriff in ihre Rechte sei es, sie als menschliche Schutzschilde zugunsten eines gerechten Krieges und gegen die von ihnen zu Unrecht unterstützte Armee einzusetzen. Hierfür sei nur ein geringeres Maß an Verantwortlichkeit vonnöten.

Dem widerspricht Adil Haque (2018, 384–387). Es gebe keine Abstufung des Rechts auf Leben. Wenn man nicht haftbar sei, getötet zu werden, also sein Recht auf Leben nicht verloren habe, dann gelte das für jede Form des Tötens – auch des Einsatzes als Schutzschild, der einer absichtlichen Tötung gleichkomme. Eine Instrumentalisierung als menschliches Schutzschild halten auch die meisten Autoren klarerweise für ethisch verwerflich.

Doch wie geht man damit um, wenn der Feind menschliche Schutzschilde einsetzt? Hier müssen wir zwischen freiwilligen und unfreiwilligen menschlichen Schutzschilden unterscheiden.

Beginnen wir mit dem Fall der freiwilligen Schutzschilde. Das sind üblicherweise Unterstützer einer Kriegspartei, die dieser helfen wollen, indem sie sich in die Nähe von militärischen Zielen begeben, um so Angriffe auf diese Ziele moralisch illegitim zu machen. Hier fragt sich aber, inwiefern sie durch ihren freiwilligen Akt

## 9. Ius in bello 2: Darf man Zivilisten in Ausnahmefällen doch töten?

nicht wie Kombattantinnen ihr Recht auf Leben verlieren. Thomas Hurka (2005, 47) argumentiert, dass sie zwar ihr Recht nicht vollständig verlören, was man daran sehe, dass man bei einer Wahl zwischen zwei gleichwertigen militärischen Zielen, von denen eins mit freiwilligen menschlichen Schutzschilden „geschützt" ist, dasjenige ohne Schutzschilde angreifen müsse. Dennoch seien sie aber selbst für ihre Situation verantwortlich und deshalb wöge ihr Recht auf Leben deutlich weniger. Wenn man also das Prinzip der Doppelwirkung hier anwende, dann dürfe man sie zwar nicht absichtlich töten, aber man dürfe ihren Tod in Kauf nehmen und ihr Tod wiege deutlich weniger in der Bestimmung der Verhältnismäßigkeit als der von anderen, vollständig unschuldigen Menschen.

Ganz ähnlich argumentiert auch Adil Haque (2018, 392–397). Er vergleicht Fälle, in denen ein Angriff entweder freiwillige menschliche Schutzschilde oder normale Nichtkombattanten tötet. Bei gleicher Anzahl sei es ethisch nicht vertretbar, die normalen Nichtkombattanten zu töten. Man müsse stattdessen die freiwilligen Schutzschilde töten, wenn man angreife. Das liege daran, dass diese ihre Situation vermeiden könnten. Sie würden zwar nicht haftbar wie Kombattantinnen, aber im Zweifelsfall zählte ihr Recht weniger als das von anderen. Allerdings – und das ist die logische Ergänzung, wenn man sie nicht als haftbar ansieht – liege die Lage anders, wenn die Wahl nicht zwischen einer gleichen Anzahl sei, sondern beispielsweise zwischen dem Leben von 20 freiwilligen menschlichen Schutzschilden und zwei normalen Nichtkombattantinnen. Freiwillige menschliche Schutzschilde verlören ihr Recht nicht, es wiege nur weniger. Aber das Zwanzigfache eines geringeren Gewichts kann dennoch das Zweifache eines vollen Gewichts überwiegen. Haque ergänzt, dass es auch in der Praxis selten bis niemals möglich sein dürfte, überhaupt festzustellen, ob und wie viele menschliche Schutzschilde freiwillig als solche dienten. Schon deshalb dürfe man dies üblicherweise nicht annehmen. Zudem betont er aber auch, dass man unterscheiden müsse, ob es sich tatsächlich nur um menschliche Schutzschilde handle: Wenn jemand sich tatsächlich als physisches Schild vor einen Kombattanten stelle, um diesem das Schießen zu ermöglichen, dann übten diese gemeinsam eine militärische Handlung aus und dementsprechend seien beide Kombattanten.

Wenn man annimmt, dass die Rechte von Menschen, die freiwillig als Schutzschild dienen, nicht verloren gehen, sondern lediglich schwächer wiegen, dann fragt sich, ob das auch für unfreiwillige Schutzschilde gilt. Unfreiwillige Schutzschilde sind Menschen, die gegen ihren Willen in der Nähe von militärischen Zielen gehalten oder sogar dorthin verschleppt werden, um Angriffe zu demotivieren bzw. illegitim zu machen. Hier kann man argumentieren, dass die (Haupt-)Verantwortung für deren Tod nicht bei den Angreifenden, die sie tatsächlich töten, sondern bei denjenigen liege, die sie als Schutzschilde missbrauchten. Daher müsse man nicht das volle Leben in eine Bestimmung der Verhältnismäßigkeit einpreisen, weil man nicht vollständig dafür verantwortlich sei, sondern lediglich einen Teil oder gar überhaupt nichts.

Haque (2018, 389–391) widerspricht dieser Wertung. Er plausibilisiert dies an dem folgenden Fall:

> **Unfreiwillige Schutzschilde**: Eine Armee kann ein legitimes militärisches Ziel entweder vom Norden oder vom Süden aus angreifen. Bei einem Angriff vom Süden werden 19 Zivilisten sterben, die gerade einfach vorbeikommen. Bei einem Angriff vom Norden aus werden 20 unfreiwillige menschliche Schutzschilde sterben.

Vorausgesetzt, dass es wirklich nur diese Wahlmöglichkeiten gibt, dass man also nicht warten kann etc., sagt Haque, dass es keinen Grund gebe, die 20 als Schutzschilde missbrauchten Menschen zu töten, wenn man auch einen Menschen weniger töten könne. Sie hätten nichts getan, das ihr Recht auf Leben und dessen ethisches Gewicht reduziere.

Es gibt allerdings auch andere Argumente, die dagegensprechen, unfreiwillige Schutzschilde wie normale Nichtkombattantinnen in die Verhältnismäßigkeitsrechnung aufzunehmen. Noam Zohar (2014, 167–168) führt beispielsweise an, dass das Hinnehmen der Taktik, menschliche Schutzschilde einzusetzen, indem man die Leben der Schutzschilde voll oder zum Teil berücksichtige, dazu führen würde, dass diese Taktik sich noch mehr lohnen würde. Nicht nur könne man sich so vor gegnerischen Angriffen schützen, es lege sogar nahe, mehr Schutzschilde zu nutzen, damit die Bestimmung der Verhältnismäßigkeit hinreichend kompromittiert werde. Er vergleicht dies mit der strikten politischen Maßgabe, nicht mit Geiselnehmerinnen zu verhandeln. Wenn man in solchen Situationen anfangen würde, Zugeständnisse zu machen, würde man diese Taktik indirekt fördern und für mehr Fälle sorgen. Doch Haque (2018, 391–392) widerspricht auch hier: Rechte stünden gerade nicht einer solchen Art der bloß konsequentialistischen Reduktion zur Verfügung. Wenn man ein Recht habe, dann verbiete es sich, in dieses lediglich aufgrund von besseren allgemeinen Konsequenzen einzugreifen. Solche Überlegungen führten auf eine sehr schiefe Bahn. Man kann ergänzen, dass man ein ähnliches Argument wie Zohars auch über normale Nichtkombattanten anbringen kann: Wenn man nach dem Prinzip der Doppelwirkung nur dann Kollateralschäden hinnehmen darf, wenn diese proportional sind, bietet es sich auf moralisch perverse Art und Weise an, sich zwischen möglichst vielen Nichtkombattanten zu verstecken, damit gegnerische Angriffe illegitim werden. Das ist leider auch nicht unüblich. Wie Frowe (2016, 162–163) betont, ist es schlichtweg eine Folge aller ethischen Beschränkungen von defensiver Gewalt, dass die beschränkenden Bedingungen ausgenutzt werden können. Daraus jedoch zu schlussfolgern, dass wir den Schutz der Nichtkombattantinnen reduzieren müssten, scheint deren Rechte nicht hinreichend ernst zu nehmen.

Haque (2018, 388–389) wirft noch ein weiteres Problem auf: Unfreiwillige Schutzschilde ähneln in vielen Hinsichten unfreiwillig eingezogenen Kombattantinnen. Die unfreiwilligen ungerechten Kombattantinnen werden aber gemeinhin als unschuldige Bedrohungen (*innocent threats*) angesehen, die man töten darf. Doch genau hierin liege der bedeutende Unterschied: Zwar seien beide unfreiwillige Instrumente der gegnerischen Kriegsseite, doch Schutzschilde stellten nicht selbst eine Bedrohung dar, Kombattantinnen wohl. Im Ergebnis hält Haque fest, dass unfreiwillige Schutzschilde nicht anders zu bewerten seien als andere Nichtkombattantinnen.

## 9.4 Die oft verschwiegene Seite: sexuelle Verbrechen im Krieg

Was bei der Lektüre der meisten Werke zur Ethik des Krieges auffällt, ist die Selbstverständlichkeit, mit der fast ausschließlich über das Recht auf Leben gesprochen wird. Schließlich ist allen klar, dass im Krieg nicht nur Leben genommen werden, sondern auch körperliche Unversehrtheit, oft sogar dauerhaft durch Verstümmelungen, Eigentum, die mentale Gesundheit durch Traumatisierung und nicht zuletzt auch die sexuelle Selbstbestimmung. Krieg ist voll von Gräueln, denen eine analytische Aufrechnung von Rechten auf Leben kaum Genüge tun kann.

Dass die Debatte dennoch so sehr auf das Recht auf Leben begrenzt ist, liegt nicht zuletzt daran, dass viele Ethikerinnen davon ausgehen, dass dieses Recht das höchste ist, das Menschen besitzen, weil es Voraussetzung aller anderen ist. Doch das kann man auch in Zweifel ziehen: Selbstbestimmung, Menschenwürde, Freiheit – es gibt viele Werte und Rechte, denen man einen ähnlich hohen Wert beimessen kann.

Es ist klar, dass diese Rechte auch stets mitgedacht werden sollen, aber es scheint dennoch wichtig, sie auch so deutlich zu benennen. Vor allem die fürchterlichen sexuellen Verbrechen im Krieg sind nicht einfach unbedeutende Zusatzeffekte, sondern in ihnen drückt sich die Barbarei des Krieges in ihrer schlimmsten Form aus. Zugleich sind sie auch Verletzungen vieler zentraler Menschenrechte.

Einen Fall, der die nahezu unvorstellbare Unmenschlichkeit der systematischen Vergewaltigungen im Krieg beschreibt, möchte ich hier beispielhaft wiedergeben. Wenn Sie auf solche Beschreibungen sensibel reagieren, können Sie den Fall ohne Probleme überspringen. Er wird nicht erneut aufgegriffen. Der Fall ist dem hervorragenden Dokumentarfilm *Blood in the Mobile* entnommen. Ich zitiere aus dem Film:

> Heute habe ich gerade eine Frau namens Massika kennengelernt. Sie wurde drei Mal vergewaltigt. Beim ersten Mal töteten sie ihren Mann direkt vor ihren Augen. Sie schnitten ihn in Stücke. Dann befahlen sie ihr, die Stücke wieder zusammenzusetzen und sich daraufzulegen. Dann vergewaltigten sie sie auf den Stücken ihres Ehemannes. Unvorstellbar. Dann fragten sie, ob sie schon mal Kaugummi gegessen habe. Sie sagte: ja. Da nahmen sie den Penis ihres Mannes, die Eichel, und stopften ihn ihr in den Mund und befahlen ihr, den Kaugummi zu kauen. (Blood in the Mobile ab Minute 22:18)

Das ist leider keinesfalls ein Einzelfall. Sally Scholz (2006) hat das Problem der sexuellen Gewalt, vor allem auch als massenhaft eingesetzte Waffe, in der Ethik des Krieges diskutiert und kommt zu dem Schluss, dass man aus ethischen Gründen eine Aufnahme solcher Taten in die Liste der juridischen Kriegsverbrechen unterstützen müsse. Wenn man sich Berichte durchliest, wie sexuelle Gewalt systematisch als Mittel der Terrorisierung, der Machtdemonstration, der eigenen sittlichen Abstumpfung und der Zerstörung der Gesellschaft eingesetzt wird, wird einem die Dringlichkeit eines solchen Anliegens deutlich. Vielleicht auch deshalb, weil sexuelle Gewalt im Krieg wenig ethische Streitpunkte aufwirft, da ihre Illegitimität auf der Hand liegt, gibt es ansonsten, soweit ersichtlich, wenig moralphilosophische Literatur spezifisch zu diesem Thema.

Während in den letzten Jahren immerhin einem anderen, bisher vernachlässigten Gegenstand vertiefte Aufmerksamkeit zukam, nämlich dem Schutz von Kulturgütern im Krieg, bleibt der sexuelle Missbrauch im Krieg ein Randthema. Der Kulturgüterschutz ist bereits völkerrechtlich geboten, aber die schockierenden Videos und Nachrichten von Sprengungen ganzer Kulturdenkmäler durch den sogenannten Islamischen Staat haben die öffentliche Aufmerksamkeit hierfür sichtlich erhöht – und zu einem großen internationalen Forschungsprojekt zu diesen Fragen geführt (vgl. Bülow et al. 2023). Man würde sich ein ähnliches Projekt auch zu Fragen des sexuellen Missbrauchs im Krieg wünschen.

Empfohlene Literatur:
Frowe, Helen (2014). Defensive Killing. An Essay on War and Self-Defence. Oxford, Oxford University Press. https://doi.org/10.1093/acprof:oso/9780199609857.001.0001.
Haque, Adil Ahmad (2018). Human Shields. In: Seth Lazar/Helen Frowe (Hg.). The Oxford Handbook of Ethics of War. Oxford/New York, Oxford University Press, 383–400. https://doi.org/10.1093/oxfordhb/9780199943418.013.23.
Lazar, Seth (2015). Sparing Civilians. Oxford, Oxford University Press. https://doi.org/10.1093/acprof:oso/9780198712985.001.0001.
McMahan, Jeff (2006b). The Ethics of Killing in War. Philosophia 34 (1), 23–41. https://doi.org/10.1007/s11406-006-9007-y.
McMahan, Jeff (2011). Killing in War. Oxford, Clarendon Press. https://doi.org/10.1093/acprof:oso/9780199548668.001.0001.
Tadros, Victor (2018). Dimensions of Intentions. In: Seth Lazar/Helen Frowe (Hg.). The Oxford Handbook of Ethics of War. Oxford/New York, Oxford University Press, 401–417. https://doi.org/10.1093/oxfordhb/9780199943418.013.4.
Walzer, Michael (2015). Just and Unjust Wars. A Moral Argument with Historical Illustrations. 5. Aufl. New York, NY, Basic Books.

**Diskussionsfälle:**

1) Am 16. März 1968 durchsuchte eine amerikanische Einheit das vietnamesische Dorf My Lai nach gegnerischen Kämpferinnen. Sie fanden jedoch nur Zivilistinnen. Sie töteten in der Folge 504 Zivilisten und vergewaltigten viele zuvor noch. Der US-amerikanische Hubschrauberpilot Hugh Thompson sah dies und bedrohte die eigenen Leute damit, das Feuer zu eröffnen, wenn sie das Massaker fortsetzten. So konnten er und seine Crew immerhin elf Zivilisten retten.[8]
Angenommen, das Massaker wäre nicht beendet worden, hätten Thompson und seine Crew schießen sollen?
2) Ein gegnerisches Bataillon hat sich in einem Krankenhaus verschanzt. Dort werden Waffen gelagert und von dort aus werden die Guerillaeinsätze in der

---

[8] Dieser Fall wird auch diskutiert in Walzer 2015, 309–313.

## 9. Ius in bello 2: Darf man Zivilisten in Ausnahmefällen doch töten?

Region koordiniert. Es ist ein militärisch sehr wichtiges Ziel. Es wird aber zur Tarnung und zum Schutz weiterhin als Krankenhaus für Nichtkombattantinnen ebenso wie für Kombattantinnen weitergeführt.

Darf man dieses Krankenhaus angreifen? Welche ethischen Vorgaben muss man hierfür beachten?

3) Nach dem Völkermord an den Tutsi durch Hutu-Truppen in Ruanda flohen viele Hutu-Kämpfer über die Grenze in die heutige Demokratische Republik Kongo, damals Zaire. Sie versteckten sich in Flüchtlingscamps der Vereinten Nationen und operierten von hier aus weiter. Die Regierung Ruandas und einige kongolesische Tutsi-Milizen griffen daraufhin Zaire an und stürzten schließlich auch die Regierung. Auf ihrem Weg trafen sie auf die Flüchtlingslager, in die sich die feindlichen Milizen zurückzogen und wo sie Nachwuchs rekrutierten. Es ist umstritten, in welchem Ausmaß dies wirklich passierte, aber nehmen Sie einmal an, die alliierten Truppen Ruandas und der Tutsi-Milizen töten alle oder jedenfalls viele Flüchtlinge in einigen dieser Lager.[9]

Halten Sie die Tötung der Flüchtlinge, die als menschliche Schutzschilde dienten, für gerechtfertigt? Welche Bedingungen müssten erfüllt sein, damit dies der Fall ist?

**Diskussionsfragen:**

- Können Ihrer Meinung nach Kollateralschäden gerechtfertigt werden oder zeigen entsprechende Versuche nur die zynische Seite einer jeden Ethik des Krieges?
- Unter welchen Bedingungen darf man menschliche Schutzschilde töten? Liefert man sich den skrupellosesten Verbrecherinnen aus, wenn man darauf in manchen Fällen verzichtet?

---

9 Die empfehlenswerte Netflix-Serie *Black Earth Rising* thematisiert diesen Konflikt.

## 10. Ius in bello 3: Probleme der modernen Kriegsführung

Bis hierher haben wir die allgemeinen ethischen Vorgaben an die Kriegsführung betrachtet. Sie sollen im Prinzip – metaethische Verkomplizierungen außer Acht gelassen – in jedem Krieg und zu allen Zeiten gelten. Doch in Bereichen wie der Kriegsethik, in denen es um sich schnell wandelnde Phänomene wie den Krieg geht, gibt es selbstredend auch zahlreiche zeitgebundene Fragen. Heute fragt niemand mehr, ob es richtig war, dass die Armbrust im Mittelalter als Waffe geächtet wurde. Heute stehen wir vor anderen ethischen Problemen, die für Kriege in unserer Zeit typisch sind. Einige ausgewählte hiervon wollen wir im Folgenden kurz betrachten – und damit hoffentlich zur eigenständigen Vertiefung anregen.

### 10.1 Waffenverbote

Seit jeher entwickeln Menschen neue Technologien und neue Waffen und debattieren in der Folge über die ethische Akzeptabilität des Einsatzes dieser neuen Waffen. Was früher die Armbrust oder Schießpulverwaffen waren, sind heute Massenvernichtungswaffen wie biologische, chemische, radiologische oder nukleare Waffen, Streubomben und Streumunition, Antipersonenminen, Phosphorbomben, bewaffnete Drohnen und so weiter. Einige dieser Waffenarten sind bereits international verboten oder geächtet, bei anderen wird darüber diskutiert.

Der ethische Hauptgrund für Waffenverbote ist die Tatsache, dass viele dieser Waffenarten nicht geeignet sind, das Diskriminierungsgebot einzuhalten (vgl. Haque 2017a). Sie sind für diskriminierende Angriffe zu unpräzise, d.h. für Angriffe nur auf militärisch legitime Ziele, also in aller Regel gegnerische Kombattantinnen. Wenn man biologische oder chemische Kampfstoffe freisetzt, eine nukleare Verseuchung verursacht oder gar eine Atombombe einsetzt, aber auch wenn man Streumunition und -bomben und Antipersonenminen einsetzt, kann man nicht steuern, ob und wie viele Nichtkombattanten getötet werden. Diese Waffen sind also ihrem Wesen nach nicht dazu in der Lage, gezielt auf die Menschen gerichtet zu werden, auf die man sie richten darf. Das gilt für einige dieser Waffen unmittelbar, für viele aber erst in der Folgewirkung: Antipersonenminen liegen beispielsweise üblicherweise noch Jahre und Jahrzehnte später im Boden. Die zivilen Folgeschäden sind unabsehbar.

Das Gleiche gilt auch für die zahlreichen Blindgänger von Streumunition und -bomben. Die Sprengladungen werden nach dem Krieg nicht selten von Kindern aufgehoben. Doch bei der Streumunition und bei Streubomben liegt auch ein direkteres Problem vor: Sie können schon im Moment des Einsatzes unter normalen Bedingungen nicht diskriminierend eingesetzt werden. Je ungenauer ein Waffensystem die Gegner anvisiert, desto größer ist nun einmal die Wahrscheinlichkeit, dass es auch Unschuldige trifft.

Dass sich ein Einsatz solcher Waffen, insbesondere natürlich von Massenvernichtungswaffen, ethisch verbietet, ergibt sich also schon aus dem allgemeinen Grundsatz des Diskriminierungsgebots. Warum braucht es dann aber gesonderte Regelungen für solche Waffenarten?

135

Ein Grund ist, dass das Diskriminierungsgebot Abwägungen im Rahmen des Prinzips der Doppelwirkung und somit Proportionalitätsüberlegungen zulässt. Es ist aber nicht unvorstellbar, dass man eine solche Waffe unter Bedingungen einsetzt, unter denen sie tatsächlich keine Gefahr für Unschuldige beinhaltet. Nehmen Sie zum Beispiel den folgenden Fall:

> **Krieg in der Wüste:** Zwei Staaten bekämpfen einander. Die Kampfhandlungen finden fast ausschließlich in einer großen, unbewohnten Wüste statt, in der sich keine Zivilisten aufhalten. Das Gebiet lässt sich auch aufgrund der Bodenstruktur besonders gut später mit Räumfahrzeugen durchpflügen, sodass Antipersonenminen und Blindgänger von Streumunition entfernt werden können, bevor realistischerweise wieder Zivilisten an diesen Ort kommen. Die gerechtfertigte Kriegsseite setzt diese Waffen ein.

In dieser Situation scheint kein Problem mit dem Diskriminierungsgebot vorzuliegen. Es werden nur Kombattanten mit den Minen und der Streumunition angegriffen. Aber wie realistisch ist es, dass ein Staat solche Waffenarten in seinem Arsenal hat, um sie nur unter diesen Bedingungen einzusetzen? Wer solche Waffen besitzt, wird sie auch in grenzwertigeren – und vermutlich auch in klar grenzüberschreitenden – Fällen einsetzen. Daher einigt man sich besser auf einen generellen Verzicht.

Ein zum Zeitpunkt der Abfassung dieses Buches aktueller Fall, der meiner Wahrnehmung nach zu wenig öffentliche ethische Debatten ausgelöst hat, ist die Lieferung von Streumunition durch die USA an die Ukraine. Deutschland hat – aufgrund der ethischen Bedenken – in einem internationalen Vertrag das Verbot dieser Munitionsart zugesagt. Die politische Reaktion blieb aber sehr zurückhaltend. Die Ukraine hat sich indes selbstverpflichtet, die Streumunition nur auf ukrainischem Boden einzusetzen, den Einsatz von Städten fernzuhalten und genau zu dokumentieren sowie die Regionen, in denen Streumunition verwendet wurde, später vollständig zu räumen. Hiermit sollen die ethischen Probleme mit dem Diskriminierungsgebot, sowohl die des unmittelbaren Einsatzes als auch die Folgeprobleme, umgangen werden. Die Zukunft wird zeigen (oder eigentlich ist die Hoffnung, dass sie dies nicht zeigen wird), ob diese Selbstverpflichtung auch im Falle einer militärischen Not oder einer militärisch günstigen Gelegenheit noch eingehalten wird.

Für uns ist jedenfalls klar geworden, dass viele Waffenarten aufgrund dieser Spannung mit dem Diskriminierungsgebot ethisch problematisch sind. Es gibt auch andere Gründe, die gelegentlich eine Rolle spielen können, aber diese sind deutlich seltener. Einige andere Argumente werden wir sehen, wenn wir im Folgenden die Legitimität bewaffneter Drohnen diskutieren.

Eine andere Waffengattung, die eher als ethischer Fortschritt angepriesen wird, sind nichtletale Waffen, d.h. Waffen, die nicht geeignet oder jedenfalls nicht darauf ausgelegt sind, Menschen zu töten. Ob diese allerdings immer ethisch besser sind, ist eine Frage, die einer genaueren Diskussion bedarf. Wenn etwa LRADs (Long Range Acoustic Devices), also Schallwaffen, Gegner kampfunfähig machen, aber auch traumatisieren, dann mag das ethisch gar nicht vorzugswürdig sein. Man kann sich den durchaus realistischen Fall vorstellen, dass man, nachdem man einmal im Krieg (oder bei einer Demonstration von der Polizei, aber diese Frage betrifft uns hier nicht) von einer Schallwaffe getroffen und kampfunfähig gemacht wurde, zu Hause sitzt und immer, wenn man daran denkt, sich noch einmal zu wehren, eine unüberwindbare Angst empfindet. Wenn einem die Autonomie genommen wird, für die Dinge im Leben einzustehen, die einem wichtig sind, dann mag das nicht humaner sein als der Tod. Es nimmt dem Menschen die Grundlage seiner Würde, nämlich einen Teil seiner moralischen Autonomie.

Nun funktionieren keinesfalls alle nichtletalen Waffen auf diese Art und Weise – und grundsätzlich wäre eine weniger letale Kriegsführung sicherlich ein Fortschritt. Das Beispiel kann aber hoffentlich aufzeigen, dass eine gewisse Vorsicht bei vorschneller Befürwortung (und Ausschaltung der ethischen Bedenken) geboten ist.

## 10.2 Digitalisierung und Krieg

Eine der größten sozialen und technischen Transformationen unserer Zeit ist zweifelsohne die Digitalisierung. Wie wir mit den neuen technischen Möglichkeiten umgehen sollten, ist dabei eine allgegenwärtige Frage. Autonomes Fahren, künstliche Intelligenz, Pflegeroboter, Hassrede, Cybermobbing und Demokratiepotenziale im Internet... überall begegnen uns neue Herausforderungen, die mit der Digitalisierung einhergehen.

Das ist im Krieg nicht anders, zumal die Realität des Krieges maßgeblich von den technischen Möglichkeiten mitbestimmt wird. Die beiden größten Probleme, die sich diesbezüglich aktuell stellen, ist einerseits der Einsatz von bewaffneten Drohnen, vor allem, aber nicht nur, wenn diese autonom agieren, und andererseits der begriffliche Grenzbereich des Cyberkriegs.

### 10.2.1 Ferngesteuerte Drohnen

Drohnen und Roboter haben im Krieg wie im Leben mittlerweile vielfältige Einsatzmöglichkeiten. Ethisch besonders streitbar ist ihr Einsatz einerseits dann, wenn sie bewaffnet sind und somit Gewalt einsetzen können, und andererseits dann, wenn sie autonom handeln können, d.h., wenn niemand sie steuert.

Diese beiden Punkte kann und sollte man auseinanderhalten. Denn bewaffnete Drohnen bringen auch dann ethische Schwierigkeiten mit sich, wenn sie nicht autonom handeln, sondern wenn irgendwo fern vom Schlachtfeld ein Mensch an einem Computer sitzt und sie bedient. Inwiefern das wirklich ethisch problematischer als die ganz gewöhnliche Kriegsführung ist, ist umstritten.

Bradley Strawser (2010) und viele andere ziehen vielmehr den Umkehrschluss: Es gebe keine prinzipiellen ethischen Bedenken gegenüber dem Einsatz von bewaffneten Drohnen. Genau deshalb bestehe eine Pflicht, diese einzusetzen, weil man es gegenüber den eigenen Kombattantinnen nicht verantworten könne, sie unnötigerweise einer Gefahr auszusetzen.

## 10. Ius in bello 3: Probleme der modernen Kriegsführung

Man muss also fragen, ob es ethische Argumente gegen den Einsatz bewaffneter Drohnen gibt. Daniel Statman (2018, 473–478), der an der Stichhaltigkeit solcher Argumente zweifelt, fasst diese Argumente gegen den Einsatz bewaffneter, ferngesteuerter Drohnen in vier Kategorien zusammen:

Erstens könne man einwenden, dass die Art der Tötung die Opfer auf eine besonders ungerechte Art missachte und in ihrer Würde verletze. Schließlich gehöre es üblicherweise zu einem gewaltsamen Tod jedenfalls hinzu, dass man sein Gegenüber sehe und vor dem Tod verstehen könne, wie einem geschieht. Allerdings, wendet Statman ein, spiegelt sich hierin ein Bild des Krieges, das nicht erst durch bewaffnete Drohnen als veraltet gelten kann. Auch Helikopter- und Flugzeugangriffe, Artillerie- und Raketenbeschuss und vieles mehr finden über Distanzen statt, bei denen sich Täter und Opfer nicht in die Augen blicken können. Die Zeit von Schwertkämpfen, in denen dies der Fall gewesen sein mag, sei lange vorbei. Hierin liege also keine ethische Besonderheit von bewaffneten Drohnen.

Das ist sicherlich korrekt. Und dennoch bringen Drohnen eine neue Ebene in diese Problematik. Nach Kant muss man Kriege so führen, dass ein anschließender Frieden denkbar bleibt. Man darf also solche Mittel nicht nutzen, die für den Feind auf eine Weise entwürdigend oder unerträglich sind, dass ein späterer Friedensschluss und eine tatsächliche Aussöhnung undenkbar werden – und hierfür mag es sehr wohl einen Unterschied machen, ob eine Waffe aus dem erweiterten Umfeld des Krieges abgefeuert wird oder ob ein unbemanntes Flugobjekt fernab von Schlachtfeldern Menschen tötet. Hier begegnet einem gar kein Feind mehr, und genau das macht den Feind so unmenschlich und vermittelt solch eine fundamentale Art von Missachtung als Mensch, dass man den Feind auch nicht mehr als Mensch ansehen wird. Das kann künftige Friedensschlüsse erschweren.

Allerdings ist das nicht nur ein Argument gegen den Einsatz bewaffneter Drohnen, sondern vor allem auch ein Argument gegen die damit einhergehende Verlagerung des Kriegsgeschehens durch sogenannte *targeted killings* (gezielte Tötungen): Auf einem Schlachtfeld erscheint einem eine Drohne kaum anders als ein Luftschlag oder Artilleriebeschuss. Sie ist sogar möglicherweise sichtbarer. Aber im Hinterland, wenn durch sie die ständige Bedrohung besteht, dass im Alltag ferngesteuerte Tötungen erfolgen, kann sie eine neue Form der Entwürdigung darstellen. Uwe Steinhoff (2013) betont zudem, wie im Folgenden noch einmal aufgegriffen wird (vgl. 10.2.2 Killerroboter bzw. letale autonome Waffensysteme), dass diese Art der technologisch-überlegenen Tötung im Kontext der in der realen Welt häufig mit imperialistischen, kolonialistischen und rassistischen Motiven vermengten Kriege eine besonders problematische Symbolik beinhalte: Die „Zivilisierten" definieren und töten die „Unzivilisierten" mit überlegener Militärtechnik.

Zweitens könne man, so Statman, diese Art der Tötung auch allgemeiner als unfair und „schmutzig" einstufen. Ungefähr so hätten allerdings bereits die Argumente gegen die Armbrust und gegen U-Boote ausgesehen: Asymmetrische Machtverhältnisse und besonders schmutzige Mittel seien unmoralisch. Doch wie schon zuvor ist nur schwerlich ersichtlich, inwiefern dies ein Spezifikum von bewaffneten Drohnen sein soll. Auch viele andere Tötungsarten im Krieg beruhen auf asymmetrischen militärischen Möglichkeiten und sind relativ schmutzig, was auch immer das genau heißen soll. Für Steinhoff (2013) ergibt sich deshalb genau hieraus ein Argument gegen die gravierende Asymmetrie und weniger nur gegen Drohnen.

Drittens unterminiere die Risikolosigkeit der Tötung die Gründe dafür, dass man im Krieg töten dürfe. Dieses Argument hat vor allem Paul Kahn (2002) starkgemacht und es setzt in der Tat bei einer Beschreibung an, die zwar nicht nur für bewaffnete Drohnen gilt, für diese aber doch in einem so viel größeren Maß, dass hier die Überschreitung einer ethisch relevanten Schwelle gegeben sein könnte. Kahns Argument, das in vielen Punkten an Walzers Argument für die moralische Gleichheit der Kombattanten anknüpft, sieht wie folgt aus:

Das gegenseitige Recht, einander zu töten, rühre daher, dass Kombattantinnen für einander eine Bedrohung darstellten. Kombattantinnen seien schließlich im Regelfall unschuldig und verlören ihr Recht auf Leben nur deshalb, weil sie gegenseitig eine solche Bedrohung darstellten. Wenn man aber ohne Risiko und ohne effektiv bedroht zu sein, gegnerische Kombattanten töten könne, dann blieben diese im relevanten Sinne unschuldig und die Rechtfertigung, sie zu töten, entfalle.

Kahns Argument wurde seither viel diskutiert und sein Aufsatz kann wohl als Standardwerk der Debatte gelten (vgl. Sparrow 2021). Es basiert natürlich auf einer traditionalistischen Auffassung der moralischen Gleichheit der Kombattantinnen. Insofern ist es für Revisionisten nicht ohne Weiteres übertragbar. Helen Frowe (2016, 225–228) argumentiert beispielsweise gegen Kahn, dass es merkwürdig scheine, dass man als gerechtfertigte Kriegspartei die eigenen gerechten Kombattanten einem höheren Risiko aussetzen solle. Zugleich kritisiert sie, dass es auch ethisch fragwürdig sei, dass man ein Recht, einen anderen zu töten, dadurch erwerben könne, dass man sich selbst einem Risiko aussetze. Auch Statman (2018, 477) betont, dass es keinesfalls so sei, als würden die gegnerischen Kombattantinnen, die Opfer der Angriffe durch bewaffnete Drohnen werden, keine Bedrohung darstellen. Das Kriegsgeschehen sei nicht so digitalisiert. Drohnen seien eine Unterstützung für Truppen, die sehr wohl realen Gefahren ausgesetzt seien – und diesen dürften sie demnach helfen.

Wenn dem jedoch nicht so sein sollte, betont Suzy Killmister (2008), ergebe sich ein weiteres Problem: Staaten, die aus einer solchen Ferne und auf eine solche Art angegriffen würden, dass sie sich nicht gegen gegnerische Kombattanten wehren könnten, könnten sich nur wehren, indem sie Nichtkombattanten angriffen. Auf diese Weise führe der Einsatz ferngesteuerter Waffensysteme zu einer Erosion des Schutzes von Nichtkombattantinnen.

Trotz aller Gegenargumente scheint es vielen ethisch besonders problematisch, dass bewaffnete Drohnen das Kriegsgeschehen „zu einem Videospiel machen". Drohnenpilotinnen sind keiner realen Gefahr mehr ausgesetzt. Sie sitzen in bequemen Zimmern und entscheiden über fremdes Leben an einem Computer. Eine solche Art der Kriegsführung, so das vierte Argument, das Statman anführt, könnte tugendlos sein. Das sei jedoch eine krude Form der Verherrlichung von

Krieg, wenn man Wege, ihn wenigstens auf einer Seite effektiver und weniger zerstörerisch zu machen, ablehne.

Ein weiteres Argument gegen bewaffnete Drohnen, das Statman nicht erwähnt, ist, dass diese den Krieg deutlich günstiger machen und dadurch die politische Hemmschwelle senken, einen Krieg zu führen (vgl. Frowe 2016, 235–237). Wenn man weniger Geld zahlen und im eigenen Land keine toten Soldaten politisch rechtfertigen muss, kann es politisch sehr viel opportuner sein, Kriege zu beginnen.

Schließlich wird auch immer wieder argumentiert, dass Drohnenpiloten nicht die richtige Einstellung gegenüber der Schwere ihres Handelns mitbringen und dadurch ungerechtfertigte Tötungen wahrscheinlicher würden (vgl. Frowe 2016, 228–232). Das ist empirisch umstritten und wäre als solches noch kein generelles Argument gegen den Einsatz von bewaffneten Drohnen, sondern lediglich für eine andere Sensibilisierung und Ausbildung der Pilotinnen. Man kann aber vielleicht ergänzen, dass erst die Erfahrung eines Krieges in der Realität einen in die Situation versetzt, die Entscheidung über Tod und Leben gegnerischer Kombattantinnen richtig fällen zu können. Erst wenn man die Schrecken des Krieges selbst erfahren habe, könne man die Unschuld gegnerischer Kombattanten und somit den Wert, den man ihrem Leben in einer Proportionalitätsbestimmung beimessen müsse, wirklich im Einzelfall einschätzen und begreifen. Ob das wirklich so ist, wäre eine Frage für die Moralpsychologie.

### 10.2.2 Killerroboter bzw. letale autonome Waffensysteme

Durch die fortschreitende Entwicklung von künstlicher Intelligenz (KI) ist es mittlerweile technisch nicht mehr unbedingt notwendig, dass Menschen die bewaffneten Drohnen fernsteuern. Die Forschung im Bereich sogenannter letaler autonomer Waffensysteme (LAWs) macht große Fortschritte und es ist absehbar, dass solche autonomen Waffensysteme die Zukunft des Kriegsgeschehens mitbestimmen und prägen werden.

Vor allem zwei zusammenhängende Probleme stellen sich hier: Erstens ist unklar, inwiefern solche „Killerroboter" die notwendigen Abwägungen, die man zur Einhaltung des *ius in bello* machen muss, überhaupt leisten können. Die ethischen Fragestellungen sind hier deutlich komplexer als bei anderen Anwendungen künstlicher Intelligenz, etwa autonom fahrenden Autos. Ob man eine KI also überhaupt so programmieren und trainieren kann, dass sie diese komplexen Regeln „versteht", ist ungewiss. Insbesondere Proportionalitätserwägungen benötigen möglicherweise einen moralischen Akteur und nicht eine lernfähige Maschine.

Allerdings ist das in der Tat unklar. Es ist durchaus vorstellbar, dass eine KI die ethischen Abwägungen von Menschen verstehen lernt, vielleicht sogar besser als wir selbst, und diese auf Situationen anwenden kann (vgl. Statman 2018, 478–479). Allemal sind Menschen auch nicht gerade gut darin, solche Entscheidungen nach objektiv nachvollziehbaren Maßstäben zu fällen. Die Programmierung könnte insofern sogar auch zu einer ethischen Vorklärung und Vergewisserung führen.

Jedoch macht all das die KI noch nicht zu einem moralischen Akteur. Sie denkt und handelt nicht nach ethischen Prinzipien, sondern nach Regeln, die sie als Regel („Wenn X, tue Y") begreift. Sie kann jedoch – soweit ersichtlich – nicht das spezifisch Ethische verstehen und nachvollziehen. Sie handelt, selbst wenn sie selbstständig lernt, letztlich doch auf Befehl und nicht als sittliches Wesen. Dementsprechend fehlt ihr eine zentrale Eigenschaft, nämlich die moralische und rechtliche Zurechenbarkeit: Es ist nur schwer vorstellbar, wie eine KI als moralisch und rechtlich verantwortlich angesehen werden kann. Wenn sie das nicht kann, dann gibt es niemanden, der für ihr Handeln verantwortlich ist, sobald sie sich durch eigenständiges Lernen hinreichend weit von ihrer ursprünglichen Programmierung fortentwickelt hat (vgl. Statman 2018, 479–481).

Dass Menschen getötet werden und niemand dafür verantwortlich ist, mehr noch: dass wir durch den Einsatz von autonomen Waffensystemen verhindern können, dass es verantwortliche Personen gibt, birgt zweifelsohne ethische Schwierigkeiten. Diese können hier allerdings nicht erschöpfend diskutiert werden, zumal die Ethik der künstlichen Intelligenz zu all den hier aufgeworfenen Fragen tiefere Diskussionen bietet.

Uwe Steinhoff ergänzt eine weitere Überlegung, die mir einen bedenkenswerten Gedanken zum Abschluss unserer Diskussion über ferngesteuerte und autonome Waffensysteme zu beinhalten scheint. In einer perfekten Welt, schreibt Steinhoff, gebe es keine Probleme mit autonomen Waffensystemen…

> In unserer Welt wird militärische Überlegenheit jedoch dazu benutzt, andere einzuschüchtern und zu nötigen, und sie wird in Kriegen eingesetzt, die zumindest moralisch problematisch sind und denen oft kolonialistische, imperialistische oder geradezu rassistische Motive zugrunde liegen, die die Opfer dieser Technologien nur allzu sehr an angeblich vergangene Zeiten erinnern, in denen die selbsternannten Herrenmenschen und die Vorboten der Zivilisation die Unmenschen disziplinierten, meist indem sie sie töteten. Diesen Kontext sollte man vielleicht im Hinterkopf behalten, bevor man die Fortschritte der Militärtechnik feiert. Dies ist kein schlagendes Argument gegen Drohnen oder andere extrem überlegene Militärtechnik. Es ist jedoch eine eindringliche Erinnerung daran, dass die Dinge vielleicht etwas komplizierter sind, als Menschen, die andere Menschen töten, indem sie Tausende von Kilometern entfernt Knöpfe drücken, vielleicht glauben wollen. (Steinhoff 2013, 207–208)

### 10.2.3 Cyberkrieg

Eine weitere Herausforderung des Kriegs im 21. Jahrhundert ist all das, was wir unter dem Begriff „Cyberkrieg" zusammenfassen. Hiermit ist im Rahmen der Kriegsethik nicht der Konflikt um Daten und Informationen im Allgemeinen gemeint. Hacking, Spionage und derlei sind per se keine Formen des Kriegs. Sie können aber Teil von Kriegen sein bzw. tatsächliche Kriegsakte darstellen, insbesondere dann, wenn sie physische Auswirkungen haben, die normalen Kriegshandlungen gleichen: Fiktive Beispiele wären Atomkraftwerke, die aufgrund eines

Hacks explodieren oder ein Leck entwickeln, oder Staudämme, die unkontrolliert geöffnet werden. Aber auch massenhafte Hacks von medizinischen Daten oder von autonom fahrenden Autos können zu realen Verwundeten und Toten führen. Allerdings sind diese Arten des Cyberkriegs, die tatsächlich kriegsgleiche Wirkungen haben, bisher in der Praxis kaum, wenn überhaupt, zu sehen (vgl. May 2015).

Doch was ist, wenn zentrale Infrastrukturen auf eine Art angegriffen werden, die nicht unmittelbar physisch ist? Banken funktionieren nicht mehr richtig, Züge können nicht fahren und dadurch wird die gegnerische Wirtschaft geschädigt, die Strom- und Wasserversorgung wird gestört – den Möglichkeiten sind hier im Zeitalter der Digitalisierung kaum Grenzen gesetzt. Larry May (2015) argumentiert, dass wir diese Art von Cyberattacken nicht als Kriegshandlungen, sondern eher wie Wirtschaftssanktionen und Embargos verstehen sollten. Auch Laurie Blank (2015) betont, dass die rhetorische Übertragung des Begriffs des Kriegs auf die meisten als „Cyberkrieg" bezeichneten Handlungen zu ethisch problematischen Konsequenzen und Einschränkungen von Rechten führt.

Nicht zuletzt gibt es allerdings auch Cyberattacken, die Teil des „ganz normalen" Kriegsgeschehens sind. Sie erfolgen also im Rahmen bestehender Kriege. So wird etwa versucht, die Energieversorgung militärischer Einrichtungen oder einfach die militärische Kommunikation zu stören. Hier sollten die Regeln der Ethik und des Rechts des Krieges gelten, insbesondere die Regeln dazu, wen man im Krieg gezielt angreifen darf und die allgemeinen Vorgaben der Verhältnismäßigkeit. Cyberattacken richten sich nicht selten gegen zivile Infrastruktur und sind dann in der Tat bereits nach den bestehenden Regelungen verboten. Die Fragen der juristischen Regulierung und der ethischen Vorgaben für eine solche Regulierung werden dennoch eine große Frage der Zukunft sein.

### Medien und Krieg

Ethisch höchstrelevante Fragen birgt das Verhältnis von Medien und Krieg: Ist Kriegspropaganda und sind Lügen erlaubt, wenn dadurch ein gerechter Krieg gefördert bzw. ein ungerechter Krieg abgewendet oder geschwächt wird? Sollte man kriegsrelevante Fakten medial offenlegen, wenn diese Offenlegung bzw. diese Erkenntnisse der ungerechten Kriegspartei nützen oder vorhersehbar zu mehr Leid unter der Zivilbevölkerung führen? Inwiefern darf und sollte man schockierende Bilder aus Kriegen veröffentlichen, um über die Schrecken des Krieges adäquat zu berichten? Wie geht man in diesem Zusammenhang mit der Würde der Opfer des Krieges um? Sollten Algorithmen sozialer Internetdienste gezielte Desinformation der ungerechten Kriegsseite rausfiltern bzw. blocken? Etc.

Die Liste der Fragen ist lang. Allerdings sind diese Fragen nur bedingt Fragen der Kriegsethik. Fragen nach dem Verhältnis von Wahrheit und Nutzen medialer Berichterstattung oder nach der Würde der in den Medien dargestellten Personen stellen sich schließlich auch außerhalb des Krieges. Im Krieg werden Medien lediglich auf besonders drastische Art strategisch (aus-)genutzt. Insofern sind diese Fragen eher Teil einer fundierten und kriegsethisch unterrichteten Medienethik. In der Kriegsethik werden sie dementsprechend kaum debattiert, in der Medienethik allerdings auch eher selten mit konkretem Bezug auf Kriege. Es gibt aber Ausnahmen. Auf einige soll hier kurz verwiesen werden:

- Behmer, Markus (2022). Bilder des Grauens. Medienethische Überlegungen zur Kriegsfotografie. Communicatio Socialis 55 (4), 454-467. https://doi.org/10.5771/0010-3497-2022-4-454.
- Bilke, Nadine (2010). Kriegsberichterstattung. In: Christian Schicha/Carsten Brosda (Hg.), Handbuch Medienethik. Wiesbaden, VS Verlag für Sozialwissenschaften, 442-453. https://doi.org/10.1007/978-3-531-92248-5_30.
- Tehranian, Majid (2002). Peace Journalism: Negotiating Global Media Ethics. The International Journal of Press/Politics 7 (2), 58-83. https://doi.org/10.1177/1081180X0200700205.
- Williams, Kevin (1992). Something More Important Than Truth. Ethical Issues in War Reporting. In: Andrew Belsey/Ruth Chadwick (Hg.). Ethical Issues in Journalism and the Media. London, New York, Routledge, 154-170.

## 10.3 Söldner und private Militärfirmen

Schließlich wollen wir uns noch ein Problemfeld anschauen, das keinesfalls spezifisch für die moderne Kriegsführung ist, das aber in den letzten Jahrzehnten wieder an Aktualität gewonnen hat, und zwar die Durchführung militärischer Operationen durch private Militär- und Sicherheitsfirmen bzw. Söldnerinnen. Das Söldnerwesen ist nicht neu. Der Dreißigjährige Krieg wurde beispielsweise zu großen Teilen mit Söldnerarmeen geführt. Dementsprechend finden sich auch in der Geschichte der Ethik des Kriegs viele Diskussionen (und kritische Stellungnahmen) zu diesem Thema. Heutzutage nimmt der Gebrauch privater Militärfirmen wieder zu. Im Irakkrieg oder im Ukrainekrieg wurden bzw. werden sie intensiv eingesetzt. Firmennamen wie Blackwater oder Söldnergruppen wie die Gruppe Wagner sind weithin bekannt und berüchtigt. Rechtlich sind Söldner nicht durch das Kombattantenprivileg geschützt. Man darf sie also bestrafen und sie genießen keinen Status als Kriegsgefangene.

Die ethische Frage, die sich hier stellt, ist, ob der Verkauf militärischer Dienste etwas Anrüchiges an sich hat und, wenn ja, was. Wir können vor allem drei ethische Einwände gegen das Söldnerwesen und die Zusammenarbeit mit privaten Militärfirmen unterscheiden.

Erstens stellt sich die Frage nach den Rechten der Söldnerinnen im Krieg: Dürfen sie getötet werden? Und dürfen sie töten? Michael Walzer (2015, 26–27) unterscheidet diesbezüglich zwei Arten von Söldnern: Diejenigen, die tatsächlich aus freien Stücken in den Krieg ziehen, um Geld zu verdienen, wählten den Kampf freiwillig. Sie willigten somit auch ein, dass sie angegriffen werden dürften und verlören deshalb im Krieg ihr Recht auf Leben. Ein Krieg zwischen freiwilligen Söldnern sei, solange er nicht andere in Mitleidenschaft ziehe, kein Verbrechen. Etwas anderes gelte indes, wenn als Söldner Menschen rekrutiert würden, die in einer verzweifelten Situation nicht wirklich frei entscheiden könnten. Walzer nennt bittere Armut als Beispiel. Die Anwerbungen der Gruppe Wagner in russischen Gefängnissen wären wohl ein weiteres Beispiel. Hier glichen die Söldnerinnen Kombattanten, die zum Krieg gezwungen oder entsprechend manipuliert wurden. Sie seien unschuldig – und genau darauf beruhe die moralische Gleichheit der

Kombattantinnen, unter die sie dann auch fielen. Aus revisionistischer Perspektive kann das indes nicht überzeugen. Es scheint eher fragwürdig, ob Söldner auf der gerechten Kriegsseite zustimmen, dass ungerechte Kombattantinnen sie angreifen und töten dürfen (vgl. Pattison 2008, 157). Das Söldnerwesen selbst scheint in beiden Fällen wenig Auswirkungen zu haben: Für Walzer gilt eine moralische Gleichheit – ob aus freien Stücken oder aus Zwang, und den spannenden asymmetrischen Fall zwischen diesen beiden Gründen diskutiert er leider nicht –, bei McMahan geht es um den gerechten Kriegsgrund, ebenso wie bei Kombattanten.

Ein zweites ethisches Problem des Söldnerwesens und privater Militärfirmen liegt in ihrer finanziellen Motivation für den Krieg. Wie wir schon gesehen haben, ist eine Bedingung für einen gerechten Krieg, dass man die richtige, d.h. eine auf den gerechten Kriegsgrund gerichtete Intention hat (vgl. 3.5 Richtige Intention). Tony Coady schreibt beispielsweise:

> Jemandem, der seine Waffe dem Höchstbietenden verkauft oder, weniger dramatisch formuliert, der vor allem für Geld kämpft, wird es typischerweise an einer angemessenen Motivation für den Krieg fehlen. (Coady 1992, 63)

Es ist aber zu betonen, dass das Kriterium der richtigen Intention ein *ad-bellum*-Kriterium ist, also für die politische Entscheidung, ob man in einen Krieg eintritt bzw. einen Krieg beginnt, gilt, nicht jedoch für jede einzelne Kombattantin. Es wäre eine deutlich weitergehendere Forderung, dass alle Kombattantinnen die richtige Intention aufweisen. Auch Berufssoldaten verpflichten sich regelmäßig aus finanziellen Gründen. Ein kategorialer Unterschied zwischen den beiden Gruppen ist fraglich (vgl. Steinhoff 2011, 139–140). Zudem geht es hier auch weniger um die Intention, also das Ziel der Handlung, als vielmehr die Motivation (vgl. Pattison 2008, 147). Auch diese kann allerdings – jedenfalls aus tugendethischer und potenziell auch aus deontologischer Perspektive – relevant sein. Seinen Kriegsdienst gegen Geld und ohne Prüfung der Gerechtigkeit der eigenen Sache zu verkaufen, stellt die eigene Tugendhaftigkeit und Moralität infrage. Das muss aber keine Auswirkungen auf die Rechte und Pflichten haben, und es muss auch nicht so sein, dass alle Söldner nur für Geld und ohne Prüfung des gerechten Kriegsgrundes kämpfen. Der Unterschied zu Soldatinnen wird eher graduell sein, aber das bedeutet nicht, dass er nicht relevant sein kann.

Pattison (2008, 149) betont auch, dass private Militärfirmen in der Realität nicht selten eigene Ziele in Kriegen verfolgten. Für sie sollte daher – anders als für die staatlichen Kombattantinnen – die *ad-bellum*-Regel der richtigen Intention sehr wohl gelten, wenngleich nicht für die einzelnen Söldner, sondern für die Firma.

Schließlich – drittens – kann man auch kritisieren, dass Söldnerfirmen schwerer durch Staaten und andere Auftraggeber zu kontrollieren sind (vgl. Pattison 2008, 150–154). Das ist besonders problematisch, weil Söldnerfirmen häufig gerade von Parteien angeworben werden, die selbst kein hochtechnisiertes und ausgebildetes Militär haben. Dadurch entstehe eine Art der Straflosigkeit für Kriegsverbrechen. Zudem sieht Steinhoff (2011, 145–146) hierin auch ein gravierendes strukturelles

Problem: Söldner brächten große Vorteile in Kriegen, seien aber häufig nur zu finanzieren, wenn man ihnen Zugeständnisse für die Kontrolle über Ressourcen mache oder wenn man sich selbst an Ressourcen stark bereichere. Genau deshalb brächte das Söldnerwesen Kleptokraten und großen Unternehmen einen Vorteil im Kampf gegen Widerstandsbewegungen.

Man kann sicherlich mehr zur Frage des Söldnerwesens sagen und weitere Probleme diskutieren. In der Praxis handelt es sich häufig um sehr schmutzige Geschäfte, die nicht selten zur Stabilisierung kleptokratischer und autoritärer Regime, vor allem in Afrika, beitragen. Ebenso ließen sich andere Probleme der modernen Kriegsführung finden, die es wert wären, hier besprochen zu werden. Doch als Ausblick in einige Anwendungen der Ethik des Krieges auf die konkreten Probleme unserer Zeit soll das Gesagte genügen.

Empfohlene Literatur:

Haque, Adil Ahmad (2017a). Killing with Discrimination. In: Saba Bazargan-Forward/Samuel Charles Rickless (Hg.). The Ethics of War. Essays. New York, Oxford University Press, 164–181. https://doi.org/10.1093/acprof:oso/9780199376148.003.0008.

Kahn, Paul W. (2002). The Paradox of Riskless Warfare. Philosophy & Public Policy Quartely 22 (3), 2–8.

Meissler, Christine/Schmidt-Radefeldt, Roman (Hg.) (2012). Automatisierung und Digitalisierung des Krieges. Baden-Baden, Nomos. https://doi.org/10.5771/9783845238227.

Ohlin, Jens David/Govern, Kevin/Finkelstein, Claire (Hg.) (2015). Cyber War. Law and Ethics for Virtual Conflicts. Oxford, Oxford University Press. https://doi.org/10.1093/acprof:oso/9780198717492.001.0001.

Statman, Daniel (2018). Drones and Robots. On the Changing Practice of Warfare. In: Seth Lazar/Helen Frowe (Hg.). The Oxford Handbook of Ethics of War. Oxford/New York, Oxford University Press, 472–487. https://doi.org/10.1093/oxfordhb/9780199943418.013.9.

Strawser, Bradley Jay (Hg.) (2013). Killing by Remote Control. Oxford/New York, Oxford University Press. https://doi.org/10.1093/acprof:oso/9780199926121.001.0001.

Sparrow, Robert (2021). Riskless Warfare Revisited: Drones, Asymmetry and the Just Use of Force. In: Christian Enemark (Hg.). Ethics of Drone Strikes. Edinburgh, Edinburgh University Press, 10–30. https://doi.org/10.3366/edinburgh/9781474483575.003.0002.

Pattison, James (2008). Just War Theory and the Privatization of Military Force. Ethics & International Affairs 22 (2), 143–162. https://doi.org/10.1111/j.1747-7093.2008.00140.x.

## 10. Ius in bello 3: Probleme der modernen Kriegsführung

**Diskussionsfragen:**

- Wenn die Nutzung einer verbotenen Waffe, z.B. einer taktischen Atomwaffe, ohne zivile Opfer erfolgt und zugleich viele Menschenleben retten kann, sollte man sie dann einsetzen?
- Ist die Nutzung von bewaffneten Drohnen und autonomen Robotern ethisch problematisch? Drückt sich hierin eine falsche Haltung zum Krieg, zur Achtung vor dem Gegner und/oder zur kriegerischen Ehre aus?
- In der Literatur wird das Söldnerwesen häufig mit der Prostitution verglichen. Es gebe Dinge, wie das gegenseitige Vergnügen am Körper des anderen oder die Bereitschaft Menschen zu töten, die man nicht verkaufen sollte bzw. die durch den Verkauf entwertet würden (vgl. Coady 1992, 65–66). Auch Freundschaft oder Elternschaft gegen Geld fielen in diese Bereiche. Darf man alles (ver-)kaufen oder gibt es diesbezüglich ethische Grenzen?

## 11. Terrorismus im Krieg – Terrorismus als Krieg?

Eine Sonderfrage, die seit 2001 enorm an Bedeutung gewonnen hat, wird üblicherweise ebenfalls im Rahmen der Ethik des Krieges behandelt, und zwar die Ethik des Terrorismus. Was ist Terrorismus? Kann man ihn rechtfertigen? Und was macht seine ethische Verwerflichkeit aus?

Doch in dieser Behandlung im Rahmen der Ethik des Krieges gibt es schon ein eigenständiges Problem, das sehr häufig übergangen wird: Ist das Verhältnis zwischen terroristischen Organisationen und Staaten überhaupt Krieg? Kann es einen „Krieg gegen den Terrorismus", wie die USA ihn nach den Anschlägen vom 11. September 2001 ausgerufen haben, überhaupt geben? Diese Frage ist keinesfalls leicht zu beantworten, die Antwort auf sie bringt aber eine Menge ethischer und rechtlicher Wertungen mit sich. Insofern ist es problematisch, durch die Einordnung in den Bereich der Ethik des Krieges den Eindruck zu festigen, dass der sogenannte Krieg gegen den Terrorismus tatsächlich ein Krieg ist und deshalb den ethischen und juristischen Regeln des Krieges unterliegt.

Wie wir sehen werden, gibt es vielmehr gute Gründe, mit dieser Einordnung sehr vorsichtig bzw. ihr gegenüber skeptisch zu sein. Dennoch wird auch hier die Ethik des Terrorismus im Rahmen eines Werks zur Ethik des Krieges erörtert. Das liegt aber nicht daran – und es ist wichtig, das zu betonen –, dass diese Einordnung geteilt wird, sondern lediglich daran, dass ein Einführungsbuch seinen Gegenstand möglichst umfassend darstellen sollte und einige Philosophinnen und Juristinnen diese Einordnung für geboten halten – und die rechtliche Praxis, insbesondere der USA, einen solchen Krieg annimmt. Daher soll das Thema hier nicht ausgespart werden. Das geschieht aber explizit mit der einschränkenden Zusatzbemerkung, dass diese Einordnung sehr fragwürdig scheint (vgl. hierzu Gisbertz-Astolfi 2024).

### 11.1 Was ist Terrorismus?

„Des einen Terrorist ist des anderen Freiheitskämpfer!" Dieser Spruch ist seit Langem ein geflügeltes Wort. Er will zum Ausdruck bringen, dass Terrorismus kein klar abgrenzbares, beschreibbares Phänomen, sondern eine politische Wertung ist. Ob man jemanden als Terroristin oder als Freiheitskämpferin bezeichnet, soll demnach der politischen Bewertung und Willkür anheimgestellt sein. Wenn das stimmen sollte, ist eine wissenschaftliche Beschäftigung mit dem Terrorismus von Anfang an zum Scheitern verurteilt. Dann würde es nämlich keine ethischen Vorgaben und Bewertungen geben, die in irgendeiner Form spezifisch für den Terrorismus sind, weil dieser selbst nicht spezifisch wäre.

Doch dieses Urteil scheint übereilt. Es drückt zwar eine legitime politische Skepsis und Sorge aus, dass politische Urteile darüber, wer Terrorist ist, oft nach politischer Opportunität gefällt werden, aber aus dieser sicherlich zutreffenden Analyse folgt nicht, dass Begriff und Phänomen des Terrorismus ebenso willkürlich sind wie einige politische Bewertungen. Auch für den Krieg gilt immerhin, dass die Begriffsverwendung gelegentlich zum politischen Spielball wird, beispielsweise wenn ein deutscher Außenminister behauptet, Deutschland werde, ohne dass dies ein

## 11. Terrorismus im Krieg – Terrorismus als Krieg?

Krieg sei, „am Hindukusch verteidigt", wenn die USA einen angeblichen Krieg gegen den Terrorismus führen oder wenn gar die Einordnung des Ukrainekriegs als Krieg in Russland unter Strafe gestellt wird. Solche politischen Begriffsverdrehungen führen nicht dazu, dass wir davon ausgehen müssen, der Begriff des Krieges könnte nicht genauer bestimmt werden. Im Gegenteil: Man sollte ihn möglichst genau bestimmen, damit man Begriffsverdrehungen als solche aufdecken und kritisieren kann. Für den Begriff des Terrorismus gilt das Gleiche. Was sind also die begrifflich notwendigen Merkmale von Terrorismus?

Zunächst einmal verfolgt Terrorismus eine psychologische und kommunikative Wirkung, üblicherweise das Hervorrufen von Furcht (*terror*). Terrorismus hat also neben seinen primären Opfern immer auch eine sekundäre Zielgruppe, auf die er abzielt bzw. die er einschüchtern, verängstigen oder politisch aufrütteln will. Welche Wirkungen genau bezweckt werden, ist allerdings umstritten. Robert Goodin (2007) und Igor Primoratz (2013) nehmen beispielsweise an, dass es dem Terrorismus immer um das Hervorrufen von Angst und Entsetzen gehe. Demgegenüber betonen Bruce Hoffman (2017, 38–43), Claudia Card (2010, 131–132) und Stephen Nathanson (2010, 27–28), dass auch andere weitreichende psychologische Wirkungen und Kommunikationsakte bezweckt werden können. Card bringt als Beispiel die Attentate auf israelische Sportlerinnen während der Olympiade 1972 in München. Hier sei es vor allem darum gegangen, die Agenda der Terroristen in die Öffentlichkeit zu tragen. Die Einschüchterung sei höchstens ein Nebenprodukt und auch ohne das Abzielen auf Einschüchterung würden wir diese Attentate klarerweise als Terrorismus erkennen.

Es gibt jedoch auch Philosophen, die dieser Behauptung, dass Terrorismus immer einen kommunikativen Gehalt aufweisen bzw. auf eine psychologische Wirkung gerichtet sein muss, widersprechen (vgl. Sinnott-Armstrong 1991; Rodin 2004a). So führt etwa Walter Sinnott-Armstrong den folgenden Fall an:

> **Busattentat**: Kasumi hat ein tiefsitzendes pathologisches Bedürfnis danach, sich anderen gegenüber überlegen zu fühlen. Um sich ihre Überlegenheit zu beweisen und sie zu erleben, sprengt sie wahllos Busse in die Luft.

Laut Sinnott-Armstrong zielt Kasumi hier nicht auf eine kommunikative Wirkung ab, dennoch sei das ein klarer Fall von Terrorismus. Man kann aber beide Behauptungen hinterfragen: Kasumis Gefühl der Überlegenheit stellt sich schließlich genau deshalb ein, weil Menschen sie und ihre Handlungen fürchten, sich aber nicht zu wehren wissen. Sie kommuniziert ihre Überlegenheit. Gleichzeitig ist auch gar nicht klar, dass die von ihr verübten Attentate Terrorismus sind. Sie könnten auch einfach Mord, Amoklauf oder ähnliches sein.

Neben der psychologischen und kommunikativen Wirkung erfolgt Terrorismus, so die verbreitete Auffassung, immer unter Einsatz physischer Gewalt. Das scheint offenkundig, weil Terrorismus üblicherweise die Form gewaltsamer Tötungen hat. Doch auch hier gibt es Autoren, die widersprechen: So betonen Carl Wellman (1979) und Robert Goodin (2007), dass Terrorismus zwar typischerweise, aber nicht notwendigerweise mit Gewalt einhergehe. Spezifisch sei indes nur die Nötigung der Opfer durch das Hervorrufen von Furcht. Das führt allerdings zu streitbaren Anwendungen des Begriffs. Goodin (2007, 181–184) behauptet, dass George W. Bush, der im Wahlkampf behauptete, ohne seine Wiederwahl drohe der amerikanischen Gesellschaft mehr Schaden durch den Terrorismus, terroristisch agiert habe. Wellman (1979, 252) bringt sogar als Beispiel seine Drohung gegenüber Studierenden, verspätet eingereichte Prüfungsleistungen nicht anzuerkennen, mit dem Zweck, in den Studierenden Furcht hervorzurufen. Primoratz kritisiert diesbezüglich, dass die beiden den Unterschied von „Terrorismus" und „Terrorisieren" übersähen.

Die meisten Autorinnen akzeptieren die beiden bisherigen Begriffsmerkmale: physische Gewalt und das Hervorrufen einer psychologischen oder kommunikativen Wirkung. Umstrittener ist, ob Terrorismus politische Ziele verfolgen muss. Das vertritt etwa Tony Coady (2004, 772–775). Primoratz (2013, 23) hebt hingegen hervor, dass es nicht nur politischen, sondern auch religiös und kriminell motivierten Terrorismus gebe. Die Frage bleibt dann, ob nicht dieser religiöse und kriminelle Terrorismus letztlich auch politische Ziele in einem weiteren Sinne verfolgt und verfolgen muss, damit er Terrorismus und nicht eine andere Form des Verbrechens ist (so etwa Gisbertz-Astolfi 2024).

Wenn Terrorismus politisch in einem weiteren Sinne sein muss, dann fragt sich, ob eigentlich auch Staaten terroristische Handlungen ausführen können. Hoffman (2017, 26) verneint das mit dem Argument, dass eine andere Definition „den Terroristen in die Hände spielen würde". Sonst müsse man beispielsweise auch die Bombenangriffe der Alliierten auf Städte wie Dresden und Tokio sowie die Atombombenabwürfe über Hiroshima und Nagasaki als terroristisch einstufen. Das ist in der Tat so, aber es ist nicht klar, inwiefern das ein Gegenargument darstellt. Diese Bombenabwürfe auf Großstädte zur Einschüchterung der Bevölkerung scheinen relativ unproblematisch Fälle von Staatsterrorismus zu sein. Ebenso kann man auch behaupten, dass Staaten ihren eigenen Bürgerinnen gegenüber terroristisch handeln können. Eine neutrale Definition, die diese Möglichkeit anerkennt, spielt auch nicht in die Hände der Terroristinnen und rechtfertigt keinesfalls, dass man sich wiederum mit terroristischen Mitteln gegen Staaten verteidigen darf.

Das schwierigste Begriffsmerkmal des Terrorismus liegt jedoch in der Bestimmung, wer eigentlich Opfer des Terrorismus sein kann. Wir haben bereits gesehen, dass Terrorismus zwei Opfergruppen hat: primäre Opfer einer Gewalthandlung und sekundäre Opfer, in denen er eine psychologische Wirkung hervorrufen will. Die primären Opfer müssen dabei nach verbreiteter Auffassung in einem spezifischen Sinne zufällig ausgewählt oder unschuldig sein. Terrorismus zielt ja zumeist auf ein diffuses Gefühl des Bedrohtseins. Das gelingt am besten, wenn jeder Opfer sein könnte. Michael Walzer (2015, 197) zieht hieraus den Schluss, Terrorismus sei die Methode des „zufälligen Mordes an unschuldigen Leuten". Allerdings sind viele Opfer des Terrorismus nicht gänzlich zufällig, sondern als Symbole einer abgelehnten Kultur ausgewählt. Die Konzertbesucherinnen im Bataclan oder die Menschen im World Trade Center waren keineswegs komplett zufällige Opfer. Sie waren aber mit einer gewissen Unterschiedslosigkeit ausgewählt (vgl. Nathanson

2010, 40), und zwar einer Unterschiedslosigkeit in Bezug darauf, wen man eigentlich angreifen darf. Sie waren nämlich unschuldig bzw. nicht haftbar, d.h. keine legitimen Ziele eines Angriffs.

Genau diese moralische Unschuld ist für die meisten Autoren ein zentrales Definitionsmerkmal (vgl. etwa Coady 2008; Nathanson 2010; Primoratz 2013; Uniacke 2018). Terrorismus greift unschuldige Menschen an. Doch was genau heißt das? Wer ist unschuldig bzw. nicht haftbar? Aus der Kriegsethik kennen wir bereits die dort relevante Unterscheidung in Kombattanten und Nichtkombattanten, die für die Haftbarkeit eine große Rolle spielt. Dementsprechend wird häufig angenommen, dass diese Unterscheidung auch für die Definition des Terrorismus sinnvoll ist: Terrorismus greift Zivilistinnen statt Kombattantinnen an (so etwa Coady 2004; Nathanson 2010, 49–51; Rodin 2004a, 757–758).

Doch das setzt voraus, dass Terrorismus nur im Krieg stattfindet. Außerhalb eines Kriegs ergibt die Einteilung in Kombattanten und Nichtkombattanten keinen Sinn (vgl. Gisbertz-Astolfi 2024). Daher konkretisiert Primoratz (2013, 15–21) das Merkmal der Unschuld wie folgt: Terroristinnen behaupteten üblicherweise, dass sie sich gegen eine Ungerechtigkeit wehrten. Nehmen wir also einmal um des Arguments willen an, dass diese Behauptung stimmte, dann gäbe es eine kleine Menge Menschen, die für diese Ungerechtigkeit haftbar in dem Sinne wären, dass man sie töten dürfte. Die meisten Menschen seien aber nach jeder glaubhaften und ernstzunehmenden Auffassung von Verantwortung nicht auf solche Weise haftbar. Terrorismus töte jedoch genau solche Menschen, die selbst dann nicht haftbar wären, wenn man den Terroristinnen ihre Geschichte des eigenen Widerstands glauben würde.

Es ist klar, dass jedes dieser Merkmale noch deutlich genauer untersucht werden könnte (vgl. für eine solche Analyse Gisbertz-Astolfi 2024). Das kann und soll hier nicht erfolgen. Für unsere Zwecke genügt dieser Überblick über die Diskussion und die zentralen Begriffsmerkmale. Wir können für unsere Zwecke die folgende Definition festhalten:

> *Terrorismus* ist die gezielte Anwendung von *physischer Gewalt* als Mittel gegen einige *unschuldige* primäre Opfer, die der Hervorrufung *psychologischer Wirkungen* in einer sekundären Zielgruppe dient und dabei *politische Zwecke* in einem weiten Sinne verfolgt.

## 11.2 Die ethische Bewertung von Terrorismus

Im Rahmen einer glaubwürdigen und vernünftigen ethischen Debatte können eigentlich keine zwei Meinungen darüber bestehen, dass die meisten terroristischen Angriffe ethisch nicht zu rechtfertigen und schlimme Verletzungen von Menschenrechten sind. Ethisch interessant sind aber zwei andere Fragen, nämlich erstens die Frage, was genau die spezifische ethische Verwerflichkeit des Terrorismus ausmacht, wie er sich also ethisch von anderen Formen der Gewalt unterscheidet, und zweitens, ob alle terroristischen Angriffe ethisch verboten sind oder ob es in Ausnahmefällen auch ethisch gerechtfertigten Terrorismus geben kann.

Es ist für den Terrorismus, wie wir gesehen haben, definierend, dass sich seine Angriffe gegen unschuldige und nichthaftbare Menschen richten. Genau das macht ihn ethisch falsch. Stephen Nathanson (2010, Kap. 3) verortet hierin auch die besondere Verwerflichkeit des Terrorismus. Er sei auf besondere Art problematisch, weil er sich gegen Unschuldige richte. Nathanson schreibt dies im Rahmen der Ethik des Krieges und in diesem Rahmen ist sein Argument verständlich: Im Krieg darf man, wie wir gesehen haben, die Unschuldigen nicht gezielt attackieren und Terrorismus verstößt gegen dieses Verbot. Doch für eine umfassendere Analyse der Ethik des Terrorismus scheint sein Argument zu kurz zu greifen. Auch Totschlag, Mord, Massaker im Krieg und viele andere Straftaten richten sich gegen unschuldige bzw. nichthaftbare Menschen. Gerade deshalb sind sie Straftaten. Hierin liegt also keine ethische Besonderheit des Terrorismus. Terrorismus scheint uns aber auf eine besondere Art verwerflich zu sein, die ihn von „normalem" Mord unterscheidet.

Laut Suzanne Uniacke (2018) und Igor Primoratz (2013, 124–125) gründet diese spezifische ethische Verwerflichkeit des Terrorismus in der *Verbindung* der Gewalt gegen die primären Opfer mit der bezweckten psychologisch-kommunikativen Wirkung bei einer sekundären Zielgruppe. Die Gewalt, die gar nicht ihre Opfer zum eigentlichen Ziel hat, macht diese Opfer zum bloßen Mittel eines anderen Zwecks. Wenn man jemanden tötet, weil man ihn hasst oder verachtet oder aus anderen unmittelbaren Tötungsmotiven, ist er Opfer um seiner selbst willen. Das ist für sich genommen bereits schlimm genug. Aber wenn jemand nur deshalb getötet wird, damit andere Menschen sich fürchten oder auf eine politische Problematik aufmerksam werden, wird der Mensch noch mehr als Mensch missachtet. Er erscheint in dieser Überlegung gar nicht mehr als Wesen mit Menschenwürde, sondern als bloßes Objekt, das man für andere Zwecke nutzen darf, wie es einem gefällt. Er wird als Symbol getötet. Der Schutz vor einer solchen Instrumentalisierung ist ein Kernaspekt der Menschenwürde (vgl. Pfordten 2023; Gisbertz 2018).

Dennoch gibt es auch Theoretikerinnen, die legitime Fälle des Terrorismus bzw. die grundsätzliche Möglichkeit einer Rechtfertigung von terroristischen Handlungen behaupten. Ein Grund hierfür liegt darin, dass Terrorismus eine Art letztes Mittel der Ohnmächtigen sein soll. Wenn alle konventionellen Mittel der Selbstverteidigung und des Aufstands keine Chance auf Erfolg haben, sei Terrorismus als Mittel des politischen Aufbegehrens und Protestierens gegen eine fundamentale Ungerechtigkeit notwendig (vgl. etwa Young 2004). Terrorismus wird aus dieser Perspektive zur Waffe der Schwachen gegen die Starken. Er soll aufgrund eines ethischen Notstands gerechtfertigt sein.

So schreibt beispielsweise Michael Walzer (2015, 250–267), dass die Bombenangriffe auf deutsche Großstädte im Zweiten Weltkrieg aufgrund eines extremen Notstands gerechtfertigt gewesen wären. Das Drohszenario eines Siegs der Nationalsozialisten sei so groß gewesen, dass in diesem Ausnahmefall unschuldige getötet werden durften. Ansonsten lehnt Walzer die Rechtfertigbarkeit von Terrorismus eigentlich ab, aber an diesem Fall sieht man, dass diese Ablehnung Grenzen hat. Auch Claudia Card (2010, 154) nimmt an, dass man Terrorismus rechtfertigen kann. Sie bringt als Beispiel Bombenanschläge durch Widerstandskämpferin-

## 11. Terrorismus im Krieg – Terrorismus als Krieg?

nen gegen den Nationalsozialismus auf volle Züge in die Vernichtungslager. Hier sei es so wichtig gewesen, die Öffentlichkeit dazu zu zwingen, zu sehen, was dort passierte, dass man die Menschen im Zug umbringen durfte.

Schließlich behauptet auch Virginia Held (2008, 41–43), dass sich Terrorismus möglicherweise rechtfertigen lasse. Sie definiert, dass Terrorismus sich nicht immer gegen Unschuldige richten müsse, sondern beispielsweise auch Regierungsmitarbeiterinnen angreifen könne. Insofern sei er potenziell besser als ein Krieg, in dem stets auch Unschuldige zu Tode kämen. Aber auch dann, wenn man Terrorismus als unnötigen Angriff auf Unschuldige verstehen würde, sei dieser nicht schlimmer als Krieg, der ebenfalls unnötigerweise Unschuldige töten würde. Hier drückt sich ihre Skepsis gegenüber faktischen Rechtfertigungen von Krieg und Terrorismus aus, weil sie davon ausgeht, dass es fast immer mildere Mittel gibt. Aber wenn nicht, dann sei Terrorismus auch nicht tragischer als Krieg – und wer Krieg für rechtfertigbar halte, müsse die gleiche Schlussfolgerung auch für Terrorismus annehmen. Vieles bleibt hier allerdings im Unklaren: Wann ist eine Tötung notwendig? Und darf man notwendige instrumentelle Tötungen Unschuldiger vornehmen?

Ein bedeutender Teil der ethischen Bewertung scheint häufig daran zu hängen, ob die Missachtung der primären Opfer durch ihre Instrumentalisierung für andere Ziele in den Blick genommen wird oder ob man auf die bloße Tötung fokussiert. Doch auch eine solche „bloße" Tötung Unschuldiger ist keinesfalls einfach, wenn überhaupt, zu rechtfertigen (vgl. für eine Kritik an Rechtfertigungsstrategien auch Gisbertz-Astolfi 2024). So oder so gilt aber, dass die genannten Theorien, die eine Rechtfertigung nicht vollends ausschließen, keinesfalls die existierenden terroristischen Organisationen zu rechtfertigen suchen. Es geht den meisten um die Frage, ob es aus ethischen Gründen Ausnahmefälle gerechtfertigter terroristischer Gewalt geben kann, nicht um eine Rechtfertigung von terroristischen Organisationen wie der RAF, den Roten Brigaden, der ETA oder der IRA, geschweige denn um eine Rechtfertigung der Massenmorde von al-Qaida und dem sogenannten Islamischen Staat.

### 11.3 Terrorismus im Krieg und das Diskriminierungsgebot

Wie zuvor bereits angesprochen und im Folgenden noch einmal genauer diskutiert, ist Terrorismus nicht notwendigerweise eine kriegerische Handlung. Es gibt Terrorismus im Krieg und es gibt Terrorismus außerhalb von Kriegen, der dann schlichtweg ein Verbrechen ist (vgl. Miller 2009, 84–151). Terrorismus ist eine Taktik und diese Taktik kann auch, aber nicht nur im Krieg angewendet werden.

Sofern Terrorismus jedoch als Mittel im Krieg verwendet wird, unterfällt er selbstverständlich den bisher dargestellten Regeln und Prinzipien des *ius in bello*. Das Problem liegt hierbei auf der Hand: Terrorismus ist wesensgemäß nicht in der Lage dazu, das Diskriminierungsgebot einzuhalten, im Gegenteil ist er exakt dadurch definiert, dass er gezielte Angriffe auf Unschuldige – und im Krieg heißt das vor allem Nichtkombattantinnen – beinhaltet. Deshalb ist Terrorismus gegen Nichtkombattantinnen als Taktik im Krieg stets ein Bruch einer der zentralen

Vorgaben der Ethik des Krieges. Im Übrigen lassen sich natürlich die gleichen Fragen der Rechtfertigbarkeit stellen, die auch für den Terrorismus allgemein gestellt werden können.

## 11.4 Terrorismus als Krieg und der Status von Terroristen

Wie wir bereits gesehen haben, lässt sich *Krieg* am besten als gewaltsame Konfliktaustragung um politische Herrschaft verstehen (vgl. 1. Was ist überhaupt Krieg?). Der Begriff ist auf zwei logische Leerstellen des Systems souveräner Staaten und politischer Gemeinwesen ausgerichtet: nämlich auf Konflikte zwischen Staaten, für die es keine höhere Instanz gibt, die diese Konflikte nicht gewaltsam lösen (und diese Lösung durchsetzen) können, und auf Konflikte innerhalb von Staaten, die so fundamental sind, dass sie nicht mehr im Rahmen der staatlichen Konfliktlösungsmechanismen, v.a. dem Recht, gelöst werden können. In diesen Fällen gibt es denknotwendig keine andere Möglichkeit, als dass Konflikte, die sich nicht friedlich lösen lassen, entweder nicht oder mittels physischer Gewalt ausgetragen werden. Alle anderen Konfliktlösungsmechanismen haben hier versagt (vgl. Gisbertz-Astolfi 2024).

Das ist beim Terrorismus allgemein nicht so. Viele terroristische Attentate können und werden strafrechtlich innerhalb eines Staates verfolgt. Sie sind dann einfach Verbrechen und kein Krieg (vgl. Miller 2009, 84–151). Daher erscheint es fragwürdig, Terrorismus ganz allgemein und ohne Einschränkung als Gegenstand der Ethik des Krieges zu verstehen.

Jedoch gibt es drei Fallgruppen, in denen Terrorismus sehr wohl Teil eines Krieges sein könnte. Die erste haben wir bereits besprochen, nämlich dass Terrorismus als Taktik in einem ohnehin bestehenden Krieg genutzt wird. Die anderen beiden Fälle sind allerdings interessanter für uns, weil hier die terroristischen Handlungen selbst den Krieg konstituieren.

Im ersten Fall ist eine terroristische Organisation innerhalb eines Staates so mächtig, dass sie sich einerseits der Strafverfolgung entziehen kann und andererseits wiederholt so starke Angriffe ausführt, dass die staatliche Ordnung als solche in Gefahr ist. Sprich: Es handelt sich tatsächlich um einen Kampf um staatliche Herrschaft, weil die strukturelle Überlegenheit des Staates, die solche Kämpfe meistens unmöglich macht, aufgehoben ist. Das ist die klassische Situation eines Bürgerkrieges – und es ist für die Subsumption unter den Begriff des Krieges gänzlich unschädlich, dass hierbei das ethisch fragwürdige Mittel des Terrorismus genutzt wird. In einem solchen Fall kann ein Krieg gegen eine terroristische Organisation vorliegen.

Diese Fälle sind aber selten und sie umfassen gewiss nicht den sogenannten Krieg gegen den Terrorismus. Dieser wird erst dann potenziell verständlich, wenn man einschränkt, dass er sich gegen eine spezifische Form des Terrorismus, nämlich den *transnationalen* Terrorismus, wendet (vgl. hierzu Gisbertz-Astolfi 2024). Transnationaler Terrorismus ist dadurch gekennzeichnet, dass sich die terroristischen Organisationen nicht hauptsächlich auf ein Staatsgebiet konzentrieren. Sie kämpfen nicht um nationale Herrschaft oder politische Mitsprache, sondern sie operieren über Staatsgrenzen hinweg. Dadurch können sie sich staatlichem Zugriff leichter entziehen und sie sind schwer im Rahmen der Ordnung souveräner Staaten abzubilden.

Das Hauptproblem liegt hier darin, dass die Angriffe effektiv aus einem anderen Staat gesteuert werden und somit nicht der nationalen Strafverfolgung zugänglich sind. Gleichzeitig handelt es sich aber auch nicht um andere Staaten, gegen die man deshalb Krieg führen dürfte. Auch liegt nicht wirklich ein Kampf um staatliche Herrschaft vor, denn Organisationen wie al-Qaida können offenkundig nicht die Herrschaft in den angegriffenen westlichen Staaten erodieren, geschweige denn für sich beanspruchen.

Wie geht man also damit um? Philipp Gisbertz-Astolfi (2024) schlägt vor, den transnationalen Terrorismus und seine Bekämpfung dennoch nicht als Krieg einzuordnen, weder begrifflich noch ethisch. Krieg liege nur dort vor, wo die besagte denknotwendige Lücke im System der Staaten bestehe. Das sei beim transnationalen Terrorismus nicht gegeben. Diesen könne man innerhalb des Systems der bestehenden friedlichen Konfliktlösungsmechanismen abbilden, nämlich durch eine Kooperation der Staaten in der Strafverfolgung. Wo diese verweigert werde, könne man Staatenkriege annehmen, wo sie erfolgt, aber die Terroristinnen zu stark sind, liege ein Bürgerkrieg vor. Das Entscheidende sei, dass der transnationale Terrorismus keine weitere denknotwendige Lücke im System darstelle – und die Ethik und das Recht des Krieges seien nur für diese absoluten Ausnahmefälle gedacht.

Dennoch erfordere die Besonderheit des transnationalen Terrorismus neue internationale Antworten, ggf. auch eine Erweiterung der gerechten Kriegsgründe, um den Fall zu integrieren, wo nicht ein anderer Staat angreift, sondern private Organisationen von seinem Staatsgebiet aus, während er einfach unwillig oder unfähig ist, diese zu bekämpfen (und auch keiner Kooperation in der Bekämpfung zustimmt). Das entspricht bisher nicht der Rechtslage. Hier muss ein Staat die Kontrolle über die Angreifenden ausüben, was in Anbetracht extrem mächtiger terroristischer Organisationen und relativ instabiler Staaten nicht mehr der Wirklichkeit gerecht wird.

Dennoch sei es wichtig, dass der Krieg auf diese Weise eingeordnet (und das juristische Regelwerk überarbeitet) werde, alleine schon deswegen, weil die Regeln für Kriege nur die zwei Fälle des Staaten- und des Bürgerkriegs kennen. Die aktuelle Lage führe dazu, dass Rechtsnormen, die nicht passen, angewendet werden, weil man behauptet, im Krieg mit al-Qaida oder anderen Organisationen zu sein. Die gegnerischen Verbrecher werden dann als Kombattanten eingestuft. Sie halten sich aber offenkundig nicht an die Regeln des Krieges, also spricht man ihnen im Gegenzug ebenfalls den Schutz des Völkerrechts ab. Sie sind also weder wie normale Verbrecherinnen durch die Menschenrechte und die nationalen Vorgaben geschützt, noch als Kombattantinnen durch das humanitäre Völkerrecht. „Unlawful combatants" („unrechtmäßige Kombattanten") seien sie. Die Folge sind etwa die extrajudizielle Inhaftierung in Guantanamo, diverse Verletzungen der territorialen

Integrität von Staaten, mit denen kein Krieg besteht (v.a. Pakistan), und gezielte Tötungen (*targeted killings*) ohne rechtlichen Schutz.

Man muss allerdings konstatieren, dass eine internationale Regulierung in weiter Ferne liegt. Dann wäre es folgerichtig, wenigstens sehr kritisch zu fragen, wann überhaupt die Bedingungen eines Krieges und nicht einer gemeinsamen Strafverfolgung gegeben sind. Klar ist allemal, dass der transnationale Terrorismus relativ neue Herausforderungen für die Ethik und die internationale Gemeinschaft bedeutet, auf die es keine einfachen Antworten gibt.

### Der „War on Terror"

Nach den Anschlägen vom 11. September 2001 auf das World Trade Center und das Pentagon riefen die USA einen weltweiten „Krieg gegen den Terrorismus" aus. In der Folge wurden viele Normen des Völkerrechts, vor allem durch die Figur des „unrechtmäßigen Kombattanten" umgangen oder außer Kraft gesetzt. Schon die Idee, dass man ein Phänomen bzw. eine Taktik, nämlich den Terrorismus, und nicht konkrete Organisationen bekämpfte und dementsprechend kein klarer Endpunkt bzw. keine klaren Bedingungen eines Sieges, wie eine Kapitulation, gegeben waren, führte zu schlimmen Verwerfungen; denn Kriegsgefangene darf man bis zum Ende des Krieges ohne Prozess inhaftieren – und bis heute, mehr als 20 Jahre nach Beginn des angeblichen Krieges, gibt es Gefangene in Guantanamo, die niemals in einem juristischen Prozess verurteilt wurden.

Immerhin hat der US Supreme Court diesbezüglich ein wenig gegengesteuert, vor allem in seinem bekannten Urteil *Hamdan v. Rumsfeld*, und auch die Obama-Administration hat den Krieg darauf eingeschränkt, dass er sich gegen al-Qaida und nicht gegen den Terrorismus als solchen wende:

> Dies ist kein globaler Krieg gegen eine Taktik – den Terrorismus – oder eine Religion – den Islam. Wir befinden uns im Krieg gegen ein bestimmtes Netzwerk, al-Qaida, und seine terroristischen Tochtergesellschaften, die Bemühungen unterstützen, die Vereinigten Staaten, unsere Verbündeten und Partner anzugreifen. (vgl. Harnden 2010)

Völkerrechtlich und menschenrechtlich bleiben im Umfeld dieses „Krieges gegen den Terrorismus" dennoch bis heute viele Fragezeichen, etwa die *targeted killings*, die unter Obama weitergeführt und gestärkt wurden.

Der Hauptschauplatz des „Kriegs" war Afghanistan, zunächst als Krieg gegen den Staat Afghanistan unter Taliban-Führung, der eine Kooperation bei der Ergreifung und Zerschlagung der al-Qaida-Verantwortlichen für die Anschläge in den USA verweigerte, später in Zusammenarbeit mit der neuen afghanischen Regierung. Doch auch in anderen Staaten wurden Militäroperationen auf Basis dieses „Kriegs" gegen den Terrorismus geführt, etwa im Irak, im Jemen und in Pakistan.

Empfohlene Literatur:
Gisbertz-Astolfi, Philipp (2024). Krieg gegen den Terrorismus? Die Begriffe Krieg und Frieden im historischen Verlauf und vor dem Hintergrund des transnationalen Terrorismus. Veröffentlichung geplant.
Miller, Seumas (2009). Terrorism and Counter-Terrorism. Ethics and Liberal Democracy. Hoboken, Blackwell. https://doi.org/10.1002/9781444302837.

Nathanson, Stephen (2010). Terrorism and the Ethics of War. Cambridge, UK, Cambridge University Press. https://doi.org/10.1017/cbo9780511845215.
Primoratz, Igor (Hg.) (2004). Terrorism. The Philosophical Issues. London, Palgrave Macmillan. https://doi.org/10.1057/9780230204546.
Primoratz, Igor (2013). Terrorism. A Philosophical Investigation. Oxford, Polity.
Primoratz, Igor/Meßelken, Daniel (Hg.) (2011). Terrorismus. Philosophische und politikwissenschaftliche Essays. Paderborn, mentis.
Uniacke, Suzanne (2018). Terrorism. In: Seth Lazar/Helen Frowe (Hg.). The Oxford Handbook of Ethics of War. Oxford/New York, Oxford University Press, 440–455. https://doi.org/10.1093/oxfordhb/9780199943418.013.26.

> **Diskussionsfragen:**
>
> - Ist der „Krieg gegen den Terrorismus" ein Krieg? Welche ethischen Normen sollten im Verhältnis zwischen angegriffenen Staaten und transnationalen Terroristinnen gelten?
> - Liegt in der Instrumentalisierung der primären Opfer Ihrer Meinung nach ein besonderes ethisches Problem, das terroristische Handlungen auf eigene, vielleicht schlimmere Art verwerflich macht als andere Verbrechen?
> - Kann es Fälle, z.B. den von Card beschriebenen Widerstand gegen den Nationalsozialismus, geben, in denen Terrorismus gerechtfertigt ist?

## 12. Ius ex bello und ius post bellum: Ende und Aufarbeitung des Krieges

Ein Großteil der Ethik des Krieges beschäftigt sich mit dem Krieg in einem engen Sinne, nämlich mit dem Beginn (*ius ad bellum*) und seiner Durchführung (*ius in bello*). Doch Kriege werfen noch zwei andere große ethische Problembereiche auf. Erstens muss man fragen, wann und wie man einen Krieg beenden muss. Zweitens birgt auch die Zeit nach dem Krieg besondere ethische Fragestellungen, etwa nach der Legitimität von Strafe oder der Notwendigkeit und Erlaubtheit von Amnestien. Der zweite Problembereich wird üblicherweise unter dem Stichwort des *ius post bellum*, des Rechts nach dem Krieg behandelt. Der erste Bereich, also die Frage der Beendigung von Kriegen, wurde hingegen für lange Zeit nicht als eigenständiger Fragenkomplex wahrgenommen. Erst zwei voneinander unabhängig und nahezu parallel erschienene Aufsätze von Darrel Moellendorf (2008) und David Rodin (2008) haben dies im Jahr 2008 geändert. Seither werden die ethischen Fragestellungen zur Beendigung des Krieges von vielen als gesonderter Bereich des *ius ex bello* (Moellendorf) oder *ius terminatio* (Rodin) gefasst.

Beide Fragenkomplexe fallen leider allzu oft unter den Tisch, wenn man über die Ethik des Krieges spricht. Dabei sollte es im Krieg letztlich immer um die Perspektive eines besseren Friedens gehen. Sie sind also in vielerlei Hinsicht genauso wichtig, wenn nicht gar wichtiger.

### 12.1 Ius ex bello 1: Wann muss man einen Krieg beenden?

Beginnen wir mit der Frage, wann und wie man einen Krieg beenden muss. In gewisser Weise ist diese ein Spiegelbild der Kernfrage des *ius ad bellum* nach einem Recht, einen Krieg zu beginnen bzw. in einen Krieg einzutreten. Daher wurde sie auch üblicherweise als Annex zum *ius ad bellum* behandelt: Man muss einen Krieg genau dann beenden, wenn die Bedingungen des Rechts zum Krieg nicht länger vorliegen oder niemals vorlagen.

Darrel Moellendorf, David Rodin und Cecile Fabre (2015) und mittlerweile auch viele andere vertreten jedoch, dass die Frage der Beendigung des Krieges von der Frage nach einem Recht zum Krieg unabhängig sei. Schauen wir uns zur Verdeutlichung dieser These zwei Beispiele an, die Moellendorf (2015, 655–656) am Fall des Afghanistankriegs (2001–2021) anführt:

> **Afghanistan**: Als Antwort auf die Terroranschläge vom 11. September 2001 forderten die USA von der afghanischen Regierung die Bekämpfung und Auslieferung der verantwortlichen Mitglieder von al-Qaida. Es war absehbar, dass al-Qaida weitere terroristische Angriffe von Afghanistan aus koordinieren und für solche Angriffe ausbilden würde. Die afghanische Regierung verweigerte jedoch die Kooperation und daher griffen die USA und ihre Verbündeten Afghanistan an.

Nehmen wir einmal – mit guten Gründen – an, dass die Bedingungen eines Rechts zum Krieg gegeben waren, bis auf eine: Es ist nicht klar, ob der Krieg in der

Tat das letzte Mittel war. Zwischen den Anschlägen am 11. September und dem Kriegsbeginn zwischen dem 4. und 7. Oktober lag nicht gerade viel Zeit. Es ist unklar, ob alle diplomatischen Versuche ausgereizt wurden. Wenn wir unterstellen, dass dies nicht der Fall war, wäre der Krieg in Afghanistan nicht gerechtfertigt gewesen.

Nun unterstellen wir aber weiterhin, dass nach Kriegsbeginn in der Tat keine diplomatische Lösung mehr möglich war. Die anderen Bedingungen des Rechts zum Krieg lagen aber weiterhin vor, also insbesondere ein Verteidigungsfall mit einer voraussichtlich proportionalen Antwort. Es scheint, dass sich mit dem Wegfall der diplomatischen Möglichkeiten die Bewertung des Krieges ändert: Jetzt sind alle Voraussetzungen eines legitimen Krieges gegeben und ab diesem Zeitpunkt könnte eine Weiterführung des Krieges gerechtfertigt sein, während sein Beginn ungerechtfertigt bliebe.

Wandeln wir den Fall nun – für unser zweites Beispiel – etwas ab: Der Krieg in Afghanistan, so nehmen wir nun an, war gerecht. Es gab keine diplomatischen Mittel mehr und alle Bedingungen eines Rechts zum Krieg lagen vor. Allerdings ist Krieg bekanntlich unberechenbar und die militärischen und geheimdienstlichen Prognosen erwiesen sich als zu optimistisch. Nach sehr vielen Jahren des Krieges, der insgesamt 20 Jahre dauerte, ist eine Erreichung des Kriegsziels nicht mehr möglich. Hier entfällt die Voraussetzung der hinreichenden Chance auf einen militärischen Erfolg. Der Krieg wird also illegitim und sollte beendet werden.

In beiden Fällen wandelt sich die Bewertung des Krieges also. Die Bewertung im Zeitpunkt des Beginns des Krieges wird im Laufe des Krieges korrigiert. Laut Moellendorf zeigt sich hieran, dass die beiden Fragen voneinander unabhängig sind. Man könnte die Beispiele vermutlich auch als eine fortgesetzte Bewertung und Korrektur der eigenen Bewertung der gleichen ethischen Vorgaben fassen (vgl. Lazar 2010, 4–5). Dann ließe sich die Unabhängigkeit vielleicht infrage ziehen.

Doch das scheint gar nicht der zentrale Punkt zu sein. Ob unabhängig oder in gewissem Maß derivativ, jedenfalls ist der Fokus auf die sich im *ius ex bello* stellenden Fragen, den sie als Annex des *ius ad bellum* nie erhalten haben, ein Fortschritt. Hier werden nun Problemstellungen und Fragen diskutiert, die vorher selten Beachtung fanden.

Die erste Frage ist die folgende: Kann ein ungerechter Krieg im Verlauf des Krieges gerecht werden – und deshalb nicht länger beendet werden müssen? Moellendorf bejaht dies, Rodin verneint den ersten Teil der Frage, bejaht aber den zweiten. Für Rodin (2015) führt eine spätere Änderung lediglich dazu, dass man in einem moralischen Dilemma steckt: Die Fortführung des Krieges ist falsch, die Beendigung aber ebenfalls. Er bringt das folgende Beispiel:

> Nehmen wir an, dass es falsch ist, jemanden gegen seinen Willen aus dem Fenster hängen zu lassen, und dass ein längeres Hängen moralisch schlechter ist als ein kürzeres. Eines Tages beschließe ich, Sie an den Knöcheln aus dem Fenster meiner Wohnung im zwölften Stock zu hängen, nur so zum Spaß. Plötzlich habe ich eine Erleuchtung und merke, wie schäbig

> ich Sie behandele. Aber ich kann Sie nicht mehr allein durch das Fenster zurückholen. Ich werde hoffen müssen, dass ich durchhalte, bis mein Mitbewohner in einer halben Stunde nach Hause kommt. Ich befinde mich jetzt in einem moralischen Dilemma: Kein Weg, der mir offensteht, ist frei von Fehlverhalten. Obwohl es falsch ist, Sie aus dem Fenster hängen zu lassen (und je länger ich sie hängen lasse, desto schlimmer ist es), ist die eine Sache, die ich moralisch gewiss nicht tun darf, Sie loszulassen. (Rodin 2015, 687)

Moellendorf (2018, 492–493) bezweifelt Rodins Schluss, dass hier ein moralisches Dilemma vorliege und dass man, wenn man das Opfer weiter aus dem Fenster hängen lässt, statt es fallenzulassen, weiterhin etwas falsch mache. Vielmehr sei die ursprüngliche Handlung ethisch falsch gewesen. Wenn Sie indes in eine Rettungshandlung umschlage, werde sie ethisch richtig. Das Gleiche gelte für Kriege: Ungerechte Kriege, wie die erste Variante des Afghanistanbeispiels, könnten gerecht werden, wenn sich die Umstände änderten.

Die zweite Frage, die im *ius ex bello* besonders prägnant diskutiert wird, bezieht sich auf die Rolle sogenannter „versunkener Kosten". Moellendorf veranschaulicht das Problem wie folgt:

> Nehmen Sie einmal an, dass vor dem Krieg die Verwirklichung des gerechten Kriegsgrundes korrekterweise so beurteilt wurde, dass nicht mehr als 10.000 Menschen dafür sterben dürften. Darüber hinaus ergab auch eine vernünftige geheimdienstliche Einschätzung, dass der gerechte Kriegsgrund mit weniger als 10.000 Toten erreicht werden könnte. Der Krieg wurde also, *ante bellum*, korrekterweise als proportional beurteilt. Allerdings lief der Krieg schlechter als erwartet, und das lag nicht an selbst verschuldeten strategischen oder taktischen Fehlern. Vielleicht machten einfach verrückte Wetterbedingungen die Durchführung des Krieges weniger akkurat, als sie sonst gewesen wäre. Der Krieg ist nun zu 90% beendet, aber es sind bereits 10.000 Menschen gestorben. Eine erneute geheimdienstliche Beurteilung prognostiziert, dass der Krieg zu den Kosten von 1.000 weiteren Toten gewonnen werden kann. (Moellendorf 2018, 493)

Rodin bezeichnet solche Fälle als „Sunk Cost"-Dilemmata: Weil man schon Kosten investiert hat, will man nicht aufhören, obwohl die eigentlich akzeptablen Kosten erreicht sind. Fabre (2015, 635–638) schlussfolgert dementsprechend, dass in einem solchen Fall der Krieg beendet werden müsse. Andernfalls laufe das Erfordernis der Proportionalität ins Leere, wenn es über Zeit gestreckt werde. Rodin bringt diesen Gedanken in Bezug auf die amerikanischen Kriege in Vietnam und im Irak (und man könnte vermutlich Afghanistan ergänzen) treffend auf den Punkt:

> Diese Art, die Verhältnismäßigkeit der Beendigung von Kriegen zu behandeln, gibt Kombattantinnen letztendlich einen Blankoscheck, den Krieg mit geänderten Prognosen der zukünftigen Kosten fortzuführen. Sie ist anfällig, durch eine Psychologie des Optimismus missbraucht zu werden, die kon-

stant glaubt, ein hoffnungsloser Krieg könne mit nur einem weiteren Schub gewonnen werden. (Rodin 2008, 59)

Eine andere Beurteilung nimmt Jeff McMahan (2015) vor. Er vertritt eine zukunftsgerichtete Evaluation der Verhältnismäßigkeit, bei der vergangene unvorhergesehene Kosten nicht in der Bewertung der Fortführung berücksichtigt werden sollten. Er verdeutlicht dies an einem abgewandelten Trolley-Beispiel:

> **Die missglückte Trolley-Rettung:** Ein Zug rast auf einem Gleis heran. Er wird, wenn er nicht umgelenkt wird, fünf Bahnarbeiter, die auf dem Gleis arbeiten, töten. Sie könnten den Zug mit einem Hebel auf ein anderes Gleis umlenken, wo eine einzige andere Bahnarbeiterin steht. Bei dem Versuch, dies zu tun, tritt eine Fehlfunktion des Hebels auf, die eine Explosion auslöst, die drei andere Menschen tötet. Sie können die Fehlfunktion beheben und könnten den Zug noch rechtzeitig umlenken.

Unterstellen wir einmal, dass man grundsätzlich umlenken sollte, wenn man fünf Menschenleben retten kann, wenn man dafür ein Leben opfert. Unterstellen wir ebenso, dass man nicht umlenken sollte, wenn man hierfür vier Menschen opfern müsste. Dann scheint in diesem Fall dennoch klar, dass man die fünf Personen weiterhin retten sollte, auch wenn insgesamt vier Personen für diese Rettung gestorben sein werden, von denen drei aber ohnehin schon tot sind.

Das Problem der ewig fortgeführten Kriege kann man in solch einer Perspektive vermutlich am besten lösen, indem man die Vernünftigkeit bzw. Glaubwürdigkeit der geheimdienstlichen und militärischen Prognosen hinterfragt. Wenn man wiederholt in die Situation kommt, dass ein Krieg mehr Opfer fordert, als die Prognosen vorhergesehen haben, sollte man diese Prognosen infrage stellen, nicht aber das ethische Prinzip, dass eine Verhältnismäßigkeitsbestimmung immer zukunftsgerichtet sein muss.

Wenn man dies auf McMahans Beispiel überträgt, könnte man schließlich auch dort ähnlich argumentieren. Wandeln wir den Fall ein wenig ab:

> **Die wiederholt missglückte Trolley-Rettung:** Ein Zug rast auf einem Gleis heran. Er wird, wenn er nicht umgelenkt wird, fünf Bahnarbeiter, die auf dem Gleis arbeiten, töten. Sie könnten den Zug mit einem Hebel auf ein anderes Gleis umlenken, wo eine einzige andere Bahnarbeiterin steht. Bei dem Versuch, dies zu tun, tritt eine Fehlfunktion des Hebels auf, die eine Explosion auslöst, die drei andere Menschen tötet. Sie sind sicher, dass Sie die Fehlfunktion beheben konnten, und versuchen es erneut. Erneut lösen Sie eine Explosion aus, die drei Menschen das Leben kostet. Auch ein weiterer Versuch führt zu dieser Folge.

Das Erste, was hier infrage gestellt werden sollte, scheint die Fähigkeit zu sein, den Hebel zu reparieren. Deshalb sollte man offenkundig nicht weitermachen, weil man nicht in der Lage ist, die Situation adäquat einzuschätzen.

Hierin spiegelt sich letztlich auch eine Warnung in Bezug auf Prognosen im Krieg, die Rodin sehr treffend formuliert. Er zeigt klassische „Fallen" für rationales Entscheiden auf, etwa die folgende:

> Jemand versteigert einen Dollar. Zwei Personen dürfen bieten, der Höchstbietende erhält den Dollar. Allerdings gibt es eine Bedingung: Beide Einsätze, der erfolgreiche und der nichterfolgreiche, müssen am Ende bezahlt werden.

Nehmen Sie nun einmal an, sie hätten 70 Cent geboten und ihr Kontrahent bietet 71 Cent. Es ist rational, 72 Cent zu bieten, da sie auf diese Weise effektiv 28 Cent Gewinn statt 70 Cent Verlust machen. Das Kuriose ist allerdings, dass es auch Sinn ergibt, ggf. mehr als einen Dollar zu bieten, wenn man so den Verlust vermeiden bzw. minimieren kann. Rodin konstatiert:

> Das ist die ultimative Lektion, die man aus solchen Fallen lernen kann: In den meisten Fällen ist der einzig gute Weg, aus einer Falle herauszukommen, gar nicht erst in sie hineinzugeraten.
>
> Die Beendigung von Kriegen ist voll von Fallen. Kriege sind notorisch einfacher zu beginnen als zu beenden. (Rodin 2015, 675)

Kriege neigen dazu, zu eskalieren – und, um die Falle immer steigender menschlicher Opfer zu vermeiden, kann es sinnvoll sein, die Prognosen im Rahmen der Bestimmung der Verhältnismäßigkeit sehr vorsichtig durchzuführen. Das gilt im Verlauf eines Krieges, in dem man sich bereits mit solchen Prognosen geirrt hat, umso mehr.

Dennoch kritisiert Moellendorf (2015) eine rein zukunftsgerichtete Bewertung der Verhältnismäßigkeit. Er bringt als Beispiel die Kritik gegenüber dem Afghanistankrieg (2001–2021), dass dieser insgesamt zu viele Opfer gefordert habe. Diese müsse man ansonsten, da jede einzelne Prognose zu einer zukünftigen Verhältnismäßigkeit führte, als irrational darstellen, was sie offenkundig nicht sei.

Ich denke nicht, dass dies eine Schlussfolgerung ist, die McMahan teilen müsste. Die Kritik müsste sich aber eher darauf beziehen, dass man entweder extrem falsche Prognosen gemacht hat, wie lange und wie kostspielig der Krieg würde. Dann müsste man erklären, wieso man solchen Prognosen auch in Anbetracht mehrfacher Fehler noch vertraut hat. Oder die angeblichen Prognosen waren schon im Ausgangspunkt nicht realistisch, sondern eine Art der politischen „Salami-Taktik", dass man die Wahrheit nur scheibenweise preisgibt. Dann war der Krieg von Anfang an nicht verhältnismäßig.

Moellendorf ergänzt allerdings einen sehr wichtigen Gedanken: Der Afghanistankrieg bestand aus mindestens zwei unterschiedlichen Phasen, die streng genommen unterschiedliche Kriege waren, nämlich der Sturz der Taliban-Regierung einerseits und die Hilfe für die neue Regierung in einem Bürgerkrieg gegen die Taliban und al-Qaida andererseits. Der gerechte Kriegsgrund war in beiden Fällen ein anderer. Diese beiden Kriege sollte man deshalb für die Bewertung der Gerechtigkeit und v.a. der Proportionalität in der Tat unterscheiden.

Wie wir an all dem jedenfalls erkennen können, gibt es spezifische und komplizierte Fragen im Rahmen des *ius ex bello* zur Frage, ob bzw. wann ein Krieg beendet werden sollte, die es sinnvoll erscheinen lassen, dieses gesondert und mit eigenem Fokus zu diskutieren.

## 12.2 Ius ex bello 2: Wie sollte man einen Krieg beenden?

Der zweite Fragenbereich des *ius ex bello* betrifft die Folgefrage, wie ein Krieg beendet werden sollte. Denn selbst, wenn man weiß, dass man einen eigentlich gerechten Krieg beenden sollte, folgt hieraus noch nicht, dass man umgehend kapitulieren sollte. Ein einschlägiges relativ aktuelles Beispiel für eine misslungene Beendigung eines Krieges konnte man in Afghanistan beobachten, wo der Abzug der Truppen – und das Zurücklassen vieler Menschen, die mit der NATO kooperiert hatten und denen Sanktionen drohten – überstürzt und unkoordiniert erfolgte.

Moellendorf (2015, 669–673) schlägt für das „Wie" einer Beendigung eines Krieges fünf Prinzipien vor, die hier skizzenhaft und ohne vertiefte Diskussion wiedergegeben werden sollen:

- *Gebotene Eile*: Eine ethisch gebotene Beendigung eines Krieges sollte nicht unnötig verzögert werden. Allerdings könne es nötige Verzögerungen geben, nämlich solche, die Nachkriegsungerechtigkeiten verhinderten oder begrenzten.
- *Minimierung der moralischen Kosten*: Die moralischen Kosten, die im Prozess der Beendigung des Krieges entstehen, sollten minimiert werden, vor allem für Nichtkombattantinnen, aber auch für die Institutionen vor Ort, die für ein gerechtes und friedliches Leben wichtig seien und für Infrastrukturen.
- *Milderung der Ungerechtigkeit*: Im Falle eines eigentlich gerechten Krieges, den man erfolglos beenden muss, ist absehbar, dass die Nachkriegsordnung gewisse Ungerechtigkeiten beinhaltet, weil der gerechte Kriegsgrund nicht realisiert werden konnte. Diese Ungerechtigkeit sollte möglichst gemildert werden.
- *Beschränkung der Forderungen in Verhandlungen*: Durch Kriege entstehen Situationen, in denen man mehr in Friedensverhandlungen fordern könnte, als einem eigentlich zusteht. Man kann also beispielsweise, selbst wenn man einen gerechten Krieg kämpft, ein Territorium besetzen, auf das man keinen Anspruch hat. In Verhandlungen sollten indes von beiden Seiten keine neuen Ansprüche, die man auf den Krieg selbst stützt, erhoben werden (vgl. auch Lazar 2010, 19–20). Die Ukraine dürfte also beispielsweise nicht, wenn sie im Laufe des Krieges mit Russland russisches Gebiet besetzen würde, in späteren Friedensverhandlungen die Herrschaft über dieses Gebiet fordern.
- *Treu und Glauben in Friedensverhandlungen*: Schließlich sollte man in Friedensverhandlungen nicht, oder nur in extremen Fällen, wie zur Verhinderung eines Genozids, täuschen. Verhandlungen sollten so geführt werden, dass beide

Seiten ihnen vertrauen können, denn sonst sei der zukünftige Frieden bereits wieder vergiftet (vgl. auch Lazar 2010, 15–17).

Es gibt weitere Vorschläge, aber diese Liste soll hier genügen, um eine Idee von den Forderungen des *ius ex bello* für das „Wie" der Kriegsbeendigung zu vermitteln. Es ist eine ethisch eigenständige Frage, wie man einen Krieg beendet und was man hierbei beachten sollte.

Seth Lazar (2010, 22) betont, dass man mit diesen Fragen bereits von den klassischen Themen der Ethik des Krieges zu einer Ethik der Friedensschaffung (*peacebuilding*) vorgedrungen sei. Diese wird im *ius post bellum* noch wichtiger.

## 12.3 Ius post bellum 1: Bestrafen oder versöhnen?

Wenn ein Krieg endet, enden noch lange nicht die spezifischen ethischen Schwierigkeiten, die mit ihm einhergehen. Einige der größten Hindernisse und Herausforderungen ergeben sich erst, wenn die Nachkriegsordnung sowohl gerecht als auch stabil und friedlich etabliert werden muss. Wir wollen uns im Folgenden einige Vorschläge für ethische Voraussetzungen einer gerechten und friedlichen Nachkriegsordnung anschauen.

Zur Gerechtigkeit gehört nach dem allgemeinen Verständnis, das wohl allen Rechtsordnungen zugrunde liegt, dass Personen für ihr rechtswidriges Handeln verantwortlich gehalten werden. Wer eine Straftat begeht, sollte im Prinzip auch bestraft werden. Das gilt auch nach dem Krieg aus zwei Gründen (vgl. Ohlin 2018, 519–520): Erstens schürt eine Ordnung der Straflosigkeit von Kriegsverbrecherinnen die Bereitschaft zu weiteren Verbrechen und insofern wirkt Strafe präventiv. Zweitens ist es aber auch ein wesentlicher Bestandteil der Gerechtigkeit, dass Unrecht vergolten wird. Es fragt sich allerdings, wer wie wofür und von wem bestraft werden sollte.

Die juristische Realität ist so, dass typischerweise nur die politisch und militärisch Verantwortlichen vor dem Internationalen Strafgerichtshof zur Verantwortung gezogen werden (und auch das eher selten). Kombattantinnen werden international eher nicht verfolgt. Kriegsverbrechen können und sollen allerdings auch primär auf nationaler Ebene strafrechtlich verfolgt werden. Auch das geschieht für individuelle Kombattanten indes relativ selten.

Hierfür werden gelegentlich auch ethische Gründe angeführt: Wie wir gesehen haben (vgl. 8.3 Dürfen Kombattanten einander töten?), folgt für den Traditionalismus schon aus der moralischen Gleichheit der Kombattanten, dass diese nicht für das bloße Töten gegnerischer Kombattanten bestraft werden sollten. Für Revisionisten stellt sich dies zunächst anders dar, insofern sie ungerechten Kombattanten das Recht zu töten absprechen. Diese machten also etwas falsch – und könnten im Grunde genommen dafür bestraft werden. Allerdings gehen die meisten davon aus, dass es andere Gründe für eine Straffreiheit gibt (vgl. 8.3.4 Rechtsethische Einschränkungen). Sie halten die bloße Teilnahme an einem ungerechten Krieg nicht für strafbar. Eine andere Ansicht vertreten hingegen David Rodin (2008) und Victor Tadros (2020, Kap. 12 und 13), die eine Strafbarkeit von ungerechten Kombattanten für geboten erachten bzw. nicht per se ausschließen.

Aber wie geht man mit Taten um, die definitiv keiner generellen Straffreiheit oder gar Rechtfertigung unterfallen? Das internationale Recht, namentlich das Römische Statut des Internationalen Strafgerichtshofs, sieht eine Strafbarkeit für die folgenden Verbrechen vor:

- Verbrechen gegen die Menschlichkeit, also z.B. Massaker unter der Zivilbevölkerung oder Massenvergewaltigungen,
- Völkermord,
- Angriffskriege und
- Kriegsverbrechen, darunter etwa die vorsätzliche Tötung von Nichtkombattanten, die Tötung von Kriegsgefangenen, Folter, Vergewaltigung, unverhältnismäßige Angriffe oder die Verwendung verbotener Waffen.

Aber auch nationale Gerichte können diese Straftaten, ebenso wie weniger gravierende Straftaten im Krieg, verfolgen und bestrafen. Der Internationale Strafgerichtshof darf sogar nur dort tätig werden, wo die örtlichen Gerichte nicht selbst in der Lage dazu sind, die Verbrechen zu verfolgen.

Dass dennoch vor allem die politisch und militärisch Verantwortlichen verfolgt werden, hält Jens David Ohlin (2018, 523) für ethisch korrekt. Diese besäßen die Kontrolle über den Krieg und das Kriegsgeschehen und seien schon deshalb besonders verantwortlich. Gleichzeitig seien die schlimmsten Kriegsverbrechen solcherart, dass sie einer koordinierten Planung bedürften. Eine solche könnten einzelne Kombattantinnen nicht leisten. Das mag man indes schon als Beschreibung anzweifeln. Häufig erfolgen Massaker oder gar Völkermorde nicht auf Basis einer genauen Planung, sondern in Folge einer Dynamik, an der alle, die an der Verübung dieser Verbrechen teilhaben, ihren Anteil tragen.

Doch selbst, wenn man unterstellt, dass es meist um eine solche Planung geht, ist nicht klar, inwiefern Ohlins Argument auch gegen eine Bestrafung für solche Handlungen spricht, die klarerweise in der Kontrolle der einzelnen Kombattantinnen liegen: Tötung, Vergewaltigung oder Nötigung zur Prostitution zum Beispiel. Zugleich scheint eine vollkommene Straffreiheit für eine Teilnahme an schwersten Verbrechen wie Völkermord, die von anderen geplant wurden, auch deshalb nicht angezeigt, weil die Planung alleine nicht den Unwert dieser Handlungen erschöpft. Auch die Ausführenden begehen schwerste Straftaten.

Allerdings folgen Kombattantinnen häufig Befehlen und die soldatische Pflicht, diesen Folge zu leisten, könnte ihre Handlungen entschuldigen. Doch kann das wirklich für Kriegsverbrechen gelten? Das scheint jedenfalls dort fragwürdig, wo den Kombattantinnen klar gewesen sein musste, dass ein Befehl ethisch verwerflich war. Larry May (2004, Kap. 10) argumentiert diesbezüglich, dass man als Maßstab der Bewertung, inwiefern das der Fall ist, nicht die Perspektive von Außenstehenden ansetzen solle, sondern die Perspektive von Menschen mit vergleichbaren Kriegserfahrungen, weil im Krieg vieles normal scheine, was Außenstehenden offenkundig und unerträglich ungerecht scheint. Eine Bestrafung von Kombattanten scheidet für ihn folglich häufig aus.

Die Frage der Gerechtigkeit und Notwendigkeit einer Bestrafung nach dem Krieg bräuchte eine viel umfassendere Behandlung. Wir müssen uns hier aber auf das Gesagte beschränken. Wir können jedenfalls festhalten, dass die grundsätzliche Möglichkeit der Bestrafung einen zentralen Bestandteil der Gerechtigkeit nach dem Krieg darstellt.

Gleichzeitig gehört es zu fast jeder Nachkriegsordnung dazu, dass viele Straftaten sehr bewusst nicht verfolgt, sondern dass Amnestien ausgesprochen werden. Die Grundidee solcher Amnestien ist, dass das zentrale Ziel nach einem Krieg nicht die Strafgerechtigkeit in jedem einzelnen Fall, sondern die Wiederherstellung eines stabilen Friedenszustands ist. Die Debatten hierzu laufen häufig unter dem Stichwort „transitional justice" („Übergangsgerechtigkeit"): Für den Übergang in eine friedliche Gesellschaft sollen demnach besondere Regeln der Gerechtigkeit gelten.

Ein gemeinhin als sehr erfolgreich eingestuftes Beispiel für einen solchen Übergang ist die Wahrheits- und Versöhnungskommission in Südafrika nach dem Ende der Apartheid. Diese untersuchte von 1996 bis 1998 unter dem Vorsitz des Friedensnobelpreisträgers Desmond Tutu Verbrechen zwischen den unterschiedlichen Volksgruppen. Sie hatte das Recht, Amnestien zu gewähren, wenn man seine Taten vollständig gestand. Dadurch konnte die Kommission außerordentlich effizient und schnell viele Fälle der Vergangenheit aufarbeiten. Gleichzeitig gewährte sie aber Amnestien für schwerste Verbrechen wie Hinrichtungen und Folter. Die Taten wurden also aufgeklärt, was sowohl für Opfer und Angehörige der Opfer als auch für die Gesellschaft wertvoll war. Gleichzeit wurde den Opfern und Angehörigen aber die Möglichkeit genommen, die Täterinnen auch bestraft zu sehen.

Laut Larry May (2004, Kap. 13) ist die effektive Aussöhnung und Schaffung einer neuen Ordnung Teil einer wiederherstellenden (*restorative*) Gerechtigkeit und insofern kein Bruch mit der Gerechtigkeit, sondern schlichtweg häufig gewichtiger als die vergeltende Gerechtigkeit des Strafens. Christopher Wellman (2008) widerspricht einer solchen Auffassung: Grundsätzlich sollten Amnestien die Ausnahme und eine strafrechtliche Aufarbeitung und Verfolgung die Regel darstellen. Allerdings müssten legitime Staaten die Möglichkeit haben, in für die Gemeinschaft wichtigen Fällen von dieser Regel abzuweichen. Daher könne es, obwohl es für sie sehr wichtig sei, kein Recht der Opfer auf eine Verfolgung der Täterinnen geben.

Diese Spannung zwischen Strafgerechtigkeit und einer zukunftsgerichteten Aussöhnung bildet einen Kernpunkt des *ius post bellum*. Wie viel Strafe ethisch gefordert ist und wie viel Verzeihen und Versöhnen nötig ist – hierin liegt sicherlich die meistdiskutierte Frage einer Gerechtigkeit nach dem Krieg.

## 12.4 Ius post bellum 2: Reparationszahlungen oder Wiederaufbau?

Allerdings gibt es noch weitere ethisch relevante Herausforderungen und Fragen nach einem Krieg. Eine ganz zentrale betrifft die Legitimität von Reparationszahlungen und die Pflicht zum Wiederaufbau. Früher war es üblich, von besiegten Kriegsgegnern, bei denen man die Schuld am Krieg sah, Reparationszahlungen zu fordern. Reparationszahlungen sind also eine Art Schadensausgleich für unrechtmäßiges Verhalten, nämlich einen ungerechten Krieg. Doch seit dem Ende des Zweiten Weltkriegs und dem Marshall-Plan gibt es eine alternative Überlegung, nämlich die Hilfe zum Wiederaufbau der politischen Institutionen und der Wirtschaft des besiegten Gegners, damit diesem der Übergang in eine friedliche Ordnung gelingt. Erzwungene Reparationszahlungen durch die Siegerseite können hingegen – wie in Deutschland nach dem Ersten Weltkrieg – eine den künftigen Frieden destabilisierende Wirkung entfalten.

Reparationszahlungen und Wiederaufbauhilfe schließen sich allerdings nicht notwendigerweise aus. Reparationszahlungen liegen als Antwort auf einen ungerechten Angriffskrieg nahe, politische und wirtschaftliche Wiederaufbauhilfen hingegen vor allem nach humanitären Interventionen oder anderen Kriegen, die einen Regimewechsel herbeiführen.

Gary Bass (2004) betont hingegen, dass das Abzielen auf einen Regimewechsel grundsätzlich illegitim sei. Dementsprechend gebe es auch keine Pflicht, nach einem Krieg beim Wiederaufbau zu helfen, sondern im Gegenteil sei man verpflichtet, fremde Staaten so schnell wie möglich wieder zu verlassen. Etwas anderes gelte nur in genozidalen Staaten, also Staaten, die einen Völkermord an Teilen der eigenen Bevölkerung versucht hätten. Wenn man hier humanitär interveniere, sei man verpflichtet, anschließend dabei zu helfen, politische Strukturen zu etablieren bzw. wiederaufzubauen, da diese in einem genozidalen Staat vollkommen erodiert seien.

Schließlich sind Reparations- bzw. Schadensersatzzahlungen auch dort angezeigt, wo man im Rahmen eines gerechten Kriegs Rechte von Menschen verletzen musste, etwa aufgrund einer *Lesser-Evil-Justification* (vgl. 8.3.3 Erwiderungen und neuere Begründungen der Moralischen Gleichheit). Sie dienen dann der Kompensation der Kriegsopfer.

Empfohlene Literatur:
Lazar, Seth (2010). Endings and Aftermath in the Ethics of War. Centre for the Study of Social Justice, University of Oxford. Online verfügbar unter https://www.politics.ox.ac.uk/sites/default/files/inline-files/SJ016_Lazar_Endings%26Aftermath_War.pdf.
May, Larry (2004). Crimes against Humanity. A Normative Account. Cambridge, UK, Cambridge University Press. https://doi.org/10.1017/cbo9780511607110.
May, Larry (2012). After War Ends. A Philosophical Perspective. Cambridge, UK, Cambridge University Press. https://doi.org/10.1017/cbo9781139088107.
Moellendorf, Darrel (2018). Ending Wars. In: Seth Lazar/Helen Frowe (Hg.). The Oxford Handbook of Ethics of War. Oxford/New York, Oxford University Press, 488–502. https://doi.org/10.1093/oxfordhb/9780199943418.013.14.
Rodin, David (2015). The War Trap: Dilemmas of jus terminatio. Ethics 125 (3), 674–695. https://doi.org/10.1086/679559.

## 12.4 Ius post bellum 2: Reparationszahlungen oder Wiederaufbau?

**Diskussionsfälle:**

Zur Verhinderung eines Genozids hat der Staat Humanistan einen gerechten Krieg gegen Kriminelloland begonnen. Man beurteilte die Lage so, dass man bereit war, relativ große Opfer in Kauf zu nehmen, dass allerdings Opfer, auch unter der Zivilbevölkerung, in einer gewissen Höhe nicht mehr vertretbar bzw. verhältnismäßig wären. Dieses Ausmaß an Opfern und Kriegsleid ist erreicht. Allerdings sind die völkermordenden Truppen von Kriminelloland gerade deutlich geschlagen worden. Die letzten Truppen verschanzen sich in einem Wald nahe der Hauptstadt und blockieren einen Einmarsch. Für einen endgültigen militärischen Sieg würde es einiger weniger weiterer Opfer bedürfen. Andererseits würde ein Abzug vermutlich dazu führen, dass der Völkermord, angefeuert vom Hass auf die „Imperialisten" aus Humanistan, neu entflammen würde.
Ist die Fortführung der humanitären Intervention gerechtfertigt, auch wenn die ursprüngliche Verhältnismäßigkeitsbestimmung überschritten würde?
Nach dem Vietnamkrieg wurde über das bereits erwähnte Massaker von My Lai öffentlich diskutiert und dieses aufgearbeitet. Einer der Täter, Paul Meadlo, gab sogar ein Fernsehinterview, in dem er über die Geschehnisse berichtete. Die Fakten waren also bekannt. Dennoch wurde nur Leutnant William Calley, der die Einheit anführte, die das Massaker verübte, strafrechtlich belangt. Gegen die anderen wurden entweder gar keine Verfahren eröffnet oder sie wurden freigesprochen.
Hätten auch die anderen Täterinnen bestraft werden sollen? Welche Maßstäbe würden Sie hierfür ansetzen?

**Diskussionsfragen:**

- Ist das hier dargestellte *ius ex bello* Ihrer Meinung nach unabhängig vom *ius ad bellum*?
- Würden Sie in McMahans Abwandlung des Trolley-Beispiels sagen, dass man die drei Gestorbenen bei der Überlegung, wie man nach ihrem Tod handeln soll, außer Acht lassen sollte?
- Halten Sie die Amnestien, die in Südafrika gegeben wurden, wenn Täter gestanden und somit die Erfassung des Unrechts ermöglichten, für richtig? Wie fänden Sie vergleichbare Amnestien für Nazi-Täterinnen in Deutschland nach dem Zweiten Weltkrieg? Wo liegen Unterschiede, wo Gemeinsamkeiten?
- Sollte Russland nach dem Krieg in der Ukraine an diese Reparationszahlungen für die völkerrechtswidrig zerstörte zivile Infrastruktur zahlen? Was spricht dafür, was dagegen?

## 13. Ein Wort zum Abschluss

Die obersten Ziele eines gerechten Krieges sind Gerechtigkeit und Frieden. Krieg darf nicht für andere Ziele begonnen werden, als um gerechter Gründe willen, er darf nicht auf eine Art geführt werden, welche die Rechte von Menschen verletzt und den militärischen Sieg über die Belange der betroffenen Menschen stellt, er soll zu einem Zeitpunkt und auf eine Weise beendet werden, dass diese Rechte der Menschen und diese Grundbestimmungen der Gerechtigkeit gewahrt werden, und nach dem Krieg soll man sich um einen gerechten und friedlichen Übergang in eine stabile Nachkriegsordnung bemühen...

Die Ethik hat, wie dieses Buch hoffentlich zeigen konnte, vieles beizutragen zum Thema des Krieges. Zugleich wissen Sie als Lesende so gut wie ich als Schreibender, dass viele der hier ausgeführten Gedanken und Argumente im Krieg allzu schnell wie höhnischer Idealismus wirken können. Krieg ist die Hölle.

Doch genau deshalb ist es eine so wichtige Aufgabe für die Ethik und für uns über Moral Philosophierende, dass wir die Augen nicht vor dieser fürchterlichen und tragischen Realität verschließen. Im Krieg zeigt der Mensch seine bestialischste Seite. Wie Kant (1900 ff. b, § 61) einmal formulierte: Krieg ist die „barbarische Art", Streitigkeiten zu entscheiden, d.h. eine Art, in der sich nicht das spezifisch Menschliche, nämlich Freiheit und Gesetz, ausdrückt, sondern rohe Gewalt. Es liegt an uns, uns an dieses Menschliche, unsere Moralität, zu erinnern, uns diese zu vergegenwärtigen und sie auch voneinander einzufordern. Eine Ethik des Krieges ist hierfür ein wichtiger Teil. Sie steht in einem Wechselspiel mit einer Ethik des Friedens und einer im Krieg wie im Frieden geltenden allgemeinen Ethik der Gerechtigkeit. Es braucht eigentlich einen umfassenden Blick auf all diese Themen, um die Tragik des Krieges moralphilosophisch zu verstehen.

Dieses Buch hat insofern nur einen kleinen Ein- und Ausblick geboten, es ist eine Lektüreanleitung und hoffentlich auch Anregung für eine vertiefte Auseinandersetzung mit dem Thema. Es hat sein Ziel erreicht, wenn es Sie, liebe Lesenden, zum Nachdenken angeregt hat und Ihnen zugleich das Handwerkszeug vermittelt hat, dieses Nachdenken systematisch verfolgen zu können. Ich wünsche Ihnen dabei gutes Gelingen.

# Literaturverzeichnis

Altman, Andrew/Wellman, Christopher Heath (2008). From Humanitarian Intervention to Assassination: Human Rights and Political Violence. Ethics 118 (2), 228–257. https://doi.org/10.1086/526543.

Anscombe, Elisabeth (1970). War and Murder. In: Richard A. Wasserstrom (Hg.). War and Morality. Belmont, CA, Wadsworth, 42–53.

Aquin, Thomas von (1933 ff.). Summa Theologica. Die Liebe (2. Teil) – Klugheit. In: Thomas von Aquin: Die deutsche Thomas-Ausgabe. Hg. v. Kath. Akademikerverband. Heildeberg/Graz, Kerle; Styria.

Augustinus, Aurelius (1979). De civitate dei/Vom Gottesstaat. Paderborn, Schöningh.

Auswärtiges Amt/Deutsches Rotes Kreuz/Bundesministerium der Verteidigung (2016). Dokumente zum humanitären Völkerrecht/Documents on International Humanitarian Law. 3. Aufl. Sankt Augustin, Academia.

Bass, Gary J. (2004). Jus Post Bellum. Philosophy & Public Affairs 32 (4), 384–412. https://doi.org/10.1111/j.1088-4963.2004.00019.x.

Behmer, Markus (2022). Bilder des Grauens. Medienethische Überlegungen zur Kriegsfotografie. Communicatio Socialis 55 (4), 454-467. https://doi.org/10.5771/0010-3497-2022-4-454.

Bellamy, Alex J. (2006). Just Wars. From Cicero to Iraq. Cambridge/Malden, MA, Polity Press.

Benbaji, Yitzhak (2008). A Defense of the Traditional War Convention. Ethics 118 (3), 464–495. https://doi.org/10.1086/533506.

Benbaji, Yitzhak (2009). The War Convention and the Moral Division of Labour. The Philosophical Quarterly 59 (237), 593–617. https://doi.org/10.1111/j.1467-9213.2008.577.x.

Benbaji, Yitzhak (2018). Legitimate Authority in War. In: Seth Lazar/Helen Frowe (Hg.). The Oxford Handbook of Ethics of War. Oxford/New York, Oxford University Press, 294–314. https://doi.org/10.1093/oxfordhb/9780199943418.013.15.

Benbaji, Yitzhak/Statman, Daniel (2019). War by Agreement. A Contractarian Ethics of War. Oxford/New York, Oxford University Press. https://doi.org/10.1093/oso/9780199577194.001.0001.

Bilke, Nadine (2010). Kriegsberichterstattung. In: Christian Schicha/Carsten Brosda (Hg.), Handbuch Medienethik. Wiesbaden, VS Verlag für Sozialwissenschaften, 442-453. https://doi.org/10.1007/978-3-531-92248-5_30.

bin Laden, Osama (2002). Letter to the American People. Online verfügbar unter https://www.theguardian.com/world/2002/nov/24/theobserver.

Blank, Laurie R. (2015). Cyberwar versus Cyber Attack. In: Jens David Ohlin/Kevin Govern/Claire Finkelstein (Hg.). Cyber War. Law and Ethics for Virtual Conflicts. Oxford, Oxford University Press, 76–101. https://doi.org/10.1093/acprof:oso/9780198717492.003.0006.

Buchanan, Allen (1999). The Internal Legitimacy of Humanitarian Intervention. Journal of Political Philosophy 7 (1), 71–87. https://doi.org/10.1111/1467-9760.00066.

Buchanan, Allen (2013). The Ethics of Revolution and Its Implications for the Ethics of Intervention. Philosophy & Public Affairs 41 (4), 291–323. https://doi.org/10.1111/papa.12021.

Buchanan, Allen/Keohane, Robert O. (2004). The Preventive Use of Force: A Cosmopolitan Institutional Proposal. Ethics & International Affairs 18 (1), 1–22. https://doi.org/10.1111/j.1747-7093.2004.tb00447.x.

Bülow, William/Frowe, Helen/Matravers, Derek/Thomas, Joshua Lewis (Hg.) (2023). Heritage and War. Ethical Issues. Oxford/New York, Oxford University Press. https://doi.org/10.1093/oso/9780192862648.001.0001.

## Literaturverzeichnis

Card, Claudia (2010). Confronting Evils. Terrorism, Torture, Genocide. Cambridge, Cambridge University Press. https://doi.org/10.1017/cbo9780511782114.

Christie, Lars (2018). Distributing Death in Humanitarian Interventions. In: Ryan Jenkins/Michael Robillard/Bradley Jay Strawser (Hg.). Who Should Die? The Ethics of Killing in War. New York, Oxford University Press, 186–201. https://doi.org/10.1093/oso/9780190495657.003.0010.

Christ-von Wedel, Christine (2017). Erasmus von Rotterdam. Ein Porträt. 2. Aufl. Basel, Schwabe. https://doi.org/10.24894/978-3-7965-3688-5.

Cicero, Marcus Tullius (2007). De officiis. Vom pflichtgemäßen Handeln. Lateinisch/Deutsch. Stuttgart, Reclam.

Cicero, Marcus Tullius (2013). De re publica. Vom Staat. Lateinisch/Deutsch. Stuttgart, Reclam.

Clapham, Andrew/Haeck, Tom (Hg.) (2015). The Oxford Handbook of International Law in Armed Conflict. Oxford, Oxford University Press. https://doi.org/10.1093/law/9780199559695.001.0001.

Clausewitz, Carl von (1952). Vom Kriege. 16. Aufl. Bonn, Ferd. Dümmlers Verlag.

Coady, C. A. J. (2004). Terrorism, Morality, and Supreme Emergency. Ethics 114 (4), 772–789. https://doi.org/10.1086/383440.

Coady, C. A. J. (2008). Morality and Political Violence. Cambridge, Cambridge University Press. https://doi.org/10.1017/cbo9780511811586.

Coady, C. A. J. (1992). Mercenary Morality. In: Anthony G. D. Bradney (Hg.). International Law and Armed Conflict. Stuttgart, Steiner, 55–69.

Cortright, David (2008). Peace. A History of Movements and Ideas. Cambridge, UK, Cambridge University Press. . https://doi.org/10.1017/cbo9780511812675.

Creveld, Martin van (2001). Die Zukunft des Krieges. 2. Aufl. München, Gerling.

Dill, Janina/Shue, Henry (2012). Limiting the Killing in War: Military Necessity and the St. Petersburg Assumption. Ethics & International Affairs 26 (3), 311–333. https://doi.org/10.1017/S0892679412000445.

Erasmus von Rotterdam (2017a). Die Klage des Friedens/Querela Pacis. In: Erasmus von Rotterdam: Über Krieg und Frieden. Die Friedensschriften des Erasmus von Rotterdam. Hg. v. Wolfgang F. Stammler/Hans-Joachim Pagel/Theo Stammen. Essen, Alcorde, 281–334. https://doi.org/10.24894/978-3-7965-4783-6.

Erasmus von Rotterdam (2017b). Süß ist der Krieg den Unerfahrenen/Dulce bellum inexpertis. Adagium 3001. In: Erasmus von Rotterdam: Über Krieg und Frieden. Die Friedensschriften des Erasmus von Rotterdam. Hg. v. Wolfgang F. Stammler/Hans-Joachim Pagel/Theo Stammen. Essen, Alcorde, 177–240. https://doi.org/10.24894/978-3-7965-4783-6.

Euchner, Walter (2011). John Locke zur Einführung. 3. Aufl. Hamburg, Junius.

Eysinga, Willem Jan Marie van (1952). Hugo Grotius. Eine biographische Skizze. Basel, Schwabe.

Fabre, Cécile (2009). Guns, Food, and Liability to Attack in War. Ethics 120 (1), 36–63. https://doi.org/10.1086/649218.

Fabre, Cécile (2012). Cosmopolitan War. Oxford, Oxford University Press. https://doi.org/10.1093/acprof:oso/9780199567164.001.0001.

Fabre, Cécile (2015). War Exit. Ethics 125 (3), 631–652. https://doi.org/10.1086/679562.

Fabre, Cécile/Lazar, Seth (Hg.) (2014). The Morality of Defensive War. Oxford, Oxford University Press. https://doi.org/10.1093/acprof:oso/9780199682836.001.0001.

Fazal, Tanisha M. (2018). Wars of Law. Unintended Consequences in the Regulation of Armed Conflict. Ithaca/London, Cornell University Press. https://doi.org/10.7591/cornell/9781501719813.001.0001.

Fiala, Andrew (Hg.) (2020). The Routledge Handbook of Pacifism and Nonviolence. New York/London, Routledge. https://doi.org/10.4324/9781315638751.

Finlay, Christopher J. (2015). Terrorism and the Right to Resist. A Theory of Just Revolutionary War. Cambridge, UK, Cambridge University Press. https://doi.org/10.1017/cbo9781139644341.
Fisher, Kirsten J. (2013). Transitional Justice for Child Soldiers. London, Palgrave Macmillan UK. https://doi.org/10.1057/9781137030504.
Fletcher, George P./Ohlin, Jens David (2013). Defending Humanity. When Force is Justified and Why. Oxford/New York, Oxford University Press. https://doi.org/10.1093/acprof:osobl/9780199757213.001.0001.
Fox, Michael Allen (2013). Understanding Peace. A Comprehensive Introduction. New York, NY, Routledge. https://doi.org/10.4324/9781315880136.
Frowe, Helen (2014). Defensive Killing. An Essay on War and Self-Defence. Oxford, Oxford University Press. https://doi.org/10.1093/acprof:oso/9780199609857.001.0001.
Frowe, Helen (2016). The Ethics of War and Peace. An Introduction. 2. Aufl. London/New York, Routledge. https://doi.org/10.4324/9781315671598.
Frowe, Helen/Parry, Jonathan (2021). Self-Defense. In: Edward N. Zalta (Hg.). Stanford Encyclopedia of Philosophy. 2021. Aufl. Stanford, CA. https://plato.stanford.edu/entries/self-defense/.
Gasser, Hans-Peter (2008). Humanitäres Völkerrecht. Eine Einführung. Baden-Baden, Nomos.
Gisbertz, Philipp (2018). Menschenwürde in der angloamerikanischen Rechtsphilosophie. Ein Vergleich zur kontinentaleuropäischen Begriffsbildung. Baden-Baden, Nomos. https://doi.org/10.5771/9783845288611.
Gisbertz-Astolfi, Philipp (2021). Reduced Legal Equality of Combatants in War. Ethics & International Affairs 35 (3), 443–465. https://doi.org/10.1017/S0892679421000447.
Gisbertz-Astolfi, Philipp (2024). Krieg gegen den Terrorismus? Die Begriffe Krieg und Frieden im historischen Verlauf und vor dem Hintergrund des transnationalen Terrorismus. Veröffentlichung geplant.
Goodin, Robert E. (2007). What's Wrong with Terrorism? Cambridge, Polity.
Goodwin-Gill, Guy S. (2014). The Challenge of the Child Soldier. In: Hew Strachan/Sibylle Scheipers (Hg.). The Changing Character of War. Oxford, Oxford University Press, 410–428. https://doi.org/10.1093/acprof:osobl/9780199596737.003.0023.
Gross, Michael L. (2015). The Ethics of Insurgency. A Critical Guide to Just Guerrilla Warfare. New York, NY, Cambridge University Press. https://doi.org/10.1017/cbo9781139094047.
Grotius, Hugo (1939). De jure belli ac pacis. Libri tres. Leiden, Brill.
Haque, Adil Ahmad (2017a). Killing with Discrimination. In: Saba Bazargan-Forward/Samuel Charles Rickless (Hg.). The Ethics of War. Essays. New York, Oxford University Press, 164–181. https://doi.org/10.1093/acprof:oso/9780199376148.003.0008.
Haque, Adil Ahmad (2017b). Law and Morality at War. Oxford, Oxford University Press. https://doi.org/10.1093/acprof:oso/9780199687398.001.0001.
Haque, Adil Ahmad (2018). Human Shields. In: Seth Lazar/Helen Frowe (Hg.). The Oxford Handbook of Ethics of War. Oxford/New York, Oxford University Press, 383–400. https://doi.org/10.1093/oxfordhb/9780199943418.013.23.
Harnden, Toby (2010). Barack Obama Declares the 'War on Terror' is Over. Online verfügbar unter https://www.telegraph.co.uk/news/worldnews/barackobama/7772598/Barack-Obama-declares-the-War-on-Terror-is-over.html (abgerufen am 29.09.2023).
Harris, William v. (1979). War and Imperialism in Republican Rome. 327-70 B.C. Oxford, Oxford University Press.
Hegel, Georg Wilhelm Friedrich (2017). Grundlinien der Philosophie des Rechts. Oder Naturrecht und Staatswissenschaft im Grundrisse. 15. Aufl. Frankfurt am Main, Suhrkamp.
Held, Virginia (2008). How Terrorism is Wrong. Morality and Political Violence. Oxford/New York, Oxford University Press. https://doi.org/10.1093/oso/9780195329599.001.0001.

## Literaturverzeichnis

Helferich, Christoph (1979). Georg Wilhelm Friedrich Hegel. Stuttgart, Metzler.
Henderson, Errol/Singer, J. David (2002). "New Wars" and Rumors of "New Wars". International Interactions 28 (2), 165–190. https://doi.org/10.1080/03050620212098.
Hirsch, Philipp-Alexander (2017). Freiheit und Staatlichkeit bei Kant. Berlin, Boston, de Gruyter. https://doi.org/10.1515/9783110530070.
Hobbes, Thomas (1985). Leviathan. Hg. von Crawford B. Macpherson. London, Penguin Books.
Hobbes, Thomas (1996). Leviathan. Hg. von Hermann Klenner. Hamburg, Felix Meiner Verlag.
Höffe, Otfried (2010). Thomas Hobbes. München, Beck.
Hoffman, Bruce (2017). Inside Terrorism. New York, Columbia University Press. https://doi.org/10.7312/hoff17476.
Hofmann, Hasso (1995). Hugo Grotius. In: Michael Stolleis (Hg.). Staatsdenker in der frühen Neuzeit. 3. Aufl. München, Beck, 52–77.
Holzgrefe, J. L./Keohane, Robert O. (Hg.) (2009). Humanitarian Intervention. Cambridge, UK, Cambridge University Press. https://doi.org/10.1017/cbo9780511494000.
Horn, Christoph (1997). Einleitung. In: Christoph Horn (Hg.). Augustinus, De civitate dei. Berlin, Akademie Verlag, 1–24.
Hurka, Thomas (2005). Proportionality in the Morality of War. Philosophy & Public Affairs 33 (1), 34–66. https://doi.org/10.1111/j.1088-4963.2005.00024.x.
Hurka, Thomas (2007). Liability and Just Cause. Ethics & International Affairs 21 (2), 199–218. https://doi.org/10.1111/j.1747-7093.2007.00070.x.
Kahn, Paul W. (2002). The Paradox of Riskless Warfare. Philosophy & Public Policy Quartely 22 (3), 2–8.
Kaldor, Mary (2013). Elaborating the »New War« Thesis. In: Isabelle Duyvesteyn/Jan Ångström (Hg.). Rethinking the Nature of War. 2. Aufl. Abingdon, Oxfordshire, Routledge, 210–224. https://doi.org/10.4324/9780203001332.
Kant, Immanuel (1900 ff. a). Anthropologie in pragmatischer Hinsicht. In: Immanuel Kant: Gesammelte Schriften. Berlin, Königlich Preußische Akademie der Wissenschaften/Berlin-Brandenburgische Akademie der Wissenschaften, 117–333.
Kant, Immanuel (1900 ff. b). Die Metaphysik der Sitten. Erster Theil: Metaphysische Anfangsgründe der Rechtslehre. In: Immanuel Kant: Gesammelte Schriften. Berlin, Königlich Preußische Akademie der Wissenschaften/Berlin-Brandenburgische Akademie der Wissenschaften, 203–372.
Kant, Immanuel (1900 ff. c). Logik. In: Immanuel Kant: Gesammelte Schriften. Berlin, Königlich Preußische Akademie der Wissenschaften/Berlin-Brandenburgische Akademie der Wissenschaften, 1–150.
Kant, Immanuel (1900 ff. d). Zum ewigen Frieden. Ein philosophischer Entwurf. In: Immanuel Kant: Gesammelte Schriften. Berlin, Königlich Preußische Akademie der Wissenschaften/Berlin-Brandenburgische Akademie der Wissenschaften, 341–386.
Kany, Roland (2012). Augustine's Theology of Peace and the Beginning of Christian Just War Theory. In: Heinz-Gerhard Justenhoven/William A. Barbieri (Hg.). From Just War to Modern Peace Ethics. Berlin/Boston, de Gruyter, 31–47. https://doi.org/10.1515/9783110291926.31.
Kaufman, Whitley (2005). What's Wrong with Preventive War? The Moral and Legal Basis for the Preventive Use of Force. Ethics & International Affairs 19 (3), 23–38. https://doi.org/10.1111/j.1747-7093.2005.tb00552.x.
Killmister, Suzy (2008). Remote Weaponry: The Ethical Implications. Journal of Applied Philosophy 25 (2), 121–133. https://doi.org/10.1111/j.1468-5930.2008.00400.x.
Kranz, Walther (Hg.) (2004). Die Fragmente der Vorsokratiker. griechisch und deutsch von Hermann Diels. 6. Aufl. Zürich, Weidmann.

Kutz, Christopher (2005). The Difference Uniforms Make: Collective Violence in Criminal Law and War. Philosophy & Public Affairs 33 (2), 148–180. https://doi.org/10.1111/j.1088-4963.2005.00028.x.

Lazar, Seth (2009). Responsibility, Risk, and Killing in Self-Defense. Ethics 119 (4), 699–728. https://doi.org/10.1086/605727.

Lazar, Seth (2010). Endings and Aftermath in the Ethics of War. Centre for the Study of Social Justice, University of Oxford. Online verfügbar unter https://www.politics.ox.ac.uk/sites/default/files/inline-files/SJ016_Lazar_Endings%26Aftermath_War.pdf.

Lazar, Seth (2014). National Defence, Self-Defence, and the Problem of Political Aggression. In: Cécile Fabre/Seth Lazar (Hg.). The Morality of Defensive War. Oxford, Oxford University Press, 11–39. https://doi.org/10.1093/acprof:oso/9780199682836.003.0002.

Lazar, Seth (2015). Sparing Civilians. Oxford, Oxford University Press. https://doi.org/10.1093/acprof:oso/9780198712985.001.0001.

Lazar, Seth (2018). Method in the Morality of War. In: Seth Lazar/Helen Frowe (Hg.). The Oxford Handbook of Ethics of War. Oxford/New York, Oxford University Press, 21–40. https://doi.org/10.1093/oxfordhb/9780199943418.013.25.

Lazar, Seth (2021). War. In: Edward N. Zalta (Hg.). Stanford Encyclopedia of Philosophy. 2021. Aufl. Stanford, CA. https://plato.stanford.edu/entries/war/.

Lazar, Seth/Frowe, Helen (Hg.) (2018). The Oxford Handbook of Ethics of War. Oxford/New York, Oxford University Press. https://doi.org/10.1093/oxfordhb/9780199943418.001.0001.

Lee, Steven P. (2012). Ethics and War. An Introduction. Cambridge/New York, Cambridge University Press. https://doi.org/10.1017/cbo9781139051439.

Lichtenberg, Judith (1994). War, Innocence, and the Doctrine of Double Effect. Philosophical Studies 74 (3), 347–368. https://doi.org/10.1007/BF00989700.

Locke, John (2003a). The Second Treatise. An Essay Concerning The True Original, Extent, and End of Civil Government. In: John Locke: Two Treatises of Government and A Letter Concerning Toleration. Hg. v. Ian Shapiro. New Haven, Conn/London, Yale University Press, 100–209.

Locke, John (2003b). Two Treatises of Government and A Letter Concerning Toleration. Hg. von Ian Shapiro. New Haven, Conn/London, Yale University Press.

Luban, David (1980). Just War and Human Rights. Philosophy & Public Affairs 9 (2), 160–181.

Luban, David (2002). Intervention and Civilization. Some Unhappy Lessons of the Kosovo War. In: Pablo de Greiff/Ciaran Cronin (Hg.). Global Justice and Transnational Politics. Essays on the Moral and Political Challenges of Globalization. Cambridge, MA, MIT Press, 79–116. https://doi.org/10.7551/mitpress/3302.003.0006 .

Luban, David (2004). Preventive War. Philosophy & Public Affairs 32 (3), 207–248. https://doi.org/10.1111/j.1088-4963.2004.00013.x.

May, Larry (2004). Crimes against Humanity. A Normative Account. Cambridge, UK, Cambridge University Press. https://doi.org/10.1017/cbo9780511607110.

May, Larry (2012). After War Ends. A Philosophical Perspective. Cambridge, UK, Cambridge University Press. https://doi.org/10.1017/cbo9781139088107.

May, Larry (2015). The Nature of War and the Idea of "Cyberwar". In: Jens David Ohlin/Kevin Govern/Claire Finkelstein (Hg.). Cyber War. Law and Ethics for Virtual Conflicts. Oxford, Oxford University Press, 3–15. https://doi.org/10.1093/acprof:oso/9780199717492.003.0002.

McMahan, Jeff (1994). Innocence, Self-Defense and Killing in War. Journal of Political Philosophy 2 (3), 193–221. https://doi.org/10.1111/j.1467-9760.1994.tb00021.x.

McMahan, Jeff (2004). The Ethics of Killing in War. Ethics 114 (4), 693–733. https://doi.org/10.1086/422400.

McMahan, Jeff (2005). Just Cause for War. Ethics & International Affairs 19 (3), 1–21. https://doi.org/10.1111/j.1747-7093.2005.tb00551.x.

McMahan, Jeff (2006a). On the Moral Equality of Combatants. Journal of Political Philosophy 14 (4), 377–393. https://doi.org/10.1111/j.1467-9760.2006.00265.x.
McMahan, Jeff (2006b). The Ethics of Killing in War. Philosophia 34 (1), 23–41. https://doi.org/10.1007/s11406-006-9007-y.
McMahan, Jeff (2010a). An Ethical Perspective on Child Soldiers. In: Scott Gates/Simon Reich (Hg.). Child Soldiers in the Age of Fractured States. Pittsburgh, PA, University of Pittsburgh Press, 27–36. https://doi.org/10.2307/j.ctt5vkgp3.7.
McMahan, Jeff (2010b). Laws of War. In: Samantha Besson/John Tasioulas (Hg.). The Philosophy of International Law. Oxford, Oxford University Press, 493–509.
McMahan, Jeff (2010c). The Just Distribution of Harm Between Combatants and Noncombatants. Philosophy & Public Affairs 38 (4), 342–379. https://doi.org/10.1111/j.1088-4963.2010.01196.x.
McMahan, Jeff (2010d). The Morality of War and the Law of War. In: David Rodin/Henry Shue (Hg.). Just and Unjust Warriors. The Moral and Legal Status of Soldiers. Oxford, Oxford University Press, 19–43. https://doi.org/10.1093/oso/9780199233120.003.0002.
McMahan, Jeff (2011). Killing in War. Oxford, Clarendon Press. https://doi.org/10.1093/acprof:oso/9780199548668.001.0001.
McMahan, Jeff (2014). What Rights May Be Defended by Means of War? In: Cécile Fabre/Seth Lazar (Hg.). The Morality of Defensive War. Oxford, Oxford University Press, 115–156. https://doi.org/10.1093/acprof:oso/9780199682836.003.0006.
McMahan, Jeff (2015). Proportionality and Time. Ethics 125 (3), 696–719. https://doi.org/10.1086/679557.
McMahan, Jeff (2020). Preventive War and the Killing of the Innocent. In: Richard Sorabji/David Rodin (Hg.). The Ethics of War. London, Routledge, 169–190. https://doi.org/10.4324/9781315239880-12.
Meissler, Christine/Schmidt-Radefeldt, Roman (Hg.) (2012). Automatisierung und Digitalisierung des Krieges. Baden-Baden, Nomos. https://doi.org/10.5771/9783845238227.
Miller, Seumas (2009). Terrorism and Counter-Terrorism. Ethics and Liberal Democracy. Hoboken, Blackwell. https://doi.org/10.1002/9781444302837.
Moellendorf, Darrel (2015). Two Doctrines of Jus ex Bello. Ethics 125 (3), 653–673. https://doi.org/10.1086/679560.
Moellendorf, Darrel (2018). Ending Wars. In: Seth Lazar/Helen Frowe (Hg.). The Oxford Handbook of Ethics of War. Oxford/New York, Oxford University Press, 488–502. https://doi.org/10.1093/oxfordhb/9780199943418.013.14.
Mollendorf, Darrel (2008). Jus ex Bello. Journal of Political Philosophy 16 (2), 123–136. https://doi.org/10.1111/j.1467-9760.2008.00310.x.
Montesquieu (1951). Vom Geist der Gesetze. Tübingen, H. Laupp'sche Buchhandlung.
Moorstedt, Michael (2018). „Tech-Konzerne sind viel einflussreicher als mancher Nationalstaat". Interview mit Casper Klynge. Süddeutsche Zeitung vom 20.01.2018. Online verfügbar unter https://www.sueddeutsche.de/digital/tech-botschafter-fuer-daenemark-tech-konzerne-sind-viel-einflussreicher-als-mancher-nationalstaat-1.3828533 (abgerufen am 30.09.2023).
Münkler, Herfried (2015). Die neuen Kriege. 7. Aufl. Reinbek bei Hamburg, Rowohlt.
Narveson, Jan (1965). Pacifism: A Philosophical Analysis. Ethics 75 (4), 259–271. https://doi.org/10.1086/291549.
Nathanson, Stephen (2010). Terrorism and the Ethics of War. Cambridge, UK, Cambridge University Press. https://doi.org/10.1017/cbo9780511845215.
Neu, Michael (2011). Why There is No Such Thing as Just War Pacifism and Why Just War Theorists and Pacifists Can Talk Nonetheless. Social Theory and Practice 37 (3), 413–433. https://doi.org/10.5840/soctheorpract201137325.
Ohlin, Jens David (2018). Justice after War. In: Seth Lazar/Helen Frowe (Hg.). The Oxford Handbook of Ethics of War. Oxford/New York, Oxford University Press, 519–537. https://doi.org/10.1093/oxfordhb/9780199943418.013.5.

Ohlin, Jens David/Govern, Kevin/Finkelstein, Claire (Hg.) (2015). Cyber War. Law and Ethics for Virtual Conflicts. Oxford, Oxford University Press. https://doi.org/10.1093/acprof:oso/9780198717492.001.0001.
Orend, Brian (2013). The Morality of War. 2. Aufl. Peterborough, Ont., Broadview Press.
Parfit, Derek (2011). On What Matters. Bd. 1. Oxford, Oxford University Press. https://doi.org/10.1093/acprof:osobl/9780199572809.001.0001.
Parry, Jonathan (2017). Defensive Harm, Consent, and Intervention. Philosophy & Public Affairs 45 (4), 356–396. https://doi.org/10.1111/papa.12099.
Pattison, James (2008). Just War Theory and the Privatization of Military Force. Ethics & International Affairs 22 (2), 143–162. https://doi.org/10.1111/j.1747-7093.2008.00140.x.
Pfister, Jonas (2015). Werkzeuge des Philosophierens. 2. Aufl. Stuttgart, Reclam.
Pfordten, Dietmar von der (2004). Normativer Individualismus. Zeitschrift für philosophische Forschung 58 (3), 321–346.
Pfordten, Dietmar von der (2008). Was ist Recht? Ziele und Mittel. JuristenZeitung 63 (13), 641–652. https://doi.org/10.1628/002268808784910133.
Pfordten, Dietmar von der (2009). Zum Recht auf Widerstand bei Kant. In: Dietmar von der Pfordten: Menschenwürde, Recht und Staat bei Kant. Fünf Untersuchungen. Paderborn, mentis, 81–102. https://doi.org/10.30965/9783969751121_007.
Pfordten, Dietmar von der (2014). Über den Begriff des Politischen. Zeitschrift für philosophische Forschung 68 (1), 31–56. https://doi.org/10.3196/004433014811000371.
Pfordten, Dietmar von der (2023). Menschenwürde. 2. Aufl. München, Beck.
Pieper, Josef (1990). Thomas von Aquin. Leben und Werk. 4. Aufl. München, Kösel.
Platon (2016). Politeia. Der Staat. In: Platon: Werke. Hg. v. Gunther Eigler. 7. Aufl. Darmstadt, Wissenschaftliche Buchgesellschaft.
Pleines, Jürgen-Eckhardt (2002). Heraklit. Hildesheim, Olms.
Prieto Rudolphy, Marcela (2023). The Morality of the Laws of War. War, Law, and Murder. Oxford, Oxford University Press. https://doi.org/10.1093/oso/9780192855473.001.0001.
Primoratz, Igor (2013). Terrorism. A Philosophical Investigation. Oxford, Polity.
Primoratz, Igor (Hg.) (2004). Terrorism. The Philosophical Issues. London, Palgrave Macmillan. https://doi.org/10.1057/9780230204546.
Primoratz, Igor/Meßelken, Daniel (Hg.) (2011). Terrorismus. Philosophische und politikwissenschaftliche Essays. Paderborn, mentis.
Pufendorf, Samuel von (1934). De jure naturae et gentium libri octo. Vol. 1. 1688. Aufl. Oxford/London, Clarendon; Humphrey Milford.
Rawls, John (2003). A Theory of Justice. 6. Aufl. Cambridge, MA, Belknap Press of Harvard University Press.
Ripstein, Arthur (2021). Kant and the Law of War. Oxford, Oxford University Press. https://doi.org/10.1093/oso/9780197604205.001.0001.
Rodin, David (2004a). Terrorism without Intention. Ethics 114 (4), 752–771. https://doi.org/10.1086/383442.
Rodin, David (2004b). War and Self-Defense. Oxford, Clarendon. https://doi.org/10.1093/0199257744.001.0001.
Rodin, David (2008). Two Emerging Issues of Jus Post Bellum: War Termination and the Liability of Soldiers for Crimes of Aggression. In: Carsten Stahn/Jann K. Kleffner (Hg.). Jus Post Bellum. The Hague, T.M.C. Asser Press, 53–75. https://doi.org/10.1007/978-90-6704-719-7_4.
Rodin, David (2014). The Myth of National Self-Defence. In: Cécile Fabre/Seth Lazar (Hg.). The Morality of Defensive War. Oxford, Oxford University Press, 69–89. https://doi.org/10.1093/acprof:oso/9780199682836.003.0004.
Rodin, David (2015). The War Trap: Dilemmas of jus terminatio. Ethics 125 (3), 674–695. https://doi.org/10.1086/679559.

Rousseau, Jean-Jacques (2010). Du contrat social/Vom Gesellschaftsvertrag. Französisch/deutsch. Stuttgart, Reclam.
Ryan, Cheyney (2018). Pacifism. In: Seth Lazar/Helen Frowe (Hg.). The Oxford Handbook of Ethics of War. Oxford/New York, Oxford University Press, 277–293. https://doi.org/10.1093/oxfordhb/9780199943418.013.21.
Scheipers, Sibylle (Hg.) (2010). Prisoners in War. Oxford, Oxford University Press.
Schlichte, Klaus (2006). Neue Kriege oder alte Thesen? In: Anna Geis (Hg.). Den Krieg überdenken. Kriegsbegriffe und Kriegstheorien in der Kontroverse. Baden-Baden, Nomos, 111–131.
Schnädelbach, Herbert (2020). G.W.F. Hegel zur Einführung. 7. Aufl. Hamburg, Junius.
Schneider, Sebastian C. T. (2017). „Krieg"? Philosophische Reflexionen über den Kriegsbegriff im 21. Jahrhundert. Münster, mentis. https://doi.org/10.30965/9783957438188.
Scholz, Sally (2006). Just War Theory, Crimes of War, and War Rape. International Journal of Applied Philosophy 20 (1), 143–157. https://doi.org/10.5840/ijap20062011.
Shearer, Ivan (1994). Starke's International Law. 11. Aufl. London, Butterworths.
Shue, Henry (2010). Laws of War. In: Samantha Besson/John Tasioulas (Hg.). The Philosophy of International Law. Oxford, Oxford University Press, 511–527.
Shue, Henry (2018). Last Resort and Proportionality. In: Seth Lazar/Helen Frowe (Hg.). The Oxford Handbook of Ethics of War. Oxford/New York, Oxford University Press, 260–276. https://doi.org/10.1093/oxfordhb/9780199943418.013.8.
Shue, Henry/Rodin, David (Hg.) (2007). Preemption. Military Action and Moral Justification. Oxford, Oxford University Press. https://doi.org/10.1093/acprof:oso/9780199233137.001.0001.
Singer, P. W. (2006). Children at War. Belmont, CA, University of California Press.
Sinnott-Armstrong, Walter (1991). On Primoratz's Definition of Terrorism. Journal of Applied Philosophy 8 (1), 115–120.
Sparrow, Robert (2021). Riskless Warfare Revisited: Drones, Asymmetry and the Just Use of Force. In: Christian Enemark (Hg.). Ethics of Drone Strikes. Edinburgh, Edinburgh University Press, 10–30. https://doi.org/10.3366/edinburgh/9781474483575.003.0002.
Statman, Daniel (2008). On the Success Condition for Legitimate Self-Defense. Ethics 118 (4), 659–686. https://doi.org/10.1086/589531.
Statman, Daniel (2018). Drones and Robots. On the Changing Practice of Warfare. In: Seth Lazar/Helen Frowe (Hg.). The Oxford Handbook of Ethics of War. Oxford/New York, Oxford University Press, 472–487. https://doi.org/10.1093/oxfordhb/9780199943418.013.9.
Steinhoff, Uwe (2011). Ethics and Mercenaries. In: Paolo Tripodi/Jessica Wolfendale (Hg.). New Wars and New Soldiers. Military Ethics in the Contemporary World. Farnham Surrey, England/Burlington, VT, Ashgate, 137–152.
Steinhoff, Uwe (2013). Killing Them Safely: Extreme Asymmetry and Its Discontents. In: Bradley Jay Strawser (Hg.). Killing by Remote Control. Oxford/New York, Oxford University Press, 179–208. https://doi.org/10.1093/acprof:oso/9780199926121.003.0009.
Sterba, James (1992). Reconciling Pacifists and Just War Theorists. Social Theory and Practice 18 (1), 21–38. https://doi.org/10.5840/soctheorpract19921816.
Sterba, James P. (1994). Reconciling Pacifists and Just War Theorists Revisited. Social Theory and Practice 20 (2), 135–142. https://doi.org/10.5840/soctheorpract199420215.
Stilz, Anna (2009). Why Do States Have Territorial Rights? International Theory 1 (2), 185–213. https://doi.org/10.1017/S1752971909000104.
Strawser, Bradley Jay (2010). Moral Predators: The Duty to Employ Uninhabited Aerial Vehicles. Journal of Military Ethics 9 (4), 342–368. https://doi.org/10.1080/15027570.2010.536403.
Strawser, Bradley Jay (Hg.) (2013). Killing by Remote Control. Oxford/New York, Oxford University Press. https://doi.org/10.1093/acprof:oso/9780199926121.001.0001.

Stroh, Wilfried (2016). Cicero. Redner, Staatsmann, Philosoph. 3. Aufl. München, Verlag C.H. Beck.
Sturma, Dieter (2001). Jean-Jacques Rousseau. München, Beck. https://doi.org/10.17104/9783406615627.
Tadros, Victor (2018). Dimensions of Intentions. In: Seth Lazar/Helen Frowe (Hg.). The Oxford Handbook of Ethics of War. Oxford/New York, Oxford University Press, 401–417. https://doi.org/10.1093/oxfordhb/9780199943418.013.4.
Tadros, Victor (2020). To Do, to Die, to Reason Why. Individual Ethics in War. Oxford/New York, Oxford University Press. https://doi.org/10.1093/oso/9780198831549.001.0001.
Tehranian, Majid (2002). Peace Journalism: Negotiating Global Media Ethics. The International Journal of Press/Politics 7 (2), 58-83. https://doi.org/10.1177/1081180X0200700205.
Téson, Fernando R. (2009). The Liberal Case for Humanitarian Intervention. In: J. L. Holzgrefe/Robert O. Keohane (Hg.). Humanitarian Intervention. Cambridge, UK, Cambridge University Press, 93–129. https://doi.org/10.1017/cbo9780511494000.004.
Thiele, Stefanie (2022). Warum Deontologen Pazifisten sein müssen. Zur Proportionalitätsbedingung der Theorie des gerechten Krieges. Baden-Baden, Karl Alber. https://doi.org/10.5771/9783495999547.
Thomson, Judith Jarvis (1976). Killing, Letting Die, and the Trolley Problem. The Monist 59 (2), 204–217. https://doi.org/10.5840/monist197659224.
Turney-High, Harry H. (1971). Primitive War. Its Practice and Concepts. 2. Aufl. Columbia, S.C., University of South Carolina Press.
Uniacke, Suzanne (2018). Terrorism. In: Seth Lazar/Helen Frowe (Hg.). The Oxford Handbook of Ethics of War. Oxford/New York, Oxford University Press, 440–455. https://doi.org/10.1093/oxfordhb/9780199943418.013.26.
Vaha, Milla Emilia (2011). Child Solderis and Killing in Self-Defense: Challenging the 'Moral View' on Killing in War. Journal of Military Ethics 10 (1), 36–51. https://doi.org/10.1080/15027570.2011.561639.
Vorländer, Karl (1993). Immanuel Kant. Der Mann und das Werk. 3. Aufl. Hamburg, Meiner.
Walzer, Michael (1982). Gibt es den gerechten Krieg? Stuttgart, Klett-Cotta.
Walzer, Michael (2015). Just and Unjust Wars. A Moral Argument with Historical Illustrations. 5. Aufl. New York, NY, Basic Books.
Wellman, Carl (1979). On Terrorism Itself. Journal of Value Inquiry 13 (4), 250–258. https://doi.org/10.1007/bf00135860.
Wellman, Christopher Heath (2008). Amnesties and International Law. In: Larry May (Hg.). War. Essays in Political Philosophy. New York, Cambridge University Press, 249–265. https://doi.org/10.1017/cbo9780511840982.014.
Wessells, Michael G. (2006). Child Soldiers. From Violence to Protection. Cambridge, MA, Harvard University Press. https //doi.org/10.2307/j.ctv1dv0trf.
Williams, Kevin (1992). Something More Important Than Truth. Ethical Issues in War Reporting. In: Andrew Belsey/Ruth Chadwick (Hg.). Ethical Issues in Journalism and the Media. London, New York, Routledge, 154-170.
Woolhouse, Roger S. (2007). Locke. A Biography. Cambridge, Cambridge University Press.
Young, Robert (2004). Political Terrorism as a Weapon of the Politically Powerless. In: Igor Primoratz (Hg.). Terrorism. The Philosophical Issues. London, Palgrave Macmillan, 55–64. https://doi.org/10.1057/9780230204546_5.
Zohar, Noam (2014). Risking and Protecting Lives: Soldiers and Opposing Civilians. In: Helen Frowe/Gerald Lang (Hg.). How We Fight. Oxford, Oxford University Press, 155–171. https://doi.org/10.1093/acprof:oso/9780199673438.003.0009.
Zweig, Stefan (2009). Triumph und Tragik des Erasmus von Rotterdam. 21. Aufl. Frankfurt am Main, Fischer

# Sach- und Personenregister

**A**

Afghanistan 25, 124, 155, 157–159, 162
Al-Qaida 25, 124, 152, 154, 155, 157, 161
Augustinus von Hippo 37, 38

**B**

Begriff des Krieges 10, 13, 15, 17, 18, 20–23, 25, 26, 148, 153
Boxkampfmodell des Krieges 101
Bürgerkrieg 16–18, 20–23, 25, 28, 44, 59, 85, 87–91, 94, 153, 154, 161

**C**

Cadbury 64, 65, 70
Cicero, Marcus Tullius 16, 17, 21, 22, 71, 96
Cyberkrieg 137, 141, 142

**D**

Diskriminierungsgebot 93, 96, 97, 121, 124, 135, 136, 152
Drohnen, bewaffnete 23, 135–140, 146

**E**

Eingriff in ein Recht 109
Entschuldigung 103
Erasmus von Rotterdam 37–39, 42
Exzeptionalismus 68, 97, 98

**F**

Falkland-Krieg 70
Finnland 62
Frieden 16–18, 22, 26, 33, 37–41, 57, 61, 88, 94, 113, 115, 138, 163, 166, 169

**G**

Genfer Konventionen 21, 27, 28, 59, 93, 100
Gladiatorenmodell des Krieges 101
Grotius, Hugo 17, 19, 21, 59, 71, 72, 113–115

**H**

Haftbarkeit / liability to attack 50, 75, 98, 103–105, 107, 110, 117, 122–126, 129, 150

Hegel, G.W.F. 20, 22, 69
Hobbes, Thomas 18, 19, 85–88
Humanitäre Intervention 79

**I**

Immunität vor Strafverfolgung 22, 112–115
Individualismus 68, 73, 97
Integrität, territoriale 63, 66, 80, 155
Internationaler Strafgerichtshof 163, 164
Irak 27, 30, 43, 76, 77, 124, 155, 159
Ius ad bellum 31, 43, 63, 71, 79, 85
Ius ex bello 157, 162
Ius in bello 93, 121, 135
Ius post bellum 163, 165

**K**

Kant, Immanuel 13, 18–20, 22, 37, 40–42, 81, 85, 86, 138, 169
Kausal-Ansatz der Selbstverteidigung 104
Kausalansatz der Selbstverteidigung 104
Kindersoldaten 115–117, 120
Kollateralschäden 34, 35, 95, 121, 125, 127, 128, 131, 134
Kollektivismus 68, 69, 96, 97, 100
Kombattant, Definition 95, 96, 100, 109
Kommandobefehl 119
Kriegsberichterstattung 143
Kriegsgefangene 22, 28, 93–95, 118, 119, 143, 155, 154
Kriegsgrund, gerechter 44, 56, 88

**L**

Lesser Evil Justification 109
Locke, John 13, 19, 81, 85–88

**M**

Manipulation 102, 113
McMahan, Jeff 13, 50, 58, 66–68, 73–75, 81, 82, 97, 98, 102–105, 108, 109, 111–113, 115–117, 122–125, 128, 144, 160, 161
Medien 142
Menschenrechte 26, 27, 44, 57, 79–81, 83, 86, 88–90, 128, 132, 150, 154
Menschenwürde 52, 53, 132, 151

Militärfirmen, private 143, 144
Moralische Gleichheit der Kombattanten / Symmetriethese 96, 97, 100–102, 105–107, 117, 120–122, 139, 143, 144, 163
My Lai, Massaker von 133, 167

N

Neue Kriege 29
Nichtkombattant, Definition 95
Nichtkombattant, Schutz 22, 27, 28, 34, 46–48, 50, 55, 62–64, 74, 75, 80–82, 86, 94, 97, 100, 107, 117, 118, 125, 129, 131, 133, 134, 151, 154, 155

O

Osirak, Reaktor 77

P

Pazifismus, kontingenter 34, 36
Pazifismus, politischer 31, 35–37, 42
Politisch 18, 21, 35, 39, 41, 43, 56–60, 65, 71, 82, 87, 90, 108, 114, 140, 148, 149, 163, 164
Präemption 27, 71, 72, 77
Prävention / Präventivkrieg 27, 71–77
Präventivkrieg 72–77
Prinzip der Doppelwirkung 34, 56, 125–128, 130, 131

R

Realismus 9
Rechtfertigung 32, 34, 43, 50, 68, 73, 74, 79, 80, 90, 102, 103, 108, 110, 123, 124, 127, 128, 139, 151, 152, 164
Rechtsverletzung 17, 18, 47, 50, 90, 113
Reduced Legal Equality 112
Reduktivismus 68, 97, 98
Reparationszahlungen 165–167
Responsibility to Protect 79
Revisionismus 13, 96, 97, 99, 102, 105, 125
Revolution 22, 69, 85, 88–90
Roboter, autonome 137, 146
Römisches Statut 28, 29, 164
Rotes Kreuz 28, 118, 125
Rousseau, Jean-Jacques 18–20, 99, 100
Ruanda, Völkermord in 9, 79, 83, 91, 134

Rules of Engagement 117

S

Schuldansatz der Selbstverteidigung 104
Schutzschilde, menschliche 128–131, 134
Selbstverteidigung, allgemein 27, 33, 34, 44–49, 52–54, 63–68, 70–72, 74, 76, 79, 103–106, 109, 151
Selbstverteidigung, nationale 66
Sexualverbrechen 46, 52, 132, 133
Söldner 95, 143–145
Souveränität 20, 25, 46, 51, 55, 58, 63, 64, 66, 80, 81, 83
Srebrenica 79
Staatenkrieg 16, 17, 19–23, 29, 30, 85, 90, 94, 154
Stalin, Joseph 62
Strafe 50, 75, 99, 111, 148, 157, 163, 165

T

Taschenkarten 117, 118
Terrorismus 11, 13–15, 25, 26, 29, 30, 72, 90, 118, 123, 124, 147–156
Traditionalismus 96, 97, 99, 102, 105, 125, 163
Trolley 109, 125–127, 160, 167

U

Übergangsgerechtigkeit / transitional justice 165
Unabhängigkeit, politische 26, 47, 63, 65, 66, 71, 80

V

Verantwortungsansatz der Selbstverteidigung 104
Vergewaltigung 52, 164
Verhältnismäßigkeit / Proportionalität 43–46, 48, 50–52, 54, 55, 60, 75, 80, 82, 86, 88, 89, 116, 124, 130, 131, 142, 159–162
Vietnam 159
Völkerrecht 17, 20, 26–28, 46, 49, 63–66, 71, 72, 79, 80, 93, 94, 96, 111–113, 115, 119, 154

W

Waffenverbote 135

Wahrheits- und Versöhnungskommission 165

Walzer, Michael 44, 55, 63, 64, 66, 67, 72, 79, 80, 94–97, 100–102, 105, 112, 121, 123, 125, 128, 143, 144, 149, 151

Widerstandsrecht 57, 85, 86
Wiederaufbau 165, 166

Z

Zwang 101, 102, 113, 144